PANEMS

GESCHICHTE

VON BROT UND TOD I

Von der Vorgeschichte bis
zu den 74. Hungerspielen

Joshua Beck

Joshua Beck

PANEMS GESCHICHTE VON BROT UND TOD I

Von der Vorgeschichte bis
zu den 74. Hungerspielen

Snowfall
Band 1

Bibliographische Informationen der Deutschen Nationalbibliothek:
Die Deutsche Nationalbibliothek verzeichnet diese Publikation in der
Deutschen Nationalbibliographie; detaillierte bibliographische Daten sind
im Internet über http://dnb.dnb.de abrufbar

© 2021 Joshua Beck
Covergestaltung mit pixabay.com
Herstellung und Verlag:
BoD – Books on Demand, Norderstedt
ISBN 978-3-7562-0757-2

Der Mensch erschuf die Macht, ohne sie zu verstehen,
woraufhin sie sich gegen ihn wandte.

Ein Mensch kann und darf niemals für sich allein betrachtet werden, er ist stets eng verwoben mit seiner Zeit. Die Motive unseres Handelns sind nicht selten vielfältiger, ja ambivalenter Natur. Es gibt solche, die wir bewusst verfolgen, und solche, die wir unbewusst verfolgen; und dann gibt es noch solche Motive, die selbst unserem Unterbewussten unbewusst sind, denn sie gehen weit zurück auf die Geschichte unserer Ahnen, welche als unsichtbare Masse weiterhin ein Teil unserer eigenen Massenseele sind.

Die Geschichte lässt sich nicht planen; sie ergibt sich aus einem Zusammenspiel des Zufälligen und des Unvorhersehbaren, doch kann nicht ausgeschlossen werden, dass es Kräfte gibt, die den Zufall nicht dem reinen Zufall zu überlassen gewillt sind. Wie genau die Dinge zu einander lagen, das kann abschließend wohl nie mit letzter Sicherheit geklärt werden. Ein Historiker ist also vielmehr ein Archäologe, der nach den verschütteten Resten der Wahrheit sucht. Eben dieser Wahrheit, die niemals jemand im Kern zu erkennen vermag, kann er sich nur möglichst dicht annähern.

Doch schlussendlich bleibt die Erkenntnis, dass sich die Dinge wohl niemals in ihrer reinsten Form der Wahrheit als solche erkennen lassen werden und dass Historizität mitunter etwas höchst Subjektiviertes und Mediatisiertes ist.

Inhalt

Danksagung

Aus einem Brief an meinen früheren Englischlehrer, dem ich danken möchte dafür, dass er mein Interesse an Collins Werk geweckt hat:

<u>Betreff:</u> »Grüße aus Panem« und ein kleiner »Brief aus dem Rosengarten«

Lieber Herr E.,

[.] Die aktuellen Entwicklungen in politischer Dimension sind leider wenig erfreulich. Vieles erinnert mich an die *Tribute von Panem* und in diesem Kontext habe ich mich auch unserer gemeinsamen Englischstunden erinnert. Die Filme haben mich seit über fünf Jahren nicht mehr losgelassen und nun habe ich motiviert durch Collins Viertes Buch begonnen – da es weder Freizeitgestaltung mit Freunden oder ein freudiges, erfolgreiches Studieren gibt – aus der Not eine Tugend zu machen und also ein Buch darüber zu schreiben. Es ist aktueller denn je, mit Blick auf die totalitäre Trump-Bewegung in den USA als auch katalysiert durch die Corona-Schrecken global.

Sutherland schreibt in seinen/seinem (?) *Letters from Rose Garden*:

Power. That's what this is about? Yes? Power and the forces that are manipulated by the powerful men and bureaucracies trying to maintain control and possession of that power? Power perpetrates war and oppression to maintain itself until it finally topples over with the bureaucratic weight of itself and sinks into the pages of history (except in Texas), leaving lessons that need to be learned unlearned.

Seine Analyse, so schlicht und kompakt sie auch daherkommen mag, ist vortrefflich zutreffend. Die Mechanismen der Macht, ihre Manifestierung in Machtverhältnissen und also auch in den daraus gebildeten Machtstrukturen zu entschlüsseln, ist eine fast unmögliche Aufgabe, aber ich habe das Gefühl, nach vielen Jahren des Nachdenkens, Sortierens und Analysierens langsam einen Durchblick zu erhalten, Collins Werk also dechiffrieren zu können.

Auch wenn es eine Banalität sein mag, ohne Ihr Eigeninteresse, das Verhalten der Charaktere verstehen zu wollen und uns Schülerinnen und Schüler nach einer Erklärung für viele Absurditäten zu fragen, das Werk also zum Gegenstand des literarischen Diskurses

8

im Unterricht zu machen, hätte es dieses meine Interesse vermutlich so nie gegeben. [.]

*****

Einen besonderen Dank möchte ich auch meinem Freund Steven Schwarz widmen, der mich als Historiker und Politikwissenschaftler in vielerlei Fragen beraten hat, sowie Iris Pilling, mit der ich vor der Veröffentlichung des Manuskriptes intensive Gespräche über die aufgegriffenen Inhalte und erarbeiteten Thesen und ihre Form führen konnte.

Für Fragen der Psychologie und Psychoanalyse danke ich Christine Preißmann, Meike Miller und Julia Klimek sowie für zeitgenössische Erfahrungsberichte, die mir Stefan Sauerwein und Marcel Dehmer zugetragen haben. Aber auch meiner Tante Renate Beck danke ich für den Austausch über kulturgeschichtliche Begebenheiten.

Besonders danken muss und möchte ich aber sechs bedeutenden Denkern, ohne die dieses Buch in dieser Form niemals hätte entstehen können: Hannah Arendt, Elias Canetti, Erich Fromm, Michel Foucault sowie Noam Chomsky und Stephen Hawking, deren Werke mich stark im Denken beeinflusst haben, auch wenn letztere beiden an dieser Stelle nicht direkt Eingang hierin finden.

Der hauptsächliche Dank aber gebührt Suzanne Collins sowie all denen, die an der Verfilmung dieses großartigen Gesamtkunstwerkes mitgearbeitet haben. Dieses Werk hat das Potential, die Welt zu verändern. Für viele Panem-Fans hat das Werk längst ihr Leben ein Stück weit verändert.

J.B., Mai 2021

Vorrede

Wie oft ich die die Filme der *Tributen von Panem*-Reihe mittlerweile schon gesehen habe, weiß ich gar nicht so genau. Jedes Mal habe ich erneut das Gefühl, wieder ein völlig neues, bisher mir entgangenes Detail zu entdecken. Und mit dem Verständnis des Geschehens der ganzen Filmreihe sowie den Büchern als Beiwerk konnte ich so langsam einen roten Faden entdecken.

Es ist wie eine unendliche Aufgabe, eine unendliche Geschichte in allerlei möglichen Dimensionen nachzuschreiben. *Die Tribute von Panem* erzählen von einem Staat, dem Leben und Überleben, von Politik, Unterdrückung, Revolution, aber auch Liebe, menschlichem Verhalten und unseren Urbedürfnissen.

Die Deutungen können staatsphilosophischer, psychoanalytischer, religiöser, literarisch-metaphorischer, kulturwissenschaftlicher, ökonomischer, historischer und gegenwärtiger Natur sein. All dies zu ordnen ist eine Aufgabe Vieler. Und mit diesem Buch möchte ich den ersten grundlegenden Anfang machen. Viele der Thematiken sind nicht zuletzt im Rahmen der Corona-Pandemie aktueller denn je geworden.

Die Zielsetzung meiner vorliegenden Arbeit ist mir zu Beginn nicht wirklich klar gewesen, es war mehr der Weg das eigentliche Ziel. Erst mit dem Schreiben und Denken habe ich so langsam eine Idee davon bekommen, was die Quintessenz sein könnte. (Hätte ich das aber schon vorher gewusst, hätte ich ja nicht zu schreiben brauchen.)

Das Werk habe ich aufgrund der Fülle an Themen und vielfältigen Gedanken in vier Bände aufgeteilt und in einem erweiternden Band – *Die Geschichte der Macht und die Macht der Geschichte* – wichtige »Grundlagen« für die bessere Verständlichkeit und Lesbarkeit des Gesamttextes von der Geschichte Panems in Fragestellungen der Macht, das Wesen des Faschismus und der Entstehung von Staaten ausgelagert. Der Schreibstil ist ein mehr philosophischer und die Gedanken darin sind durchaus wichtig, um Panem als Phänomen richtig begreifen zu können. Jedoch könnte es für interessierte, neugierige, aber etwas ungeduldige Leser den Lesefluss hemmen. Dennoch möchte ich den Band, in den ich auch neuere und aktuelle politische Entwicklungen unserer Zeit eingearbeitet habe, sehr empfehlen.

In der eigentlichen Hauptarbeit setzte ich mich im ersten und zweiten Buch mit der (fiktiven) Geschichte Panems und der *Mockingjay Revolution* in einer ausführlichen Szenenanalyse auseinander. Zu Beginn des ersten Bandes leiste ich aber noch etwas Vorarbeit, sodass es gelingen kann, Panems Vorgeschichte und die mythologischen Hintergründe von Collins Werk zu verstehen.

Im dritten Teil bemühe ich mich um eine zeitgenössische Einordnung in Form von Essays, in der ich auch gezielt Themen und Menschheitsfragen unserer Zeit beleuchte.

Abschließend setze ich mich im vierten Band intensiv mit dem biographischen Charakter von Präsident Coriolanus Snow auseinander.

Der Leser hat einen Anspruch an mich als Autor, dass ich ihm ein gelungenes Werk anbiete. Aber ebenso habe ich auch als Autor einen Anspruch an den Leser, sich auf eben dieses Werk offen einlassen zu können. Um diese Bereitschaft möchte ich bitten.

Ich wünsche viel Freude und Erkenntnisgewinn beim Lesen,

Joshua Beck, April 2021

Vorwort zum ersten Band

In diesem ersten Band habe ich mich intensiv mit der Trilogie der Tribute von Panem von der Vorgeschichte bis zum 74. Jahr der Hungerspiele auseinandergesetzt. Für mich bieten die Bücher und Filme eine sehr gute Arbeitsfläche, um so etwa im Deutschunterricht die Felder Geschichte, Macht, Staat, Politik, Propaganda, Revolution und Krieg zu bearbeiten. Im Rahmen meiner Panem-Forschung, welche ich nun schon seit mehr als einem halben Jahrzehnt betreibe, habe ich aber auch Beunruhigendes gefunden, da die Dystopie eines untergegangenen Amerikas und einer infantilen, sadistischen und totalitären Gesellschaft keinesfalls mehr als absolut unerreichbar erscheint. Daher ist der Band auch außerhalb des Schulunterrichtes durchaus sehr lesenswert.

Vorbemerkungen

1. Methodik

»Drei große Ausschließungssysteme treffen den Diskurs: das verbotene Wort; die Ausgrenzung des Wahnsinns; der Wille zur Wahrheit.«
– Michel Foucault[1]

Ganz unproblematisch ist die immense Dichte an thematischen Gegenständen der Panem-Trilogie nicht. Und auch nach sechs Jahren weiß ich nicht so recht, wo ich anfangen soll. (Ich befinde mich also nun schon in meinem sechsten Jahr der Panem-Forschung, was bedeutet, dass ich Tag ein, Tag aus im Grunde nichts anderes mache, als mir den Kopf über Brot zu zerbrechen, und bin dabei oft heillos überfordert.) Aber Collins 2020 erschienener neuer Band, eine Vorgeschichte der Hungerspiele, hat mich motiviert, nun tatsächlich die Aufgabe anzunehmen. Es ist die Aufgabe, als Leser eine individuelle Interpretation zu gewinnen, zugleich aber als eigenständiger Autor eine Deutungshoheit über Collins Werk in Anspruch zu nehmen. Letzteres ist nicht unproblematisch.

Franz Kafka gilt heute als einer der bedeutendsten Schriftsteller der deutschen Sprache, ja vielleicht sogar als der meistgelesene deutschsprachige Autor. Seine Werke erscheinen meist rätselhaft, ins Absurde abschweifend. Bei näherer Betrachtung jedoch offenbaren sich dem Leser tiefgründige Gedankengebäude, welche eingebettet in ein atmosphärisches Klima zeitlos, ja geradezu universell erscheinen.

Collins schien sich mit ihrer Panem-Trilogie auf die Spuren Kafkas und Goethes begeben zu wollen. Sie schafft es, Bilder zu erschaffen, sodass man meinen könnte, sie habe es sich zu eigen gemacht, die großen und komplexen Themen des 21. Jahrhunderts vorwegzunehmen. Gewiss, Collins die Fähigkeit zuzuschreiben, sie hätte die Zukunft vorhersehen können, ist zu weit gegriffen.

Vielmehr liegt die These nahe, dass der Leser selbst, welcher geprägt ist von seiner Epoche, ihr Werk subjektiviert und so zu einer individuellen, eigenen Deutung gelangt. Es darf also zu Recht die Frage gestellt werden, ob eine absolut oder teilweise individuell erschlossene, subjektive Panem-Deutung überhaupt vertretbar ist. Diese Schwierigkeit möchte ich kurz näher am Beispiel der umfangreichen Kafka-Forschung erläutern.

Bereits 2003 gab es über 11.000 Kafka-Deutungen.[2] Für Kafka-Texte bedeutet dies, so Koch, ein Abschiednehmen von der Vorstellung, man könne eine Text-Deutung gleichsetzen mit der Entschlüsselung eines tieferen Sinns.[3] Für die hermeneutische Kafka-Forschung ist dies eine wahre Tragödie: Die Kafka-Philologie ist eine unerschöpfliche Aufgabe, und dies sogar in zweifacher Hinsicht, so Kilcher:

»Unerschöpflich ist sie einerseits durch die Eigenheit von Kafkas Texten, die in ihrer fragmentarischen und parabolischen Gestalt zwischen Vieldeutigkeit und Undeutbarkeit changieren. Unerschöpflich ist sie andererseits durch die Vielzahl der Ansätze, Perspektiven und Kontexte, die die wissenschaftliche Analyse dieser Texte je leiten. Die Kafkaforschung ist deshalb lange schon Anlass weniger zu Euphorie als vielmehr zu Entmutigung angesichts der unüberschaubaren Zahl von Promotionen, Tagungen etc.«[4]

Hinsichtlich einer »Rechtfertigung« auch nur einer einzigen weiteren denkbaren Kafka-Deutung scheint es dem Interpreten wohl schwer gemacht zu werden, diese in die Kafka-Forschung einzubringen. Dennoch: Umreist man den Kerngegenstand der literaturwissenschaftlichen Forschung, das Schreiben an sich, so wird ersichtlich, dass es für einen Leser und potentiellen Deuter Kafkas, oder allgemein irgendeines Autors, keinen echten Grund gibt, sich von der schier unermesslichen Menge bisheriger Deutungen abschrecken zu lassen.

Ein Autor schreibt mitunter aus den unterschiedlichsten Motiven und Beweggründen, ein Leser liest der Unterhaltungslust, literarischem Interesse oder aus Erkenntnisdrang wegen. Würde sich der Leser dahingehend beeinflussen lassen, wie unterhaltsam, literarisch bedeutsam oder zu Erkenntnis gereichend andere Leser irgendein oder ein spezielles Werk finden, so wäre der Leser in seiner Rolle innerhalb der Wirkungsentfaltung und Wirkungsgeschichte von Literatur nicht frei.

Dies wäre vergleichbar mit dem Umstand, dass ein Autor nur über ein bestimmtes Thema schreiben darf oder den immer gleichen Stil gebrauchen muss. Dann gebe es keine Geschichten mehr darüber, wie sich jemand das Leid von der Seele schrieb, in kluger Weise über sich und die Welt reflektiert hat oder einfach nur unterhalten wollte; mit anderen Worten: Literatur wäre langweilig, da vorhersehbar, berechenbar.

Um nicht langweilig, »outdated« zu sein und auch nicht zu werden, bedarf es nicht notwendigerweise elementarer Grunderneuerungen. Der Literatur genügt es, wenn sie Neues, und damit eben auch Überraschendes in dosierter Weise hervorbringt. Dies ist ihr möglich, wenn sie ihren Diskursteilnehmern innerhalb eines zwar begrenzten Rahmens einen Raum bietet, innerhalb dem der Literaturdiskurs jedoch völlig frei von äußeren Kräften, aber sehr wohl beeinflusst von allen inneren Kräften geführt werden kann. Foucault zu Folge muss das Wahnsinnige aus dem Diskurs ausgeschlossen werden:

»Seit dem Mittelalter ist der Wahnsinnige derjenige, dessen Diskurs nicht ebenso zirkulieren kann wie der der anderen: sein Wort gilt für null und nichtig, es hat weder Wahrheit noch Bedeutung. (.) Andererseits kann es aber auch geschehen, dass man dem Wort des Wahnsinnigen im Gegensatz zu jedem anderen eigenartige Kräfte zutraut; die Macht, eine verborgene Wahrheit zu sagen oder die Zukunft vorauszukünden oder in aller Naivität das zu sehen, was die Weisheit der anderen nicht wahrzunehmen vermag.«[5]

Vereinfacht ausgedrückt bedeutet dies: Es bedarf eines Forums, welches undenkbare, ja unmögliche Deutungen nicht prinzipiell ausschließt, diesen jedoch nicht unmäßig Raum bietet. Eine Deutung muss auf einer erkennbaren Grundlage fußen, will sie ernst genommen werden. Solange eine Deutung im denkbar Möglichen liegt, muss diese auch zugelassen und anerkannt werden. Ob eine Deutung dabei denkbar möglich ist, orientiert sich hierbei daran, inwieweit sie bisherige Deutungen und Forschungserkenntnisse berücksichtigt, diese miteinbindet oder zumindest Raum für diese lässt. Eine neue Deutung, die andere, etablierte Deutungen zu verdrängen versucht, hat es schwer, anerkannt zu werden. Sehr wohl muss sie deshalb nicht »falsch« und die anderen »richtig« sein.

Ein Leser kann also nur zu einer subjektiven Deutung gelangen. Weicht diese unter Umständen von bisherigen Deutungen ab, so soll dies den Interpreten nicht abschrecken; vielmehr erweist sich seine neue Deutung als Richtigstellung, zumindest als Ergänzung und als weitergedachte Interpretation der bisherigen Forschung.

Was bedeutet das für meine Panem-Forschung? Sehr bemühe ich mich, eine Grundlage zu schaffen, auf der ich eine fundierte Deutung aufbauen kann. Das bedeutet, sich zunächst einen Überblick über bisherige Deutungsversuche zu verschaffen. Anders als bei Kafka ist die Panem-Forschung glücklicherweise noch nicht allzu weit fortgeschritten, was jedoch ganz eigene Probleme mit sich bringt.

Es bedeutet für mich nämlich, zunächst eine Basis zu schaffen, die es mir ermöglicht, über Panem qualifiziert sprechen zu können. Daher möchte ich mit literarischen, historischen und politikwissenschaftlichen »Basics« beginnen, bevor ich mich dem eigentlichen Gegenstand zuwende.

Schließlich muss ich erklären, dass ich die Literatur und die Filme nicht getrennt voneinander deuten möchte. Ich verstehe das »Phänomen Panem« als Synthese beider Medien. Das ist wichtig zu verstehen. Es geht mir um das Verstehen von etwas, was durch seinen Gesamtkontext erzeugt wird.

Jedoch ist Panem kein reales, sondern ein fiktives Phänomen. Strebe ich danach, darüber zu schreiben, ist die Quellenwahl nicht seriös bestimmt. Nur Collins Bücher aus den Jahren 2008/09/10 und 2020 können als echte Primärquellen verstanden werden, bekommen jedoch schon allein durch den Vorgang der Übersetzung in die deutsche Sprache einen sekundären Charakter. Ein Übersetzer schreibt das Werk im Grunde neu. Die Filme sind allein schon der schauspielerischen Eigeninterpretationen der Rollen subjektiviert und können daher nur sekundärer Natur sein. Jedoch möchte ich der Einfachheit der Analysestruktur versuchen, beides symbiotisch einzuordnen.

Spreche ich von Collins&Co, so verstehe ich hierunter die Urheber, welche Buch und Film erschaffen haben: Collins als Autorin sowie freundliche Helfende, Verlagsmitarbeitende in der Beratung bei Formulierungen, Drehbuchautoren, Regisseure und Schauspieler selbst, die als professionelle und erfahrene Koryphäen ihres Handwerks in der Lage sind, das Drehbuch auf eigene Weise zu interpretieren und ihrem Charakter eigene Facetten zu verleihen. Weitere Sekundärquellen sind Fan-Foren, in denen etwa über Charaktere diskutiert wird. Jede Quelle ist konsequenterweise auf Glaubwürdigkeit hin zu prüfen, was in der Geschichtsforschung eine Selbstverständlichkeit ist, im fiktiven Rahmen aber etwas ironisch erscheint. Unter Glaubwürdigkeit verstehe ich also notwendigerweise eine hinreichende Plausibilität, wobei es meine Aufgabe ist, eben diese zu begründen.

Für den Aufbau der Analyse habe ich mich entschieden, zu Beginn eines Filmes einen pointierten Abriss über den Inhalt zu geben und mich inspiriert von der Filmvorlage an Szenen entlang zu hangeln. Übergreifende Themen, die mir besonders wichtig erscheinen, werde ich im dritten Band *Panem Revisited* nach den Szenenanalysen der ersten beiden Bände aufgreifen.

2. »Mit offenen Karten«

Jean-Christophe Victor, das Gesicht der geopolitischen Arte-Sendereihe *Mit offenen Karten*, nahm sich einmal vor, eine politikwissenschaftliche Betrachtung eines fiktiven Staates anzufertigen, als Art Lehrbuch für methodische Herangehensweisen. Das ist durchaus sinnvoll, auch wenn der ein oder andere vom Fach her keinen Sinn darin sieht, sich mit einem fiktiven Staat zu befassen.

In unserer Herangehensweise sind wir an sich in doppelter Hinsicht durch unsere kulturellen und medialen Meme vorgeprägt. Meme sind wie Filter, durch die wir unsere Umwelt wahrnehmen und nach denen wir Eindrücke von außen einordnen und deuten; zum einen, wie wir Dinge selbst wahrnehmen, zum anderen, wie wir Dinge betrachten, von denen wir wissen, wie sie allgemeinhin wahrgenommen werden.

Eine fiktive Staatsanalyse ermöglicht es zumindest, die zweite Beeinflussung unseres Denkens durch Meme aus dem Diskurs herauszunehmen. Es ist also eine gute Idee, die Victor vor seinem Tod leider nicht mehr umsetzen konnte. Collins Panem als dystopischer Ort in der Literatur eignet sich jedoch hervorragend für ein solches Vorhaben.

Durch den großen Erfolg in der Populärkultur existieren zwar Vorprägungen dadurch, dass man um die allgemeine Wahrnehmung von Panem weiß, jedoch erschließt sich Literatur einem Leser eben in individueller Weise und dämpft die Voreingenommenheit durch Meme ab.

Meine Grundmotivation war die Frage, wie man das Land Panem und seine Geschichte verstehen kann: Was ist passiert, dass es ein solches Land mit dieser Verfassung und Gesellschaft gibt? Die Erkenntnis ist: Auch aus dieser Geschichte kann man etwas lernen.

Das wird so etwa interessant, wenn man sich klar macht, dass Kriege, Naturkatastrophen und Pandemien den amerikanischen Kontinent schwer gezeichnet haben und entsprechend eine Verfassung entstanden ist wie in Panem. Diese hatte schwere Konstruktionsfehler und führte zu einer unerbittlichen Diktatur.

Warum wird das interessant und wichtig für uns? Es gibt derzeit – im frühen Sommer 2020 – viele Ideen, wie unsere Bundesdeutsche Verfassung »pandemie- und krisentauglich« gemacht werden könne. Das steht in Verbindung mit Grundrechtseinschränkungen und wirft die Frage der Legitimation auf. Da Panems Verfassung aufgrund dieser Umstände entstanden ist, können wir etwas daraus lernen.

1. Einleitung

1.1 Der Autor und seine Leser

»Der Autor ist dasjenige, was der beunruhigenden Sprache der Fiktion ihre Einheit, ihren Zusammenhang, ihre Einfügung in das Wirkliche gibt.«
– Michel Foucault[6]

Der Sinn und Gehalt von Literatur erschließt sich einem jedem Leser in individueller Weise, er wird zum Interpreten der gelesenen Schrift. Literatur ist somit etwas höchst Subjektiviertes. Der Autor codiert seine Botschaften und Einsichten in die Welt, welche wiederum auf seiner eigenen subjektiven Wahrnehmung beruhen, in Metaphern und Parabeln. Der Leser kann – muss aber nicht – diese dechiffrieren, über sich und seine Stellung in der Welt reflektieren und sich nach einer kritischen Auseinandersetzung mit literarischen Charakteren identifizieren.

Der Leser, dessen Lebensweise im *Haben* wurzelt, wird alles sehr genau lesen, so wie der Autor alles ganz genau aufgeschrieben *hat*, aus der Angst, seine Gedanken aus dem Gedächtnis zu verlieren und dann nicht mehr zu *haben*. Der Leser, der das *Sein* lebt, ist nicht daran interessiert, ein Buch nur zu lesen, sondern es zu verstehen. Er begreift die Gedanken, Zusammenhänge und Ideen eines Textes dann sogar besser, als der Autor, der nur darauf konzentriert ist, einen Text zu *haben*.[7]

Ein Autor ist die personalisierte Form, vornehmlich seiner eigenen Gedanken. »Es gibt nach dem Text kaum eine andere Größe im Gebiet der Literatur, die uns wichtiger wäre als der Autor.«[8] Er gibt dem Geisteswesen etwas Sichtbares, das Abstrakte manifestiert sich in ihm durch ihn für ihn und den Lesenden. Der Autor ist der Souverän der Gedanken. »Bekanntlich jedoch wird der Mensch (.) häufig unbewußt von völlig anderen Motiven bestimmt, als er selber glaubt. (.) Unsere Beschäftigung mit dem Unbewußten hat uns mißtrauisch gemacht gegen die scheinbar offen zutage liegende Bedeutung der Worte.«[9]

Das Schreiben ist aber nicht das eigentliche Werk des Autors. Es ist für sich durchaus eine lobenswerte Arbeit, jedoch nur ein Teil eines größeren Denk- und Schaffensprozesses. Dieser Prozess, der seinen Ursprung in dem Motiv zur Selbstbildung findet, ist niemals abgeschlossen, er ist dynamisch. Das Schreiben repräsentiert einen

Teil dessen, einen Ausschnitt, eine Momentaufnahme der auktorialen Gedankenwelt.

Der Autor, so Foucault, »ist genaugenommen weder der Eigentümer seiner Texte, noch ist er verantwortlich dafür; er ist weder Produzent noch ihr Erfinder. (.) Der Autor ist sicherlich derjenige, dem man das Geschriebene oder Gesagte zuschreiben kann. Aber die Zuschreibung (.) ist das Ergebnis komplizierter kritischer Operationen.«[10]

Erreichte Standpunkte, aufgestellte Thesen und gefundene Überzeugungen können überdacht, erweitert oder verworfen werden. Ob sie nun vom einem selbst stammen oder durch äußere Einflüsse auf ihn entstanden sind, wie etwa durch Gespräche oder das eigenständige Lesen anderer Texte, ist dabei unerheblich – nach Foucault geht alles im Autor auf, er ist wie ein Werkzeug seiner Zeit, die ihren Ausdruck zu finden sucht.

Dennoch ist das Schreiben als Prozess, solange noch nicht abgeschlossen, ein ebenso dynamischer wie das ganzheitliche Denken an sich. Foucault sagte einmal sinngemäß, wenn er schon vorher wüsste, wohin ihn das Schreiben führe, würde (oder vielmehr bräuchte) er es gar nicht erst tun. Besonders Foucault war dafür bekannt, in einem späteren Werk es sich quasi zum Ziel zu setzen, gegen sich selbst in früheren Werken anzuschreiben. Er widerlegte seine Thesen konsequent selbst, wenn es einen neuen Erkenntnisgewinn für ihn gab und dies erforderlich wurde. Für ihn wurde das Ringen um Thesen und die besten Theorien zu einem lebenslangen, nie abgeschlossenen Prozess.

Das Schreiben ist ein Hilfsmittel des Subjektes, seine Gedanken zu manifestieren, zu formen und schließlich reflektieren und überprüfen zu können. Erst, wenn die Gedanken des Inneren an der Scheibe zum Außen kondensieren, gelingt es dem Schreibenden einen distanzierteren Blick von außen einnehmen zu können.

Das Medium, welchem wir uns beim Vorgang des Schreibens bedienen, ist die Sprache, genauer: die Sprache der Schrift. Sprache selbst ist ein Medium, welches uns als Hilfsmittel zum Ausdruck nicht nur der Schrift, sondern auch unserer nicht-manifesten Gedanken dient. Wir verwenden verbale und non-verbale Sprache.

Verbal sind die Worte, sie sind die innere Form der Sprache. Zur non-verbalen Sprache gehört das Paralinguistische, die Betonung und Aussprache der Worte. Es ist die äußere Form der Sprache, zu der auch Gestik und Mimik sowie Körpersprache im Allgemeinen gehören. Das Wort *Person* leitet sich ab vom lateinischen *per sonare*, »durch Klingen«. Der Klang der Stimme prägt das Erscheinungsbild und das Wahrnehmen eines Menschen ebenso maßgeblich wie sein Phänotyp.

Aber auch die Sprache der Zeichen ist ein wichtiges Medium. Zum einen gibt es – wie erwähnt – die Körpersprache, die, da sie doch zu weiten Teilen von unserem Unterbewusstsein kontrolliert, ausgestrahlt und aufgenommen wird, weit mehr wesentliche Informationen übermittelt als die Worte an sich. Neben der Sprache durch den Körper gibt es auch noch eine andere Sprache, die noch mehr auf Zeichen basiert als eben die körperliche.

Es ist die Mathematik. Da diese Sprache allein in schriftlicher Form existiert, wird die Bedeutung und der Kern des Schreibens in ihr besonders hervorgehoben. Der denkende Mathematiker betreibt Mathematik: Er manifestiert abstrakte Gedanken, um ein Problem lösen oder eine These überprüfen zu können. Er kann seine Arbeit reflektieren und überdenken, schließlich erweitern oder verwerfen. Der Mathematiker ist vornehmlich ein Autor, Mathematik ist etwas Visuelles. Wer Mathematik anderweitig und nur als Medium betreibt, sei es als Physiker, Chemiker oder Finanzverwalter, der *schreibt*.

Betreibt jemand Mathematik gedanklich, so muss unterschieden werden. Einfache oder auch hoch komplizierte Kopfrechenaufgaben vermitteln keine Erkenntnis, sie sind nicht Teil eines komplexeren Denkprozesses. Ist ein Kopf so klug, ganze Abhandlungen im Kopf zu fassen, und dies gilt sehr wohl auch für die Sprache als Medium der Gedanken grundsätzlich, so ist er kein Autor. Er manifestiert seine Gedanken nicht. Wohl aber ist er ein Denker. Er sieht das, was er zu sehen braucht, um seinem Denkprozess zu folgen, vor sich, vor seinem eigenen geistigen Auge.

Es lässt sich also passend zum Diskursgegenstand abschließend ein weiteres Merkmal des Autors feststellen: Er ist bestrebt, seine Gedanken nicht zwangsläufig anderen zur Verfügung zu stellen, jedoch anderen potentiell – wenn auch nicht gesichert stets freiwillig – den Zugang zu ermöglichen. Kafka wünschte sich, dass seine Schriften vernichtet würden, wenn er tot sei. Glücklicherweise für uns folgte sein Freund Max Brod diesem Wunsch nicht.

Der Autor, mit sich selbst im Reinen, will etwas Schaffen, was – etwas luftig gesprochen – die Ewigkeit zu überdauern vermag.* Der Autor ist eine zeithistorische Persönlichkeit. »Eines der Hauptmotive des künstlerischen Schaffens ist gewiß das Bedürfnis, uns gegenüber der Welt wesentlich zu fühlen«, stellt Sartre fest.[11]

Seine individuelle Handschrift kann er ausdrücken auf zweierlei Weise: Die äußere Form ist die der Schrift. Sein Schriftbild ist etwas Individuelles. Im Zuge der Digitalisierung, Standardisierung und »elektronischer Briefe« geht ihm diese Möglichkeit zusehends verloren. Was ihm bleibt ist die innere Form, die Wahl der Worte. Hier kann der Autor seine ganz eigene Note einfließen lassen. Dies ist die Möglichkeit für ihn, als Persönlichkeit eng verwoben mit seinem Text, wie oben beschrieben, die Ewigkeit zu überdauern. Oder, um mit Heinrich Heine zu sprechen: »Dort, wo man Bücher verbrennt, verbrennt auch am Ende Menschen.«

Es zeigt sich ein wesentlicher Unterschied zwischen der Sprache des Wortes und der Sprache des Zeichens. Das Zeichen als solches ist, innerhalb einer soziokulturell homogenen Gesellschaft, bereits einheitlich standardisiert. Durch Digitalisierung wird es in zweifacher Weise einer Standardisierung unterzogen. Die dem Autor individuell zur Verfügung stehende Handschrift wird hier vollends eliminiert. Alles, was den Autor nun noch mit seinem Text verbindet, ist sein Name am Anfang auf der Titelseite. Und Titeln, wie auch Namen, kommen als Worten in der Sprache der Zeichen bestenfalls eine untergeordnete Rolle zu.† Die auf Konsum ausgerichteten Massenmedien versuchen die Namen bekannter Autoren möglichst groß auf das Cover abzudrucken – größer als den Titel des Buches –, der Text selbst ist aber auf Auslage angelegt und inhaltlich oft von nur kurzweiliger Aktualität und damit nicht von Beständigkeit.

Man erinnert sich nicht an jede Art von Denker. Lesen wir Foucault, Fromm, Chomsky, Arendt, Platon, Aristoteles, Cicero, Weber oder Luhmann, so sind sie stets stille Begleiter. Das Lesen hält hiermit eine ganz eigene Form der Gesellschaft für den Lesenden bereit. Er ist nicht einsam, er steht im Dialog mit Philosophen,

---

* Kafka ist in diesem Zusammenhang eine Ausnahmeerscheinung. Seine Beweggründe können aber an dieser Stelle nicht näher beleuchtet werden.
† Dies ermöglicht es einem Staat, Kunst zu entmenschlichen und dadurch selbst zum Urheber zu werden. Darauf werde ich im zweiten Teil der Hungerspiele in einer bestimmten Szene noch näher eingehen.

Forschern und Intellektuellen oder fiktiven Charakteren eines Romans, mit denen er sich ein Stück weit auch selbst identifizieren kann.

Einem Leser der Zeichen wird dieses Vergnügen weniger zuteil. Es hätte jeder, oder im Zeitalter autonomer Computersysteme auch niemand sein können, welcher den Text verfasste. Der Text spricht nicht, er steht in keiner Verbindung zu einer Person. Gesellschaft kann der Lesende nur durch Konzentration auf das Immaterielle und Inhaltliche finden. Findet der Lesende der Zeichen aus welchen Gründen auch immer hier keine Gesellschaft, fühlt er sich einsam, ist er einsam, bleibt er einsam.

Der tiefere Sinn von Literatur erschließt sich jedem Leser in individueller, eben einer solchen subjektiven Weise. Es ist daher zu bedenken, dass bei jeder Interpretation der Interpret nur eine persönliche, eigene Deutung erschließen kann. Der Leser eben dieser Interpretation wiederum, welcher somit selbst zum Interpreten wird, betrachtet eine solche selbst aus einer eigenen, subjektiven Perspektive. Analog gilt dies für den Zuschauer eines Filmes.

Mathematiker, betreiben sie untereinander Konversation verbal wie non-verbal in Kombination, reden über Zahlen, Formeln und Körper. Dinge, die nur in der Gedankenwelt existieren. Ein Staat, weiter Staats- und Gesellschaftsphilosophie, ist ebenso ein gedankliches Konstrukt, die dahinterstehende Theorie beschreibt in gewisser Weise die Bewegung von Gegenständen, nämlich das Verhalten einzelner Individuen innerhalb einer gesellschaftlichen Ordnung, die schließlich auch juristisch fixiert werden kann. Sie alle gründen im Glauben der Menschen an diese Systeme selbst. Ohne diesen Glauben würden sie verschwinden und könnten nur als Mythos unsterblich werden.

(est. Sommer 2017, überarbeitet und um Zitate erweitert)

1.2 Der Mythos

»Die Mythologie des Infantilen wurde in unserem Jahrhundert durch eine neue und frappante Schöpfung bereichert: die Gestalt des Peter Pan. In Barries Buch wird der Infantilismus sich seiner selbst bewusst und dabei grauenvoll schelmisch und kokett. Das Beunruhigende daran ist, dass Peter Pan ganz unzweifelhaft einem populären Bedürfnis entsprach. Die Leute wollen sich im Kindischen suhlen. (.) Zumal in Amerika hat die Idolatrie des Kindischen ein solches Ausmaß erreicht, dass die erwachsene Existenz weitgehend der kindlichen untergeordnet wird. Im Familienkreis sind es die Kinder, die den Ton angeben: Die Älteren müssen brav folgen. Von jeder Generation wird erwartet, dass sie ihr Erwachsensein auf dem Altar der nächsten Generation opfert. Wie töricht das alles ist, verrät uns die einfachste Mathematik: Wir sind zwanzig Jahre lang Kinder, vierzig oder fünfzig Jahre erwachsen. Der Kult des Kindischen hindert die Menschen daran, während der letzten zwei Drittel ihrer natürlichen Existenz sinnvoll zu leben. Die Kindheit hat ohne Frage ihre Rechte: doch die Reife nicht minder. Diese Erwachsenenrechte verlangen zumindest ebenso viel Achtung wie die des Kindes.«

– Aldous Huxley[12]

1.2.1 Kulturelle Funktionen

Eine Sage ist eine »volkstümliche Geschichte, die oft aus dem Volk selbst entsteht und (zunächst) mündlich überliefert wird. Im Unterschied zum frei erfundenen Märchen geht die Sage von bestimmten Orten und Personen oder von wahren Begebenheiten aus, die ausgeschmückt werden.

Eine Legende ist eine lehrhafte, volkstümliche Erzählung aus dem Leben eines Heiligen, bei der meist ein wahrer Kern fantasievoll ausgeschmückt wird. Sie ist von gebildeten Leuten geschrieben und zum Lesen oder Vorlesen bestimmt.«[13] Was jedoch ist ein Mythos? Was macht ihn so besonders und mächtig? »Mythen erfreuen sich einer immer noch ungebrochenen Konjunktur. Das postmoderne Klima erweist sich als mythophil.[14] Erzählt werden bestimmte wiederholbare Ereignisse, die außerhalb von Raum und Zeit liegen und ansetzen an bestimmte Knotenpunkte der menschlichen Existenz.«[15]

Mythen haben besonders psychoanalytisch eine sehr machtvolle Wirkung, denn »der Mythos (.) ist keine bloß erzählte Geschichte, sondern eine gelebte Realität. Er ist (.) lebendige Wirklichkeit, von der geglaubt wird, sie sei in Uhrzeiten geschehen, und sie beeinflusse die Welt und die Schicksale der Menschen seitdem fortwährend.«[16] Man darf den Mythos jedoch keinesfalls als Tatsachenbericht oder als historische Evidenz missverstehen. »Der Mythos [ist] keine Erklärung zur Befriedigung einer wissenschaftlichen Neugier, sondern das Wiedererstehen einer urzeitlichen Wirklichkeit in erzählender Form. Mythen erklären nie, in keinem Sinne, sie statuieren immer einen Präzedenzfall als Ideal und Gewehr für die Fortsetzung.«[17]

Der Historiker, welcher ein Wissenschaftler ist, muss Aufwand betreiben, um die verschlossenen Fenster der Zeit zu öffnen. »Mythologie begründet dadurch, dass sich der Mythensager mit seiner erlebenden Erzählung in Uhrzeiten zurückfindet. Ja er befindet sich plötzlich, ohne Umschweife und Herumsuchen, ohne Nachforschen und Sichanstrengen in jener Uhrzeit, die ihn angeht (.), von [der] er berichtet.«[18]

Der Mythos ist also etwas sehr Eindringliches und er macht es bequem, zu einem früheren, anderen Zeithorizont Zugang zu finden. Canetti zu Folge kann die Bedeutung der *unsichtbaren Massen*, darunter die der Toten, der Ahnen, aber auch die Masse der Zukünftigen, nur schwer überschätzt werden.[19] Um zu dieser vergangenen, unsichtbaren Masse Zugang zu finden, sind Mythen wie geschaffen. Der Mythos, so Jung und Kerényi, ist für das Teilwerden und das Erfahren der Vergangenheit und der vergangenen Massen also ein sehr wirksames Instrument:

> »Die Seele der Völker ist das gemeinsam in jedem Einzelnen. Der Einzelne [kann] nun mit dem Bewusstsein einer Erweiterung beschenkt werden, die die Grenze des Persönlichen durchbrechen [darf], in der Richtung der gemeinsamen Vergangenheit des Menschengeschlechts. Warum sollte die Möglichkeit einer seelischen Erbschaft ausgeschlossen werden, während doch die einer körperlichen Erbschaft [feststeht]?«[20]

Durch das Fesselnde ist der Mythos nicht nur ein einfaches Instrument. Er ist auch ein Instrument, welches sich besonders effizient im Rahmen von Propaganda einsetzen lässt, besonders in totalitären Staaten. »Mythen überzeugen die Bevölkerung, beispielsweise gesellschaftliche Hierarchien anzuerkennen, indem sie diese Hierarchien als schon immer etabliert und in diesem Sinne als angemessen darstellen.«[21]

Die Legitimierung eines Regimes durch die Überzeugung der Masse durch Mythen ist eine Säule, welche von historischer Bedeutung ist. Der Mythos ermöglicht die Machtergreifung und Machtlegitimation. Der Mythos dient schließlich aber auch dem Machterhalt durch seine Wirkung, Machttechniken durchsetzbar und allgegenwärtige Kontrolle ausübbar zu machen. Der Mythos manifestiert sich und wird manifestiert im alltäglichen Leben durch omnipräsente Rituale. So schreibt Cassirer über die Diktatur der Nationalsozialisten:

»Wenn das Wort seine volle Wirkung tun soll, muss es durch die Einführung neuer Riten begleitet werden. Auch in dieser Hinsicht gingen die politischen Führer sehr gründlich, methodisch und erfolgreich vor. Jede politische Aktion hat ihr spezielles Ritual. Und da im totalitären Staat keine private Sphäre unabhängig vom politischen Leben besteht, wird das ganze Leben des Menschen plötzlich von einer Hochflut neuer Riten überschwemmt. So regelmäßig, streng und unerbittlich wie jene Rituale, die wir in primitiven Gesellschaften finden. Jede Klasse, jedes Geschlecht und jedes Alter hat seinen eigenen Ritus. Wie man konnte auf der Straße gehen, niemand konnte seinen Nachbarn oder Freund grüßen, ohne ein politisches Ritual zu vollziehen. Und genau wie in den primitiven Gesellschaften bedeutete die Vernachlässigung eines vorgeschriebenen Ritus Unglück und Tod. Selbst bei jungen Kindern wird das nicht als bloße Unterlassungssünde betrachtet. Es wird ein Verbrechen gegen die Majestät des Führers und des totalitären Staates. Die Wirkung dieser neuen mieten ist offenkundig. Nichts ist besser imstande, all unsere aktiven Kräfte in Schlaf zu lullen, unsere Urteilskraft und Fähigkeit kritischer Unterscheidung, unser Gefühl für Persönlichkeit und individuelle Verantwortung hinweg zu nehmen, als die ständige uniforme und monotone Vollziehung der gleichen Riten.

Tatsächlich ist in allen primitiven Gesellschaften, die von Riten gelenkt und beherrscht werden, individuelle Verantwortung eine unbekannte Sache. Was wir hier finden, ist nur eine kollektive Verantwortung. Nicht das Individuum, sondern die Gruppe ist das wirkliche ‹moralisches Subjekt›. (.) Hier sind es Menschen, Menschen von Erziehung und Intelligenz, ehrenhafte und aufrechte Menschen, die plötzlich das höchste menschliche Privileg aufgeben.* Sie haben aufgehört, freie und persönlich handelnde Menschen zu sein. Indem sie dieselben vorgeschriebenen Riten vollziehen, beginnen sie auf die gleiche Weise zu fühlen, zu denken und zu sprechen. Ihre Gesten sind lebhaft und heftig; aber dies ist bloß ein künstliches, ein Scheinleben. Tatsächlich werden sie durch eine äußere Kraft in Bewegung gesetzt. Sie handeln wie Marionetten in einem Puppenspiel – und sie wissen nicht einmal, dass die Fäden dieses Spiels und des ganzen individuellen und sozialen Lebens des Menschen von nun an von politischen Führern gezogen werden. (.) Wie wir zeigten, mussten in den totalitären Staaten die politischen Führer all jene Funktion übernehmen, die in primitiven Gesellschaften vom Zauberer ausgeübt wurden. Sie waren die absoluten Herrscher; sie waren die Medizinmänner, die versprachen, alle sozialen Übel zu heilen. (.) Politiker wissen sehr wohl, dass große Massen viel leichter durch die Gewalt der Einbildung bewegt werden können als durch reine physische Gewalt. (.) Der Politiker wird eine Art öffentlicher Wahrsager. Prophetie ist ein wesent-

---

* *Freiheit* war nicht zu allen Zeiten ein Grundrecht. In liberalen und demokratischen Gesellschaften verstehen wir es als eben solches, nicht als bloßes Privileg.

liches Element in der neuen Technik der Führerschaft. Die unwahrschein-
lichsten oder sogar unmöglichen Versprechungen werden gemacht; das tausendjährige Reich wird immer und immer wieder verkündet.«[22]

Die Verkündung einer Vision kann als die Prophezeiung eines zukünftigen Mythos verstanden werden. Anders als bei bekannten
Mythen ist der Einzelne jedoch selbst Teil eben dieses und er erfährt
ein Gefühl der aktiven Teilhabe. Da jedoch das Individuum nichts
zählt, sondern nur das Kollektiv, bleibt es bei einem Gefühl, jedoch
keiner Tatsächlichkeit.

Das Ausrufen von Visionen schafft also eine Bereitschaft. Dies
kann zu manipulativen und destruktiven Zwecken ausgenutzt werden. So wird im heutigen China eine Vision, eine Staatsvision für
2050 ausgerufen. Die Menschen, die Teil dieses künftigen Mythos
sein wollen, erfahren eine Gleichheit. Canetti zufolge werden sie
eine *Masse*. Gemeinsam treten sie ein für ein gemeinsames Ziel, welches sie erreichen wollen. Sie stellen das Kollektive über das Individuelle.

In Zeiten des Umbruchs, des Zerfalls, der Unsicherheit und des
Auseinanderfallenden kann eine Vision, ein Mythos aber auch ein
gutartiges Werkzeug sein, um eine Masse zu schaffen. Denn eine
Masse ist bedingt durch die vorausgesetzte Gleichheit in wesentlichen Facetten zwangsläufig etwas Zusammenhaltendes. Montaigne
schrieb der *Phantasie* eine ganz eigene Macht zu.[23] Ein Staatsmythos
kann Einigkeit und Zusammenhalt über eine ganze Gesellschaft
bringen. Im guten und kreativen Sinne, wie im bösartigen destruktiven Sinne.

1.2.2 Theseus und Minotaurus

Collins ließ sich in ihrem Werk der *Tribute von Panem* vom antiken
Theseus-Mythos inspirieren. Jedes Jahr wurden dem Ungeheuer
Minotaurus auf Kreta sieben Jünglinge und sieben Jungfrauen geopfert. Junge Mädchen und Männer wurden dem Minotaurus, der
ein Labyrinth bewohnte, übergeben, um ihn milde zu stimmen.

Theseus, der Sohn des athenischen Königs Aigeus, plante eine
List, um den Minotaurus zu töten und die Opfergaben zu beenden.
Daher bot er sich freiwillig als Opfer an und vereinbarte mit seinem
Vater zuvor ein Zeichen. Sollte sein Schiff mit einem weißen Segel
zurückkehren, so hätte er den Sieg über den Minotaurus errungen.
Bei einem schwarzen Segel wäre seine Mission misslungen und er

selbst nicht mehr am Leben. So brach Theseus nach Kreta auf, wo er sich doch gleich in Ariadne, die Tochter des Königs Minos, verliebte. Ariadne übergab Theseus ein Fadenknäuel, das dieser am Eingang des Labyrinths festbinden sollte, um so den Weg wieder aus dem Labyrinth herauszufinden. Theseus gelang es tatsächlich, den schrecklichen Minotaurus zu töten und da er ja den Faden der Ariadne durch das Labyrinth gezogen hatte, fand er auch den Rückweg und konnte so das Labyrinth wieder verlassen.

Theseus floh gemeinsam mit Ariadne, ließ sie dann aber schlafend auf der Insel Naxos zurück, sehr zum Erzürnen der Götter. So ließen diese Theseus ganz vergessen, dass er doch das weiße Segel bei seiner Heimkehr setzen wollte, weshalb sein Vater dachte, sein Sohn Theseus hätte das Abenteuer nicht überlebt und sich aus unendlicher Trauer ins Meer stürzte, das fortan Ägäis hieß.

1.2.3 Spartacus

Auch der Mythos von Spartakus und die tatsächlich überlieferten historischen Berichte über ihn inspirierten Collins. Spartacus war ein römischer Sklave und Gladiator im 1. Jahrhundert v. Chr. Der römische Biograph Plutarch beschreibt »diesen Thraker« als nicht nur mit einem starken Körper ausgestattet, sondern auch mit einem starken Geist, der sehr gebildet und intelligent war. Plutarch vermutet daher eine Abstammung aus der Oberschicht. Allerdings kann seine Formulierung »Thraker« sowohl auf das Volk der Thraker als auch einen schwer bewaffneten Gladiatorentypus hindeuten.

Spartacus floh nach einer Rebellion mit anderen Gladiatoren 73 v. Chr. aus der Gladiatorenschule. Mit weiteren Sklaven aus den landwirtschaftlichen Großbetrieben, den Latifundien, und aus verarmten, landlosen Freien stellte er ein Heer auf. Als Anführer der aufständischen Sklaven im dritten Sklavenkrieg, der nach seiner Flucht zwei Jahre andauerte, erzielte er zahlreiche Siege über die römischen Legionen. Trotz seiner Erfolge erkannte Spartakus, dass er Rom nicht besiegen könne. Sein Ziel war es, seine Armee über die Alpen in ihre nördlichen Herkunftsgebiete in Thrakien und Gallien zurückführen. Seine Männer waren hingegen voller Zuversicht und zogen weiter in Richtung Süden.

Der Senat hatte inzwischen Crassus das Kommando über acht Legionen erteilt, mit dem Auftrag, die Rebellenarmee zu vernichten.

Crassus schlug Spartacus in mehreren Schlachten und drängte ihn immer weiter in den Süden Italiens, wo seine Truppen eingekesselt und bis zum Aushungern belagert wurden. Die letzte Schlacht ging verloren, Spartacus fiel.

Karl Marx bezeichnete Spartacus als einen »wahren Vertreter des römischen Proletariats«. Auch in anderen Zusammenhängen wird er als Symbolfigur gegen Unterdrückung und Knechtschaft aufgegriffen. Allerdings war sein Ziel nicht die Errichtung einer neuen Gesellschaftsordnung, sondern die Flucht in die Heimat. So soll er einmal gesagt haben: »Man darf das Leben nicht für Schauspiele einsetzen, sondern für die Freiheit.« Dieses Vorhaben allein stellte aber die Gesellschaftsordnung Roms jedoch in Frage, denn ohne die Arbeit der Sklaven wäre die Produktionsweise der römischen Gesellschaft nicht aufrechtzuerhalten.

So wurde Spartacus, dessen Frau Plutarch zufolge eine Seherin gewesen sei, die ihm eine glorreiche und zugleich düstere Zukunft prophezeite,[24] zum Mythos.

1.3 Coriolanus als historische und literarische Gestalt

1.3.1 Die antike Legende

Der Sage nach war der Patrizier Gnaeus Marcius Coriolanus, auch Gaius Marcius Coriolanus – kurz: Coriolan – ein römischer Feldherr, der zwischen 527 und 488 v.Chr. in Antium bei Rom lebte. Sein Stolz und sein Starrsinn sollten zu Auseinandersetzungen mit den Plebejern führen. Verbannt aus Rom führte er Krieg gegen seine eigene Heimatstadt, den er erst auf Bitten seiner Mutter abbrach.

Die wohl bekannteste Bearbeitung dieser Legende stammt von Shakespeare durch dessen Tragödie *Coriolanus*. Vorlage für andere Coriolan-Dramen ist die Coriolan-Biografie von Plutarch, einem antiken griechischen Schriftsteller. Plutarch, der zur Hochzeit des Römischen Imperiums lebte und »dem man weder Kriegslust noch Blutdurst nachsagen kann, [ist einer] der humansten Geister, die die Menschheit hervorgebracht hat«,[25] zeichnete sich durch umfassende Bildung und Gelehrsamkeit aus. Von ihm stammt die moralische Abhandlung *moralia*, aber auch die Parallelbiographien, in denen er elf Römer und elf Griechen jeweils gegenüberstellte, deren Leben Ähnlichkeiten aufwiesen. Er befasste sich mit mystischen

Staatsmännern und herausragenden Persönlichkeiten und war bestrebt in seinen Bearbeitungen moralisch pädagogische Zwecke dramaturgisch aufzubereiten.

Im 19. Jahrhundert wurde erstmals die historische Existenz von Coriolanus angezweifelt. Aufgrund einer ganzen Reihe von Ungereimtheiten betrachtet die Coriolanus-Forschung die Figur heute als fiktiv, ja als Fälschung einer Familiengeschichte. Machiavelli hingegen erwähnt ihn im 16. Jahrhundert in seiner Schrift *Vom Staate* immer wieder und versteht ihn offenbar als historische Persönlichkeit. Plutarch beschreibt Coriolanus als stolzen und klugen Patrizier und einen Krieger, der in seiner Jugend zur Freude seiner Mutter, nicht des Ruhmes wegen kämpfte. Er war ein vortrefflicher Redner. Seinen Beinamen Coriolanus erhielt er wegen seiner außergewöhnlichen Tapferkeit beim Eroberungskampf der volskischen Stadt Corioli, die eingenommen werden konnte.

Coriolanus wurde dadurch berühmt und beliebt, sodass er selbstbewusst zur Wahl zum römischen Konsul antrat, aber da er besonders stolz auf seine patrizische Herkunft war und die neuen Ämter der Plebejer, die Volkstribunen, ablehnte, versagten ihm die Plebejer die Unterstützung und die Wahl ging für ihn verloren. Als entschiedener Gegner der Volkstribunen plädierte Coriolanus für deren Abschaffung. Man klagte ihn daraufhin wegen des Versuches zum Umsturz der Verfassung und der Aufhetzung des Senats gegen die Plebejer an. Von den Volkstribunen zum Tode verurteilt, wurde seine Strafe durch den Senat in Verhandlungen schließlich auf ewige Landesverweisung festgesetzt.

Aus Rache wandte sich Coriolanus seinen engsten Feinden, den Volskern zu. Mit ihnen verbündete er sich zum gemeinsamen Krieg gegen seine Heimatstadt Rom. Im Angesicht der Bedrohung Roms forderten die Plebejer schließlich die Aufhebung der Verweisung von Coriolanus. Nach anfänglicher Weigerung des Senats sandte dieser schließlich einen Boten zu Coriolanus, um über die Beilegung des Krieges und der Sicherstellung des Friedens sowie seine Rückkehr nach Rom zu verhandeln.

Drei Gesandtschaften erlitten jedoch nur Misserfolg. Coriolanus Frau und seine Mutter zogen aus Rom zu Coriolanus Heereslager, um ihn von der Beilegung des Konflikts zu überzeugen. Seine Mutter drohte sogar mit Selbstmord und seine Frau warf sich samt seiner Kinder vor ihn nieder, sodass er diese Bitte nicht abschlagen konnte. Coriolanus fiel bitterlich weinend vor seiner Mutter auf die

Knie und gab den Krieg auf. Die Volsker selbst warfen ihm daraufhin Verrat vor und ermordeten ihn auf einer Volksversammlung in Antium.

1.3.2 Shakespeares Coriolanus

Coriolanus wurde über die Jahrhunderte immer wieder als Verräter, unbeherrschbarer und mutiger Krieger, als Klassenfeind und als unvernünftig interpretiert. Er vertrat den Anspruch des Absoluten, aber er war auch treu und ein selbstloser Sohn. Er verschrieb sich höheren Zielen und wurde Opfer politischer Verhältnisse. Er war auch ein Außenseiter.

Shakespeares Drama *Coriolanus*, zu Beginn des 17. Jahrhunderts entstanden, ist inhaltlich an den Quellen Plutarchs orientiert. So verwundert die inhaltliche Übereinstimmung zur antiken Legende wenig. In gewisser Weise verlieh Shakespeare so der Legende einen mythischen Charakter. *Coriolanus* gehört mit *Julius Cäsar* und *Antonius und Kleopatra* zu den Römerdramen von Shakespeare und ist das letzte und reifste dieser Stücke.

Shakespeare selbst ließ sein ganzes dramaturgisches Gespür in das Stück einfließen. Es ist ein Familiendrama, es ist ein menschliches Drama, es ist ein Staatsdrama, es ist eine tragische Geschichte im Kleinen, welche zum Großen anzuschwellen bestrebt ist.

Die Verfilmung von Shakespeares Drama aus dem Jahr 2011 mit Ralf Finnes – der Coriolanus damals schon seit zehn Jahren auf der Bühne spielte und konsequenterweise auch im Film Cajus Martius Coriolanus verkörpert – und Gerard Butler als Tullus Auffidius, treibt dieses Drama auf die Spitze. Der Film, dessen Sprache sich durchaus stark an Shakespeares Sprachduktus der Originalvorlage orientiert und damit mehr einer Theateraufführung gleichkommt als einem zeitgemäßen Film, macht es dem Zuschauer der heutigen Zeit zwar schwerer, den Dialogen zu folgen, bewahrt so aber den traditionellen Charakter von Shakespeares Drama.

Anders als in Shakespeares Drama begeht der Senator Menenius, welcher Coriolanus nicht vom Einlenken überzeugen konnte, nach seiner Feststellung – »Dieser Martius ist zu einem Drachen erwachsen. Er hat Flügel. Er ist mehr als ein kriechendes Geschöpf« – in höchster Verzweiflung und vollkommener Hilflosigkeit angesichts des unaufhaltsam sich aufbäumenden Krieges Selbstmord. Es ist die Übersteigerung, die Überholung des ohnehin schon Dramatischen. Das Dramatische wird geradezu »total«.

Finnes, der auch Regie bei der Produktion des Filmes geführt hat, gibt Shakespeares Drama eine eigene Interpretation. Es wird zu einem Historiendrama, welches in das 21. Jahrhundert verlegt wird. Auch die Wahl der Drehorte der Kriegsszenen, nämlich im vom Krieg gezeichneten Belgrad in Serbien, ist eine kluge, da ausdrucksstarke Wahl. Das Stück von Shakespeare wird, so konservativ die Dialoge auch erscheinen, dadurch modern, dass sich schon allein Graffitis an Gebäuden und Straßen finden lässt. Auch moderne Medien, besonders das Fernsehen, spielen eine wichtige Rolle bei dem Modernisierungsversuch der Tragödie.

Zu Beginn des Filmes schreitet Coriolanus als Militärbefehlshaber gegen einen auflaufenden Mob von Plebejern ein, der das Korn- und Getreidelager zu stürmen versucht, das von den Patriziern kontrolliert wird und sich im Stadtzentrum eines Ortes befindet, »der sich selbst Rom nennt« und damit überall auf der Welt sein könnte. Auch bei Machiavelli ist beschrieben, dass Coriolan während einer Hungernot in Rom das Volk züchtigen und entmachten wollte. Getreide sollte nicht ausgeteilt, sondern das Volk hungern gelassen werden.[26] In dieser Szene offenbart sich die vollkommene Verachtung Coriolanus gegenüber den Plebejern. Er spricht zu der Menge:

»Was gibt es, streitsüchtiges Gesindel, die ihr das bisschen eurer Meinung solange kratzt, bis ihr schließlich zu Schorf werdet (.) Was verlangt ihr, ihr Hunde, die Krieg nicht wollen noch Frieden, der eine schreckt euch, der andere macht euch stolz. Wer euch vertraut, der wird Hasen finden, wo er auf Löwen hofft, wo Füchse Gänse. Wer Größe verdient, verdient auch euren Hass. Hängt euch. Euch trauen? Jede Minute wechselt ihr die Meinung und nennt den nobel, den ihr eben hastet, den schlecht, der euer Abgott war. Was gibt es, dass ihr auf jedem Platz der Stadt gedrängt gegen den Senat euch empört, der allein nächst den Göttern euch in Ehrfurcht hält. Euch, die ihr euch sonst noch selbst auffräßet. Los, schert euch Heim ihr Überbleibsel.«

Eine Bürgerin spuckt in seine Richtung. Coriolanus blickt sich in der Menge um. Sie ist wie erstarrt, die Blicke uneinsichtig. Er begreift, dass man mit den Menschen nicht mehr reden kann, sie sind unerreichbar für ihn. Für Martius sind die Bürger wie Kinder, die ständig ihre Meinung wechseln. Der Mob organisierte sich kurz zuvor. Einer, der das Wort ergriff und so zum Mitanführer wurde, sprach:

Der Bürger:	»Hört mich sprechen. Ihr seid alle entschlossen, lieber zu sterben als zu verhungern.«
Die Menge:	»Entschlossen!«
Der Bürger:	»Sehr gut. Ihr wisst, dass Gaius Martius der Hauptfeind des Volkes ist.«
Die Menge:	»Das wissen wir!«
Eine Bürgerin:	»Lasst uns ihn umbringen!«

Im weiteren Verlauf soll Coriolanus zum »ewigen Konsul« gewählt werden. Es ist Tradition, als Krieger und Soldat seine Wunden aus dem Kampf offen zu zeigen. Es soll gezeigt werden, dass man bereit ist und dies auch getan hat, sich für die Nation, das Vaterland, für das Wohle Roms für das Wohl der Patrizier, aber insbesondere auch für das Wohl der Plebejer, aufzuopfern. Coriolanus trägt schwere Narben aus Kämpfen davon. Er ist in der höchsten Staatsräson erzogen worden. So sagt seine Mutter Volumnia zu Coriolanus Frau Virgilia auf die Frage, was wäre, würde er in der Schlacht sterben:

»Dann wäre sein Nachruhm mein Sohn gewesen; in ihm hätte ich mein Geschlecht gesehn. Höre mein offenherziges Bekenntnis: Hätte ich zwölf Söhne, jeder meinem Herzen gleich lieb und keiner mir weniger teuer als dein und mein guter Marcius, ich wollte lieber elf für ihr Vaterland edel sterben sehn, als einen einzigen in wollüstigem Müßiggang schwelgen.«

Coriolanus Stolz und seine Verachtung gegenüber den Plebejern bewegen ihn jedoch dazu, sich dem Zeigen der Narben zu verweigern. Damit macht er sich bei den Plebejern unbeliebt, seine Wahl zum Konsul ist gefährdet.

Es gelingt ihm aber, die Zustimmung weiter Teile der Plebejer für sich zu gewinnen, nachdem er sie auf einem Markt besucht, für sich wirbt und von sich überzeugt. Doch diese Überzeugungskraft ist nur brüchig und von kurzer Dauer, denn die Tribunen, die seine Wahl zum Konsul verhindern wollen, da sie um ihren eigenen Einfluss in Rom fürchten, machen den Plebejern eindringlich klar, dass Coriolanus trotz seiner Bekundungen ihnen schlussendlich seine Narben *nicht* gezeigt hat. In der Folge wird Coriolanus nicht zum Konsul gewählt, sondern verstoßen. In einem Wutausbruch während einer öffentlichen Erklärung offenbart sich all sein Hass:

Du schlechtes Hundepack, des Hauch ich hasse
Wie fauler Sümpfe Dunst, des Gunst mir teuer
Wie unbegrabner Männer totes Aas,
Das mir die Luft vergift't: ich banne dich!

Bleibt hier zurück mit euerm Unbestand;
Der schwächste Lärm mach euer Herz erbeben,
Eur Feind mit seines Helmbuschs Nicken fächle
Euch in Verzweiflung; die Gewalt habt immer,
Zu bannen eure Schützer, bis zuletzt
Eur stumpfer Sinn, der glaubt, erst wenn er fühlt,
Der nicht einmal euch selbst erhalten kann,
Stets Feind euch selbst, euch endlich unterwerfe
Als höchst verworfne Sklaven, einem Volk,
Das ohne Schwertstreich euch gewann. – So schmähend
Euch, eure Stadt, wend ich so meinen Rücken;
Noch anderswo gibts eine Welt.

Finnes beschreibt Coriolanus als einen rauen Menschen, der trotz aller Ablehnung seiner Mitmenschen zu seinen eigenen Wahrheit steht. Am Ende wird Coriolanus von einem *Mann des Krieges* zu einem *Botschafter des Friedens*. Der Film verläuft hier sehr dicht am Original, die Umsetzung einer wichtigen Parabel in Shakespeares Interpretation von Plutarchs Coriolanus-Biographie fehlt dem Film jedoch leider im Wesentlichen: der Staat als Körper mit Bauch und Gliedern.

1.3.3 Der Staat als Körper mit *Bauch* und *Gliedern*

Ein Bürger: »Wir werden für arme Bürger angesehen, die Patrizier für die guten. Das, wovon der Adel schwelgt, würde uns nähren. Gäben sie uns nur das Überflüssige, ehe es verdirbt, so könnten wir glauben, sie nährten uns auf menschliche Weise; aber sie denken, so viel sind wir nicht wert. Der Hunger, der uns ausmergelt, der Anblick unsers Elends ist gleichsam ein Verzeichnis, in welchem sie ihr Wohlleben lesen. Unser Jammer ist ihnen Genuß. Dies wollen wir mit unsern Spießen rächen, ehe wir selbst Spießgerten werden. Denn das wissen die Götter: Ich rede so aus Hunger nach Brot und nicht aus Durst nach Rache.«

Der Hunger der Plebejer ist Ausdruck ihrer Machlosigkeit.[27] Ihr Ziel ist nicht die Vernichtung der Patrizier aus Rache, als Vergeltungsmaßnahme. Ihr Drang ist das eigene Überleben zu sichern durch Nahrung. Sie sehen Cajus Marcius als »Hauptfeind« des Volkes.[*]

---

[*] »Haupt« (lat. Caput) stellt eine Verbindung zum Kapitol her. Da Snow und das Kapitol im totalitären System untrennbar sind, richtet sich der Hass, besonders der von Katniss, gegen Snow selbst. Eine spätere Szenenanalyse wird dies näher aufbereitet.

Im weiteren Verlauf entsteht ein Streitgespräch zwischen den Bürgern und dem angesehenen Patrizier Menenius. Er entgegnet der aufgebrachten und mit »Stangen und Knütteln« bewaffneten Menge: »Wollt ihr euch selbst zugrunde richten?« »Nicht möglich«, resigniert ein Bürger, »wir sind schon zugrunde gerichtet«. Menenius versucht zu beschwichtgen. Mit »wahrer Liebe« sorge der Adel für die Armen. Die Teuerung des Brotes würde von Göttern gemacht, nicht von den Patriziern, die wie Väter für die Plebejer sorgen würden, während sie von ihnen als Feinde verflucht werden. Ein Bürger schimpft: »Nun, wahrhaftig, sie sorgten noch nie für uns! Uns verhungern lassen, und ihre Vorratshäuser sind vollgestopft mit Korn. Verordnungen machen gegen den Wucher, um die Wucherer zu unterstützen. Täglich irgendein heilsames Gesetz gegen die Reichen widerrufen und täglich schärfere Verordnungen ersinnen, die Armen zu fesseln und einzuzwängen.« Menenius beginnt ein Märchen zu erzählen:

> Einstmals geschahs, daß alle Leibesglieder,
> Dem Bauch rebellisch, also ihn verklagten,
> Daß er allein nur wie ein Schlund verharre
> In Leibes Mitte, arbeitlos und müßig,
> Die Speisen stets verschlingend, niemals tätig
> So wie die andern Glieder alle, die doch
> Sähn, hörten, sprächen, dächten, gingen, fühlten
> Und, wechselseitig unterstützt, dem Willen
> Und dem gemeinsamen Bedürfnis dienten
> Des ganzen Leibs. Der Bauch erwiderte (.)
> Ich sag es gleich. – Mit einer Art von Lächeln,
> Das nicht von Herzen ging, nur gleichsam so
> Denn seht, ich kann den Bauch ja lächeln lassen
> So gut als sprechen – gab er höhnisch Antwort
> Den mißvergnügten Gliedern, die rebellisch
> Die Einkünft ihm nicht gönnten; ganz so passend,
> Wie ihr auf unsre Senatoren scheltet,
> Weil sie nicht sind wie ihr.

> ERSTER BÜRGER
> Des Bauches Antwort. Wie!
> Das fürstlich hohe Haupt, das wache Auge,
> Das Herz: der kluge Rat, der Arm: der Krieger,
> Das Bein: das Roß, die Zunge: der Trompeter,
> Nebst andern Ämtern noch und kleinern Hülfen
> In diesem unserm Bau, wenn sie …

Menenius unterbricht den Bürger immer wieder mit der Frage
»Was denn?«, »Gut, was denn?« Dann gibt er die Antwort des
Bauches:

Wahr ists, ihr einverleibten Freunde, sagt er,
Zuerst nehm ich die ganze Nahrung auf,
Von der ihr alle lebt; und das ist recht,
Weil ich das Vorratshaus, die Werkstatt bin
Des ganzen Körpers. Doch bedenkt es wohl:
Durch eures Blutes Ströme send ich sie
Bis an den Hof, das Herz – den Thron, das Hirn,
Und durch des Körpers Gäng und Kammern dann
Empfängt der stärkste Nerv, die feinste Ader
Von mir den angemeßnen Unterhalt,
Wovon sie leben. Und obwohl ihr alle
Ihr guten Freund, habt acht, dies sagt der Bauch. (.)
Roms Senatoren sind der gute Bauch,
Ihr die empörten Glieder; denn erwägt
Ihr Mühn, ihr Sorgen. Wohl bedenkt, was alles
Des Staates Vorteil heischt; so seht ihr ein,
Kein allgemeines Gut, was ihr empfangt,
Das nicht entsprang und kam zu euch von ihnen,
Durchaus nicht von euch selbst. Was denkt ihr nun?

Menenius spricht einen Bürger an, der jedoch die Bedeutung nicht
versteht:

Du, große Zeh in dieser Ratsversammlung? (.)
Weil du, der Niedrigst, Ärmst, Erbärmlichste
Von dieser weisen Rebellion, vorantrittst.
Du Schwächling ohne Kraft und Ansehn läufst
Voran und führst, dir Vorteil zu erjagen.
Doch schwenkt nur eure Stäb und dürren Knüttel,
Rom und sein Rattenvolk zieht aus zur Schlacht,
Der eine Teil muß Tod sich fressen.

Dieses Märchen wird im Zuge der Szeneanalyse noch von Bedeutung sein. Den methodischen und historischen Grundlagen sei nun
genüge getan. Es wird nun darum gehen, den Bezug zwischen Collins Werk und der heutigen Zeit herzustellen. Die Grundlage fast
aller Überlegungen bildet dabei die wichtige Wissenschaft der
Machtanalytik.

2. Mit offenen Karten: Panem

»Der alleinige Weg zur Errichtung einer solchen allgemeinen Gewalt, die in der Lage ist, die Menschen vor dem Angriff Fremder und vor gegenseitigen Übergriffen zu schützen und ihnen dadurch eine solche Sicherheit zu verschaffen, daß sie sich durch eigenen Fleiß und von den Früchten der Erde ernähren und zufrieden leben können, liegt in der Übertragung ihrer gesamten Macht und Stärke auf einen Menschen oder eine Versammlung von Menschen, die ihre Einzelwillen durch Stimmenmehrheit auf einen Willen reduzieren können.«

- Thomas Hobbes[28]

Hobbes hat »eine der mächtigsten Staatskonzeptionen« entworfen. »Um die Schrecken des Bürgerkrieges zu bannen, den recht- und machtlosen Zustand, in der jeder jedem Gewalt antun kann, zu beenden und die Sicherheit wie Wohlfahrt der Bürger zu gewährleisten, fordert Hobbes einen omnipotenten Souverän, der nicht zwingend ein Einzelner sein muss, sondern auch eine Versammlung von Menschen sein kann. Totalitär ist die politische Ordnung von Thomas Hobbes jedoch nicht. Erstens entsteht der mächtige Souverän nur durch die freiwillige Vereinbarung aller mit allen, eben die Rechte, die jedem Individuum gleichermaßen zustehen, gemeinsam dem Souverän zu übertragen. Zweitens behält der Einzelne sein fundamentales Recht auf Schutz des eigenen Lebens und auf Selbstverteidigung. Kann der Souverän diesen Schutz nicht mehr gewährleisten, erlischt der Souveränitätsvertrag, und jeder hat wieder jedes Recht auf alles.«[29]

2.1 Präludium einer Utopie

Das Wort Utopie leitet sich vom Griechischen *ou-*, »nicht-«, und *tópos*, »Ort«, ab und bedeutet damit so viel wie »Nicht-Ort«. Es bezeichnet den Entwurf einer fiktiven Gesellschaftsordnung, die nicht an zeitgemäße, historische oder kulturelle Rahmenbedingungen gebunden ist. Eine Utopie ist ein Land der Perfektion, der Vollendung und des Traumes, ein echtes »Traumland«. Allerdings ist sie nur sehr schwer oder gänzlich unmöglich umsetzbar, denn – wie wir wissen – gibt es keine Perfektion. Daher will die Utopie als solche nicht proklamieren, wie etwas *ist*, sondern aufzeigen, wie etwas sein *könnte*. Es ist ein oft positiver und optimistischer Gesellschaftsentwurf. Die Utopie meint also: »Etwas kann unmöglich vollendet, erreicht oder umgesetzt werden« oder »ist lediglich eine rein imaginäre Fiktion, denn in der Wirklichkeit ist es nicht umsetzbar«. Utopien können, müssen jedoch nicht zwangsläufig für uns als positiv oder wünschenswert erscheinen. »Gut« und »schlecht« sind oft Ansichtssache.* Shakespeare sagte einmal: »Kein Ding ist an sich gut oder böse; erst unser Denken macht es dazu.« Eine Utopie kann also auch ein Land des Alptraumes sein. Man unterscheidet Utopien daher näher in *Eutopien* und *Dystopien*; diese müssen jedoch nicht notwendiger Weise unerreichbare »Nicht-Orte« mehr sein. Das Ideal der vollkommenen Vollendung wird verwischt.

Die »guten« Utopien nennen sich *Eutopien*, von griechisch *eu-*, »gut«. Sie geben uns Ideen für erstrebenswerte Gesellschaftsentwürfe an die Hand. Das Pardon der anderen Seite ist die *Dystopie*. *Dys-* bedeutet so viel wie »schlecht«, es wird also ein besonders schlechter Ort beschrieben. Man kann sagen, dass eine Dystopie eine negative Utopie ist. Jedoch kann nichts vollkommen und absolut schlecht sein, was für unsere eigene Lebenswirklichkeit immerhin ein kleiner Hoffnungsschimmer angesichts einer erdrückenden Dystopie ist. Die Absicht einer Dystopie ist es, eine Warnung auszusprechen. Sie warnt vor Gefahren, die sich dramatisch auf unsere Lebenswirklichkeit auswirken können, wenn sie vernachlässigt und nicht als Herausforderungen angegangen und bewältigt werden. Das Realweltliche wird satirisch überhöht dargestellt, sowohl in Bezug auf einen Staat und sein Herrschaftsregime als auch bezogen auf die Menschen selbst.[30]

Es gehört zum Wesensmerkmal einer literarischen Dystopie, dass sie den Leser zu Beginn einer Geschichte oder Erzählung überfordern will. Es geht nicht darum, den Beobachter langsam und sanft

---

* Man kann sagen, »gut« ist etwas, wenn es dem Leben dient; »schlecht« oder »böse« ist etwas, wenn es dem Leben zuwiderläuft. Man muss sich der subjektiven Sichtweise klar werden. Baut man ein Haus, so ist dies für uns gut, denn wir müssen weder in der Sonne vertrocknen, noch im Winter erfrieren. Betrachtet man dies jedoch aus der Perspektive der Bäume, welche gerodet wurden, um Baufläche zu gewinnen, oder der Frösche, deren Teich trocken gelegt wurde, so stellt sich unmittelbar die Frage nach dem Dienst für das Leben. Man kann sich ein noch einfacheres Beispiel überlegen: Frisst ein Löwe eine Antilope, so dient es seinem eigenen Leben – nicht jedoch dem Leben der Antilope.

in eine neue Umgebung zu führen, die eine Utopie sein kann. Es geht vielmehr um einen abrupten Bruch mit der Geschichte, mit dem Vertrauten.[31] Im Sinne der Dystopie ergibt dies durchaus Sinn.

Wenn viele Dinge für uns besonders *schlecht* erscheinen, so liegt es auf der Hand, dass etwas Tiefgreifendes, Radikales eine Gesellschaftsordnung umgestoßen haben muss. Es bedeutet, dass die einstigen Machtstrukturen in sich zusammengefallen sind, ehe sie in den Seiten der Geschichte versanken, sodass wichtige Lehren ungelernt blieben. Die Dystopie will also gar nicht, dass wir sie richtig verstehen *können*, sie will als absolut, unverrückbar und allein- und letztgültige, objektive Wahrheit verstanden werden; sie will es verhindern, hinterfragt zu werden. Und dies schafft sie, in dem sie den Leser oder Zuschauer überfordert, ihn dazu zwingt, sich ihrer propagierten Ordnung vollständig zu unterwerfen. In dieser Überforderung ergibt sich der Mensch der Dystopie und nimmt sein Schicksal fatalistisch hin.

Wie aber schafft dies eine Dystopie? Oftmals bedient sie sich eines Staatsmythos. Der Mythos skizziert eine Welterfahrung, was Schreckliches passiert sein könnte, weshalb die neue Ordnung unabdingbar notwendig ist. Nichts anderes können wir in den Berichten und Filmmaterialien über Panem beobachten. Dies stellt mich als Analytiker vor eine Herausforderung. Wie kann ich nun eine Art »kleines Tagebuch« einer Revolution nachvollziehen, ohne genau zu wissen, was Panem eigentlich ausmacht: als Staat, als Gesellschaft und in Bezug auf die Charaktere der Menschen. Es geht darum, die Erfahrung des Staatsmythos in sich aufzunehmen und sich in die Geschichte hineinzuversetzen. Es geht um die Frage, was geschah, bevor Panem als Staat entstanden ist.

2.2 Überlegungen zur Vorgeschichte

»Das Land Panem entstand aus den Trümmern Nordamerikas, welches durch Dürren, Stürme, Feuerbrünste, Überschwemmungen und andere Naturkatastrophen verwüstet wurde, allerdings auch noch anschließend durch einen brutalen Krieg der Menschen um die verbliebene Nahrung. Um dem ein Ende zu setzen, gründete man das Land Panem. Es bestand aus 13 Distrikten, deren Aufgabe es war, das Kapitol (die Hauptstadt) mit Nahrung, Kohle und anderen wichtigen Dingen zu versorgen. Dazu bekam jeder Distrikt einen eigenen Wirtschaftszweig zugeteilt, sodass jeder Distrikt bestimmte Materialien und Güter liefern musste.«[32]

2.2.1 Systemtheorie

Jedes System »hat ein Eigenleben und funktioniert nur, solange alle seine Teile in der besonderen Form, die das System erfordert, integriert bleiben. Das System als ein Ganzes beherrscht die Teile. Die Teile sind gezwungen, innerhalb des gegebenen Systems zu funktionieren – oder sie funktionieren überhaupt nicht. Das System hat einen inneren Zusammenhalt, das seine Veränderung äußerst schwer macht.

Versucht man, nur einen isolierten Teil des Systems zu verändern, wird dies nicht zu einer Veränderung des Systems selbst führen. Das System wird im Gegenteil weiterhin auf seine ihm eigene Art und Weise funktionieren und versuchen, eine Veränderung an einem Teil so zu absorbieren, daß sehr bald die Wirkungen der Veränderung ungeschehen gemacht sind. (.) Ein System kann nur verändert werden, wenn nicht nur ein einziger Faktor geändert wird; erst wenn echte Änderungen innerhalb des gesamten Systems vorgenommen werden, kann eine neue Integration aller seiner Teile stattfinden.«[33]

Warum überleben Gesellschaften und warum gehen sie unter? Dieser Frage wandte sich auch Diamond in seinem Buch *Kollaps* zu. Er fasst als Indikatoren zusammen:[34]

- die Schäden, die eine Bevölkerungsgruppe ihrer Umwelt zufügt (Das Rückgängigmachen hängt einerseits vom Verhalten der Menschen ab, andererseits von der Widerstandskraft der Umwelt.)
- Klimaveränderungen, Vulkanausbrüche, Verbrauch von Ressourcen (besonders Wasser)
- zunehmende Angriffe feindliche Nachbarn oder Abnahme an Unterstützung von Verbündeten

Um zu verstehen, welche Veränderungen in einem System notwendig und möglich sind, »muß man zuerst eine genaue Analyse über das Funktionieren des Systems machen, die Gründe für fehlerhaftes Funktionieren erforschen, um dann die Möglichkeiten richtig einzuschätzen, mit denen es zu einer das gesamte System betreffenden Veränderung kommen kann.

Generell läßt sich das optimale Funktionieren eines Systems bzw. sein Zerfall folgendermaßen fassen: Ein System kann als wirkungsvoll arbeitend angesehen werden, wenn alle seine Teile zweckmäßig integriert sind und optimal arbeiten und es zu einem Minimum an energieverbrauchender Reibung untereinander und im Kontakt mit benachbarten Systemen kommt. (.) Umgekehrt kommt es zum Zerfall eines Systems, wenn bestimmte Teile (.) ‹verknöchern›. Dann werden die Reibung innerhalb des Systems und die Widersprüche zwischen dem System und den benachbarten Systemen so groß werden, daß das System schließlich zerbricht und zerfällt. (.) [Es gibt] Systeme wie das des menschlichen Organismus oder einer Gesellschaft, die durch einen menschlichen Eingriff verändert werden können. Dies setzt aber voraus, daß dieser Eingriff auf dem richtigen Wissen um das Funktionieren des Systems basiert und daß man über die Maßnahmen verfügt, die solche Veränderungen des Systems erlauben und man auch bereit ist, dementsprechend zu handeln.«[35]

Entscheidend ist also, wie eine Gesellschaft auf neue Herausforderungen reagiert und diesen gegenübertritt:»Die Reaktionen einer Gesellschaft erwachsen aus ihren politischen, wirtschaftlichen und sozialen Institutionen sowie aus ihren kulturellen Werten.«[36] Demnach sind also auch Staaten soziokulturell und historisch gewachsen.

Veränderungen eines Systems finden sehr oft nicht deshalb nicht statt, »weil sie objektiv unmöglich wären, sondern auf Grund einer Reihe subjektiver Gründe. An erster Stelle fehlt es am Verständnis für das Funktionieren des Systems und der Gründe für seine Dysfunktion. Ein zweiter Grund läßt sich in gesellschaftlichen Systemen beobachten; wo Gruppeninteressen innerhalb einer Gesellschaft gegen Veränderungen gerichtet sind, weil diese für sie im Moment nachteilig wären. Objektiv gesehen führt die Weigerung, gewisse Privilegien aufzugeben, aber schließlich nicht nur zur Vernichtung dieser Gruppe, sondern mit ihr zum Zerfall der Gesellschaft.* (.)

---

* *Gekürztes Zitat:* »Ein weiterer subjektiver Grund ist darin auszumachen, daß die meisten Menschen, einschließlich vieler Wissenschaftler, noch immer in einem überholten linearen Denkschema von Ursache und Wirkung denken. Sie greifen sich die offensichtlichsten Mißstände eines Systems heraus und versuchen dann den einen Grund für diese Mißstände zu finden. Es fällt ihnen schwer, in Form von Prozessen innerhalb eines Systems zu denken, bei dem das Verständnis des einen Teils das Verstehen jedes anderen Teils voraussetzt; tatsächlich erfordert das Verstehen des Systems eine viel größere Flexibilität des Denkens. Die Gesellschaft als ein System zu verstehen, fällt deshalb so schwer, weil das Denken und Fühlen des Beobachters selbst Teil des Systems ist. Folglich betrachtet er das System nicht so,

Obwohl das letzte Wort über die Gründe für den Untergang des Römischen Reiches noch nicht gesprochen wurde, nimmt man doch im allgemeinen an, daß der Grund für seinen Zerfall in seiner Unfähigkeit zu suchen ist, sich an verändernde Umstände anzupassen. Insbesonders verfügte es nicht über die technologische Basis, die wirtschaftlichen Widersprüche zu lösen, die sich innerhalb des Systems entwickelt hatten. Somit wurde das bewegliche und kosmopolitische System des Römischen Reiches durch das Feudalsystem ersetzt, das Europa für ungefähr 1000 Jahre beherrschte.

Wenn wir vom Zerfall eines Systems sprechen, bedeutet das nicht, daß alle seine Teile einfach zerstört würden. Die Menschen in dem System oder ihre Nachfahren überlebten zusammen mit einem Gutteil ihres Wissens und ihrer Kultur. Als Europa vom Mittelalter zur Renaissance und zur modernen Epoche überging, wurden in Wirklichkeit viele der Bausteine, die von den griechischen und römischen Gesellschaften geschaffen worden waren, bei der Errichtung eines völlig anderen Systems wiederverwendet.«[37]

Man muss sich aber im Klaren darüber sein, dass ein gezieltes Zerstören eines Systems, um ein besseres zu errichten, nicht unproblematisch ist. Man darf nicht übersehen, dass die Vernichtung der »Megamaschine«, die die Welt seit der Industrialisierung beherrscht, - wie Fromm feststellt – »im günstigsten Fall für Jahrhunderte zu Blutvergießen und Barbarei führen würde. Angesichts der gegenwärtigen Ausrüstung mit zerstörerischen Kräften würde eine solche Lösung wahrscheinlich nicht nur zu der Zerstörung des gegenwärtigen Systems führen, sondern auch zur physischen Zerstörung des größeren Teils der Menschheit, wenn nicht allen Lebens. (.) Niemals war die menschliche Fähigkeit, zu verstehen, die Fähigkeit zu kritischem und analytischem Denken, für das Überleben der menschlichen [Spezies] notwendiger als heute,«[38] resümiert Erich Fromm und lässt erahnen, dass die Vorgeschichte, die Panem vorausgegangen war, offenbar weder kritisches noch analytisches Denken kannte, sondern geprägt war von Kurzsichtigkeit, Generationenegoismus und Ideologie.

In seinem Buch *On Thermonuclear War* aus dem Jahr 1960 argumentierte Herman Kahn, dass der Tod von einem oder zwei Drittel der amerikanischen Bevölkerung im Falle eines Atomkrieges »akzeptabel« sei, solange sich nur die Wirtschaft schnell wieder erhole.

---

wie es wirklich funktioniert, sondern vom Standpunkt seiner eigenen Wünsche und von der Rolle aus, die er in dem System spielt.«

Die Überlebenden würden danach ein Leben in dem gleichen Wohlstand unverändert fortführen können. Erich Fromm, der darüber entsetzt war, arbeitete einige wichtige Widersprüche in Kahns Argumentation heraus.

Zunächst sei festzustellen, dass die Detonationskraft der damals neuen oder schon bald verfügbaren Atomtechnologie, die heute – ein halbes Jahrhundert danach – von modernen Nuklearwaffen ihrerseits um ein Vielfaches übertroffen werden, Schutzräume sogar unter der Erde überflüssig machen würde, da selbst diese keinen »Schutz« mehr leisten könnten. Vor allem aber argumentiert Fromm aus der Sicht eines Therapeuten und Psychoanalytikers und fragt nach den »psychologischen und politischen [Problemen], die sich ergeben könnten, wenn sich eine seiner Schätzungen bewahrheitete und innerhalb weniger Tage alle Großstädte, in denen sich ein Drittel der Bevölkerung und die Hälfte der materiellen Güter befindet, zerstört würden.

[Kahn] stellt frohgemut fest, daß

> bereits andere Völker ebenso große Schocks auch ohne spezielle Vorbereitungen ausgehalten und überlebt und sich dabei ihre Vorkriegstugenden unversehrt bewahrt haben. In vergangenen Zeiten haben sich solche Schocks über viele Jahre verteilt; der, den wir ins Auge fassen, würde sich innerhalb weniger Tage abspielen. Aber was die individuellen psychologischen Wirkungen (.) angeht, so ist das nur gut und nicht schlecht. Während viele normale Menschen unter Leiden, die sich über eine Periode von vielen Jahren erstrecken, zusammenbrechen würden, können die meisten lebenslange Gewohnheiten nicht in ein paar Tagen ändern. Wenn man schon einen Schock hinnehmen muß, so ist es vom Standpunkt der Charakterstabilität aus besser, einen derartigen Schock innerhalb einer kurzen Zeit als über einen langen Zeitraum hin aushalten zu müssen. (.)

Für einen Psychologen ist es weit wahrscheinlicher, daß die plötzliche Vernichtung und die Drohung eines langsamen Todes eines großen Teils der amerikanischen oder russischen Bevölkerung oder großer Teile der Welt Panik, Zorn und Verzweiflung erzeugen wird, die nur mit der Massenpsychose zu vergleichen ist, welche der Schwarze Tod im Mittelalter hervorgerufen hat. Dieser Mangel an jeglicher psychologischer Einsicht gewinnt entscheidende Bedeutung bei der Beurteilung des einzigen praktisch durchführbaren Teils der Schutzraum-Idee, nämlich der Schutzräume vor radioaktivem Niederschlag. Dies hat Morgenstern sehr prägnant dargelegt:

Von der Dauer des radioaktiven Niederschlags hängt es ab, wie lange man in den Schutzräumen bleiben muß. Diese sind klein und überfüllt; die Menschen werden Klaustrophobien entwickeln, sie werden nach Nahrungsmitteln und Wasser hinauslaufen oder krank werden. Kurz, es kann ein Punkt erreicht werden, wo sie es voller Verzweiflung vorziehen, sich hinauszuwagen, um dann draußen an der Strahlung zu erkranken und vermutlich zu sterben. Man kann sich kaum vorstellen, welche psychologischen Situationen entstehen würden und welche Probleme die Insassen dieser Schutzräume für sich zu lösen hätten, hätten sie doch das vernichtende Bewußtsein, in die größte Katastrophe, die die Menschheit je heimsuchte, verwickelt zu sein. (.)

Die traumatischen Wirkungen einer solchen Katastrophe würden zu einer neuen Form primitiver Barbarei führen, zu einem Wiederauftauchen archaischer Elemente, die immer noch als Möglichkeit in jedem Menschen ruhen und für die wir im Terrorsystem Hitlers und Stalins genügend Beispiele erlebten. Es ist unwahrscheinlich, daß Menschen die Freiheit, die Ehrfurcht vor dem Leben – kurz alles, was wir unter Demokratie verstehen – noch bewahren würden, nachdem sie die grenzenlose Grausamkeit von Mensch gegen Mensch, die ein Atomkrieg mit sich bringen würde, aktiv oder passiv miterlebt hätten. Man kann der Tatsache nicht ausweichen, daß die Brutalität auf diejenigen, die damit in Berührung kommen, oft eine brutalisierende Wirkung ausübt und daß die totale Brutalität zu einer totalen Brutalisierung führt.«[39] Fromms Fazit ist, dass nur eines sicher ist:

»Nach einem solchen Ereignis wird es nirgends mehr eine Demokratie, sondern nur noch erbarmungslose Diktaturen geben, die von den Überlebenden in einer halbzerstörten Welt organisiert werden.«[40]

2.2.2 Panems »Gesellschafts-Charakter«

Panem ist als Staat aus einer apokalyptischen Geschichte heraus entstanden, eine Quelle berichtet von dem Jahr 2240 als Jahr der Staatsgründung[41] (Die Quelle berichtet jedoch auch von Coriolanus Snow als neuntem Staatspräsident von Panem, verstrickt sich jedoch in einen Widerspruch zu Collins Schriften, da etwa Präsident Ravenstil nicht genannt wird), andere nennen etwa 2100 (oder sogar noch etwas früher) als Gründungsjahr, manche sehen Panem aber auch tausend Jahre von unserer heutigen Zivilisation entfernt. Panem könnte so auch schon zwei Jahrhunderte vor den Hungerspielen existiert haben. Die Bevölkerungszahl könnte sich auf etwa zehn Millionen belaufen, wobei etwa die Hälfte der Menschen im Kapitol wohnhaft ist.[42]

Als Naturkatastrophe sind auch Epidemien oder Pandemien zu benennen, was in zeitgenössischer Dimension nicht uninteressant ist. Es wird berichtet über einen Krieg der Menschen untereinander gegeneinander. Man muss sich klar machen, dass die totalitäre Trump-Bewegung eine sehr hohe Gewaltbereitschaft zeigt und sie insbesondere gestützt wird von sehr radikalen, rechtsextremen Kräften. Das Grundrecht auf Waffenbesitz ermöglicht es jedem Bürger der Vereinigten Staaten, eine Waffe zu besitzen. Und da die Spaltung nicht wie im Bürgerkrieg des 19. Jahrhunderts zwischen Norden und Süden verläuft, als es ein Innen und Außen gab, sondern die Konfliktgräben quasi von Haustür zu Haustür verlaufen, erscheint es mit einem Male gar nicht mehr so abwegig, wie ein ganzer Kontinent in Trümmern untergehen kann. Fast ganz Europa lag nach dem Zweiten Weltkrieg und dem Ende der NS-Diktatur in Schutt und Asche.

Die anderen Naturkatastrophen sind recht wahrscheinlich auf die Folgend er globalen Erwärmung und die Klimakatastrophe zurückzuführen. Man kann sich in etwa ausmalen, wie ein ganzer Kontinent in Naturkatastrophen, Pandemien und dem blutigsten Bürgerkrieg untergangen sein könnte, den die Menschheitsgeschichte je gesehen hat und in dem mehr Waffen als Soldaten kämpften auf Tod und Tod.

Die Angst vor einem Bürgerkrieg ist in weiten Teilen der USA präsent geworden. Es gibt Überlegungen, die ich auf die Alters- und Familienstrukturen beziehen, denen zu Folge ein Bürgerkrieg unwahrscheinlich sei. Die Quintessenz ist: Eine Familie mit fünf Kindern kann es sich »leisten«, zwei davon in einem Krieg zu verlieren. Eine Familie mit nur zwei Kindern kann sich dies nicht »leisten«, wenn die Populationsgröße weiter erhalten werden soll.[43] Man kann also zugespitzt sagen: Was man sich leisten kann, gönnt man sich nicht zwangsläufig; aber was man sich nicht leisten kann, das erst recht nicht. Nun sind die Amerikaner aber seit jeher dafür bekannt, »Weltmeister im Schulden machen« zu sein. Zumindest jedoch der Vorstellungskraft, wie eine historische Überleitung zu Panem denkbar sein könnte, fällt es leicht, dem Bild einen Rahmen zu geben.

Die Staatsordnung in Panem ist nicht allzu genau beschrieben. Vieles spricht dafür, dass das Präsidialamt eine sehr große Machtfülle innehat. Damit steht die panemesische Verfassung in der Tradition der früheren Vereinigten Staaten von Amerika. Die Gründerväter des Jahres 1776 sahen sich mit der Herausforderung konfrontiert, dass die neu gegründeten USA eine der ersten Demokratien der Welt waren. Trotz der vorteilhaften Lage auf einem eigenen Kontinent war man keine Insel für sich. Man musste mit anderen Staaten handeln und Verträge schließen können.

Da es mehr absolutistische Monarchen in der Welt gab, die weder einem Supreme Court noch einem Kongress gegenüber rechenschaftspflichtig waren, geschweige denn den Wählerinnen und Wählern selbst, so verfügten viele Staatsoberhäupter und Regierungschefs in der Welt über eine immense Machtfülle. Der Präsident musste in der Lage sein, mit ihnen auf Augenhöhe verhandeln zu können. Daher erhielt er durch die Verfassung weitreichende Kompetenzen, auch zum Regieren am Kongress vorbei durch Dekrete. Er ist Staatsoberhaupt, Regierungschef und Oberbefehlshaber.

Diese Verfassung sollte mindestens ein Viertel Jahrtausend von Bestand sein. Aber nichts währt ewig. Dennoch bleibt eine gewisse Tradition erhalten. Und so ist es wenig verwunderlich, dass Panem ein Präsidialstaatssystem als neue Verfassung erhielt mit weitreichenden Befugnissen und Machtkompetenzen für den Präsidenten.

Eine interessante Frage ist nun aber, weshalb die Amtszeitbeschränkung auf eine Wahl und eine Wiederwahl,[*] welche seit Franklin D. Roosevelts Präsidentschaft Teil der US-Verfassung geworden ist, aufgehoben wurde. Roosevelt wurde insgesamt viermal gewählt, er verstarb im Amt noch vor Ende des Zweiten Weltkrieges. Eine angeführte Begründung war, dass man während des Krieges Stabilität erhalten wollte, ein Amtswechsel im Weißen Haus hätte – so die Befürchtung – den Verlauf des Krieges zu Ungunsten der Freiheit und der Menschlichkeit bedeuten können.

Und eben genau dies ist das Schlüsselwort, um zu verstehen, was Panem als Staat und als Gesellschaft auszeichnet: Stabilität. Es ist das Herrschaftsinstrumentarium über eine infantile Gesellschaft.

---

[*] Die Amtszeit ist auf acht Jahre; bei vorzeitiger Amtsübernahme während einer laufenden Präsidentschaft jedoch in jedem Fall auf zehn Jahre begrenzt.

Der Infantile will Stabilität,* sie gibt ihm die Sicherheit vor Dingen, vor denen er sich in der Wirklichkeit fürchtet. Er findet Zuflucht in einer Illusion, in der er selbst allmächtig ist. Die infantile Gesellschaft ist eine sadistische. Der Sadist ist *neophob*, das Unbekannte macht ihm Angst, er lehnt es ab.

Man muss sich klar machen und ein Bewusstsein dafür entwickeln, unter welchen Bedingungen, Einflüssen, kulturellen und historischen Prägungen dieser Staat entstanden ist. Panem erscheint uns als ein besonders grausamer Staat. Die faszinierende Frage, welche mich über Jahre hinweg gefesselt hat, war: Wie kann ein solcher Staat wie Panem, mit einer solchen Verfassung und einer solchen Gesellschaft entstehen?

Panem ist eine Allegorie† (Sutherland) für einen Staat, dessen Volk die beinahe Ausrottung erfahren hat. Ein Staat definiert sich stark durch seine Gesellschaft. Und in Panem ist die Gesellschaft geprägt durch die Erfahrung der Ausrottung. Was es für ein Volk bedeutet, am Rande der völligen Auslöschung zu stehen, lässt sich nur schwer begreifbar machen.

Am ehesten lässt sich der Staat Israel dadurch beschreiben. Das jüdische Volk wurde in der biblischen Überlieferung versklavt, unter dem Nationalsozialismus erlebte es einen massenindustriellen Genozid. Und auch heute sieht es sich äußeren Bedrohungen ausgesetzt. Jedoch macht es einen Unterschied, ob die Bedrohung ausschließlich von außen kommt wie äußere Feinde oder Naturkata-

---

* Eine infantile Frau im Alter von 60 Jahren, so ist mir ein Fall bekannt, praktiziert so etwa an ihrem Geburtstag das immer gleiche Ritual. Es gibt Tee, den Kinder trinken, aber keinen Kaffee, welches als das Getränk der Erwachsenen verstanden werden kann. Es gibt jedes Jahr einen gebackenen Käsekuchen, alle Gäste sitzen an dem immer gleichen Platz mit der immer gleichen Tischdecke. Der Infantile will keine Veränderung, er ist eine faule Natur. So kann es vorkommen, dass er den Hausputz vernachlässigt, der ohnehin als Aufgabe der Erwachsenen gesehen wird, wenn die Ursache des Infantilismus eine erlernte Hilflosigkeit durch Bequemlichkeit ist. Eine dicke Staubschicht setzt sich auf die Teppiche und die Regale nieder. Wenn jemand in das Heim des Infantilen einzudringen versucht mit der freundlichen Absicht, ihm helfen zu wollen – wie etwa beim Fensterputzen – so wird dies als bösartige Aggression von außen verstanden. Die schmutzigen Fenster müssen aus Sicht des Infantilen verteidigt werden, wenn nötig auch mit Gewalt.
† Bildliche Darstellung eines abstrakten Begriffs

strophen, oder von innen, wenn sich ein Volk gegenseitig selbst geradezu zerfleischt. Das jüdische Volk ist geprägt von der Erfahrung der Vernichtung, das panemesische Volk ist geprägt durch die Erfahrung der Selbstvernichtung. Das ist ein wesentlicher Unterschied, und doch ist er für die Zeit des Wiederaufbaus nicht so sehr von Belang, wie man zunächst annehmen würde.

Panems Staatsarchitektur ist stark, aber ein Staat ist nur so stark wie die Gesellschaft, die ihn trägt. Und eine Gesellschaft ist nur so stark, wie die schwächste Bindekraft, die ihre Individuen zusammenhält. Eine Gesellschaft lässt sich daran messen, wie sie mit ihren Schwächsten umgeht. Und ein Volk, welches am Rande der Ausrottung steht, kann auf die Schwächsten keine Rücksicht nehmen.

Geht es um das Überleben einer Gemeinschaft, eines Volkes, einer Spezies, so kann auf alte, schwache und kranke Mitglieder keine Rücksicht mehr genommen werden. Es gilt diejenigen zu schützen und zu retten, die den Erhalt der gruppe und des Systems sichern können.

In der Zivilisation – also in menschlichen Gemeinwesen, deren existenzielle Lebensgrundlagen gesichert sind – manifestiert sich der Wert eines Individuums für die Gemeinschaft nicht nur in seiner Fruchtbarkeit. So sind Großeltern als Bezugspersonen für ihre Enkelkinder ebenso wichtig wie besonders intelligente Menschen, die aber auch krank oder alt sein könnten. Manche Menschen dienen dem Leben anderer am meisten, wenn sie bereit sind, ihr eigenes Leben zu opfern. Das betrifft Feuerwehrleute, Polizisten und Soldaten. Manche Menschen aber sind dem Leben anderen um einiges nützlicher, wenn sie selbst lebendig sind. So etwa Physiker, Denker und Strategen.

Jedes Leben mag gleich viel wert sein, aber nicht jedes Leben ist gleich lang. Für ältere Mitglieder einer Gemeinschaft steht jenseits der Zivilisation der Kosten-Nutzen-Aufwand in keinem lohnenden Verhältnis mehr. Ein 20jähriger ist »wertvoller« als ein 80jähriger, weil er noch 60 oder 70 Jahre lebt, statt »nur« fünf oder zehn. Es kommt darauf an, welche Individuen noch etwas zum Arterhalt beitragen können. Wer zeugungs- oder gebärfähig ist, ist wertvoll – alle anderen, sind bis auf sehr wenige Ausnahmen (wie renommierte Wissenschaftler) nur eine Belastung.

Schwache Individuen sehen sich einem analogen Sieb ausgesetzt. Und besonders Kranke stellen möglicherweise sogar eine potentielle Gefahr für die anderen, jungen, gesunden, starken Individuen dar. Sie müssen daher notwendigerweise unverzüglich ausgestoßen und damit sich selbst überlassen werden. Der Polemiker würde sagen: »Eine Kreuzfahrt wie in 2012 ist keine Kaffeefahrt.« Und schließlich ist es genauso brutal, wie es klingt.

Es gibt ein philosophisches Problem, welches die Problematik beschreibt. Ist es richtig, dass ein volles Rettungsboot weitere im Wasser treibende Menschen aufnimmt, auch wenn dadurch die Sicherheit der Menschen im Rettungsboot selbst gefährdet werden sollte, zum Beispiel weil es wegen Überfüllung kentern könnte? Bei Cohen findet sich dazu eine interessante Ausführung:

»Bis zu welchem Grad kann man von einem Individuum erwarten, das eigene Wohlergehen für andere aufs Spiel zu setzen – oder in diesem Fall, wann darf ein verantwortlicher Kapitän das Leben der Leute unter seinem Kommando riskieren? Dies ist eine leicht verschärfte Version des so genannten ‹Lifeboat-Szenarios›, das durch den Biologen Garrett Hardin bekannt wurde. Mit angewandtem Utilitarismus* versucht Hardin zu zeigen, dass wohlhabende Länder gegenüber den armen keinerlei Verpflichtungen haben, weil sie beim Versuch, die Notleidenden dieser Erde ins ‹Rettungsboot› der reichen Welt zu holen, das Wohlergehen ihrer eigenen Bevölkerung aufs Spiel setzen würden. Teilte man den Reichtum der Welt gleichmäßig auf, dann bliebe vielleicht zu wenig für alle. Altruismus, so Hardin, muss sparsam dosiert werden. (.)

Ein reiches Land, baut Hardin seine berühmte Metapher weiter aus, gleiche einem Rettungsboot mit relativ wohlhabenden Menschen, von denen einige Mitleid für die Insassen in ‹überfüllten› Booten empfänden. Solche ‹weichherzigen› Menschen sollten ‹aussteigen und ihren Platz jenen anderen überlassen›. (.) Rettungsboot würde sich damit sozusagen selbst von seinen Schuldgefühlen befreien.› Wenn man in großen Zusammenhängen denkt, können die einen eben nur überleben, wenn die anderen sterben (biologisch gesprochen – denken Sie mal an Fruchtfliegen). Der Hungertod ist also ein notwendiges Übel, das die Weltbevölkerung im Gleichgewicht hält. Aber ob man ein kleines Rettungsboot oder die ganze Welt betrachtet, die entscheidende praktische Frage ist, ob dem Boot beziehungsweise der wohlhabenden Welt tatsächlich der Untergang droht – oder geht es nur darum,

---

* »Utilitarismus heißt die Lehre, nach der eine Handlung danach bewertet wird, in welchem Maße sie zur Förderung und Mehrung des Glücks der meisten Menschen nützt. Sie wird gewöhnlich Jeremy Bentham (18. Jahrhundert) zugeschrieben, doch schon in Platons *Protagoras* wird die Abwägung von Lust gegen Leid diskutiert – ein frühes ‹hedonistisches Kalkül›. (*Hedone* ist das griechische Wort für Lust; als ‹Hedonisten› bezeichnet man jemanden, der sich besonders von seiner Lust leiten lässt.)« (Cohen: 359)

ein wenig enger zusammenzurücken und zum Wohle anderer ein begrenztes Risiko auf sich zu nehmen? Das wäre eine ganz andere Sache. (.) Und wie war das mit dem Schülerlatein des Kapitäns? Impossibilium nulla est obligatio war es wohl, was Flintheart murmelte – das Unmögliche kann man von niemand verlangen, ein Grundsatz der römischen Rechtsprechung. Wie kaum anders zu erwarten, stimmen dem nicht alle Philosophen zu.«[44]

Man muss sich jedoch klar machen, wie eine Entscheidungsfindung auf einem solchen Rettungsboot zustande kommen kann und wer sie verantworten muss. Auch unter den reichen Nationen gibt es weniger reiche; unter reichen Völkern gibt es weniger reiche; in einem reichen Volk weniger reiche Individuen. Das Geflecht von Einzelinteressen ist ein gordischer Knoten.

Ein Staatsvolk, das sich einem nackten Überlebenskampf ausgesetzt sieht, kann keinen anderen Weg wählen als diesen. Das war zu allen Zeiten so und ist nicht auf Systeme von Menschen beschränkt, sondern auch im Tierreich in Herden immer wieder zu beobachten. Es sei denn, es verfügt über schier unendliche Ressourcen, welche es ermöglichen, alte, kranke und schwache Individuen zusätzlich zu retten. Aber das ist in der Realität geradezu ausgeschlossen. Allein schon deswegen, weil junge, gesunde und starke Konkurrenten geneigt sind, Überfluss für sich selbst obendrein zu beanspruchen. Und da sie stark sind, können sie sich gegenüber den Schwachen behaupten. Die Starken fordern lautstark ihre Interessen ein und setzen sie durch, die Schwachen verscheiden leise und ungehört. Dies ist eine unsolidarische Gesellschaft.

Eine solidarische Gesellschaft würde Überfluss an die zunächst Zurückgelassenen verteilen. Dies jedoch führt zu einem neuen Problem. Genügt der Überfluss nämlich nicht allen Alten, Schwachen und Kranken, so muss es eine Maxime geben, nach der eine Verteilung stattfindet. Diese kann sein, entweder innerhalb der Aussortierten nach Einsortierungswürdigen zu suchen. Das führt aber zu Konflikten innerhalb der Zurückgelassenen. Die Rettungsunwürdigen müssten dann akzeptieren, dass viele von ihnen besonders rettungsunwürdig sind, was an sich nicht solidarisch erscheint.

Alternativ könnte man auch unter der Aussortierten auslosen und den Zufall entscheiden lassen, wer einer Rettung würdig ist. Dies würde aber zu gleichen Verteilungskonflikten führen und unwürdige Individuen müssten eine besondere Unwürdigkeit hinnehmen. Auch dies ist im Wesenskern unsolidarisch. Beide Variationen setzen also als inverse Solidarität voraus, dass diejenigen, die geopfert werden, dieses ihre Opfer als solches akzeptieren. Im Allgemeinen ist dies mit dem Willen zum Leben des Einzelnen unvereinbar. Die gesellschaftliche Atmosphäre – in beiden Teilen, unter den Starken wie den Schwachen – wird dadurch zusätzlich verpestet. Gut gemeinte Solidarität würde so unsolidarische Sollbruchstellen aufbrechen lassen.

Eine generell gleiche Verteilung der Ressourcen auf alle Menschen scheidet als Option grundsätzlich aus, da es sich in den obigen Überlegungen um ein Volk handelt, welches am Rande der Auslöschung steht. Solidarische Gesellschaften, so könnte man meinen, sind mit der urmenschlichen Natur im kollektiven Sinne fast unvereinbar; es sind Utopien, bestenfalls Ideale, nach denen eine Gesellschaft zu streben wenigstens bereit und willig sein sollte. Durch plötzliche Krisen halten Menschen auf einmal zusammen, aber gewöhnt man sich an einen Zustand, relativiert er sich, gibt es Entwarnung oder endet die Krise, fallen alle auseinander. Bis auf die kleinste Keimzelle des gesellschaftlichen Lebens, die Familie selbst, ist wohl kaum mit echter, gelebter Solidarität zu rechnen. Das ist gar nicht mal so unnatürlich, wie es vielleicht klingen mag.

Manchmal bedeutet »Leben retten« auch »Leben geben« zu müssen. Eine faire Verteilung der Ressourcen auf alle ist nicht immer sinnvoll und kann bedeuten, dass am Ende keiner gerettet werden kann. Bei vier Menschen in Seenot kann man einen Rettungsring nicht in vier Teile teilen. Leben zu geben, um Leben zu retten, ist nicht nur eine Problematik aus philosophie-theoretischen Überlegungen heraus. Sie beschäftigt kluge Menschen schon seit tausenden Jahren. Gott opferte Jesus am Kreuz, um die Menschen von ihren Sünden zu erlösen. Man spricht von der »Erlösung von der Erbsünde«.

Ein Gedenkkult ist durchaus vertretbar. Die Menschen, die weiter leben, sollen demütig sein, weil sie deshalb leben, weil andere dafür ihr Leben gelassen haben. Dafür muss man nicht lange in der Vergangenheit suchen. Im Juli 2018 saß eine Kinderfußballmannschaft in der thailändischen Tham-Luang-Höhle fest, nachdem sie von heftigen Regenfällen überrascht wurden. Der Höhlenausgang wurde durch das Wasser unpassierbar. Ein Taucher verlor sein Leben bei der Rettungsaktion. Diesem Opfer zu gedenken, ist angemessen.

Die Interpretation der Erbsünde kann aber grundsätzlich auch instrumentalisiert werden. In Panem etwa wird sie ad absurdum geführt, da nach den Dunklen Tagen die Sünde der Rebellen auf die nachfolgenden Generationen übertragen wird. Die Repression durch das Kapitol und dessen unumschränkte Herrschaft über die Distrikte werden hierdurch begründet. Instrumentalisiert wird das Verständnis von der Erbsünde also zum Machterhalt einer herrschenden Klasse dadurch, dass der Begriff umgedeutet wird zu »Fortpflanzung« von Schuld. Biblisch ist das Konstrukt der Erbsünde nicht unumstritten.

Das Wort *Erbsünde* ist kein biblischer Begriff, weshalb sich weder im Bericht über den Sündenfall des Menschen, noch im Neuen Testament Hinweise auf die Erbsünden finden lassen. Der Kirchenlehrer Tertullian soll um 300 n. Chr. der Erste gewesen sein, der die Auffassung vertrat, da in Adam die ganze Menschheit steckte, habe sich diese auch mit diesem versündigt. Augustinus lehrte später, dass durch den Zeugungsvorgang die Sünde auf den Menschen übergehe. Er betont weiterhin, dass die Menschheit durch den Sündenfall den freien Willen zum Guten verloren habe und im Zustand der Erbsünde lebe.

Luther hält an Augustinus fest und betrachtet den Menschen aufgrund der Erbsünde, nicht wegen dessen eigener Sünden, als Sündigen. Auch Joseph Ratzinger versteht die Erbsünde in einem biologischen Sinne. In kollektive menschliche Verstrickungen trete ein jeder durch seine Geburt ein. Nach der Bibel wird der Mensch nicht deshalb als Sünder geboren, weil er *in Adam* gesündigt hat. Vielmehr trägt er wegen seiner Abstammung von Adam von Geburt an die Neigung zur Sünde in sich. Er hat die Tendenz zum Bösen, aber trägt noch keine persönliche Schuld, bis er selbst gesündigt hat.

Trotz der offenkundigen Zweifel am Dogma der Erbsünde hält die Kirche gegenüber den Gläubigen daran fest. Zwischen moderner Theologie und kirchlicher Praxis klafft eine Differenz, die durch die Androhung der Exkommunikation dramatisiert wird. Wer sich weigert zu glauben, Adam und Eva hätten als erstes Menschenpaar im Paradies Gottes Gebot übertreten, indem sie die Früchte des verbotenen Baumes aßen und damit Tod und Verderbnis in die Welt gebracht, soll zu diesem Glauben bewegt werden. Diese Sünde habe sich auf das gesamte Menschengeschlecht übertragen, sie werde durch die Zeugung vererbt, sodass bereits die Neugeborenen mit ihr belastet seien. Um diese Haltung zu begründen, beruft sich das kirchliche Lehramt auf die Genesis (1. Buch Mose, AT), deren »Wortsinn« nicht bezweifelt werden dürfe.

Zunächst bestand die Erbsünde gegenüber der höchsten Macht, gegenüber Gott selbst. Eva wurde von einer Schlange verführt, einen Apfel des Garten Edens vom *Baum der Erkenntnis von Gut und Böse*. Dies war die einzig geltende Einschränkung im Paradies, die Gott den Menschen auferlegte. Der Genesis nach überredete sie auch Adam zu diesem Sündenfall, woraufhin sie aus dem Paradies vertrieben wurden.

Den Namen »Baum der Erkenntnis von Gut und Böse« erhält der Baum (Gen 2,9) im Vorgriff auf das Versprechen, das die Schlange Adam und Eva macht: »Sobald ihr davon esst, gehen euch die Augen auf; ihr werdet wie Gott und erkennt Gut und Böse«. »Damit ist aber gerade nicht (.) ‹ein übermenschliches, an Allwissenheit grenzendes Erkennen (.), wie man es dem ‹Engel Gottes› zuschrieb, gemeint. Vielmehr bedeutet die gewonnene ‹Erkenntnis› den Verlust der Einsicht der göttlichen Weisheit zugunsten eines bloßen irdischen Vielwissens.«[45]

In gewisser Weise kann man dies aber auch so verstehen, als dass es sich der Mensch nicht anmaßen soll, über Gut und Böse, über Leben und Tod zu urteilen. Gott allein stehe dieses Recht zu, Leben zu geben und Leben zu nehmen. Das ist jedoch nicht unproblematisch. Der Staat selbst wird nämlich in gewisser weise zur »Hand Gottes«, welche dem Menschen als Hilfe zu Selbsthilfe gereichen soll. Unter der wohlwollenden Beobachtung Gottes helfen sich die Menschen durch den Zusammenschluss zum Gemeinwesen selbst. Das ist der Wesenskern des Mayflower Compacts.

In den Gesellschaften, welche im Zuge der neolithischen Revolution Machtstrukturen und Hierarchien hervorgebracht haben, damit im Grunde die ersten kleinen Staaten gründeten, wird nun aber der Staat repräsentiert durch Menschen, die auf eine gewisse Weise in ihre Ämter gelangt sind, sei es durch Wahlen, Gewalt oder durch Erbfolgen in Monarchien, die sich selbst als »von Gott eingesetzt« verstanden haben. Was heißt das?

Es bedeutet, dass von Zeit zu Zeit die Entscheidung über Leben und Tod dem Staat obliegt, und damit fällt sie einem Menschen oder einer (kleineren) Gruppe von Menschen zu. Man kann sagen, sie »spielen Gott«. Aber sie selbst sind nicht Gott, denn Leben können sie im Großen nicht geben, sondern nur nehmen. In extremen

Zeiten, in denen Regierungen und Regierungschefs persönlich Entscheidungen über Leben und Tod treffen, werden sie quasi zu engsten Gehilfen Gottes. Nur sie selbst stehen zwischen einem Volk, das um sein Überleben ringt, und Gott selbst, oder wie Marcius in Shakespeares *Coriolanus* einmal sagte: »[der Senat], der allein nächst den Göttern euch in Ehrfurcht hält.«

Diese extremen Zeiten können Pandemien sein, Kriege oder Bedrohungen durch Terrorismus. Man sagt, nur Gott dürfe Vergeltung verüben; der Staat tut nichts anderes. Selbstjustiz steht unter Strafe; nur der Staat selbst darf Richten über Angeklagte, da sonst alles in der Anarchie zu versinken droht. Der Staat kann so zum Retter und Erlöser, aber auch zum Feind und Hauptfeind werden, welcher in den Augen mancher bekämpft werden muss. Kämpft ein Volk und sein Staat nun aber ums Überleben, so muss dieser inneren Bedrohung Einhalt gebieten. Der Staat muss konsequent durchgreifen *können*, es darf kein Widerspruch geduldet werden auf Gedeih und Verderb, da jeder Widerspruch zwangläufig zum Verderben führen würde.

Macht erzeugt sich, einmal initiiert, aus ihren Strukturen und Mechanismen heraus selbst. Sie erzeugt auch Repression, aber sie produziert auch Wissen und Freiheit. Ein Staat ist liberal, wenn seine Staatsmacht mehr Freiheit als Repression produziert; wir nennen einen Staat totalitär oder autoritär, wenn seine Staatsmacht mehr Repression erzeugt als Freiheit. Dies ist ein kritischer Punkt, der von Kultur zu Kultur, von Nation zu Nation, von Zeit zu Zeit verschieden liegt. Wir müssen uns aber klar machen, dass alle staatlichen Gemeinwesen in ihrem Wesenskern auf eben genau dieses Prinzip zurückgeführt werden können. Es versteht sich dabei von selbst, dass sich das Verständnis von Freiheit im erlebten Sinne unterscheiden kann; ebenso wie sich das Verständnis von Repression unterscheiden kann. Ein System, welches für den einen dem Begriff nach totalitär ist, muss dies keineswegs für jemand anderen ebenfalls sein.

Dunn und Michaud schreiben so etwa über die Geschichte Panems im Vergleich mit England nach dem Bürgerkrieg im 17. Jahrhundert:

»Die Geschichte von Panem erinnert an das Chaos und die Zerstörung des Englischen Bürgerkriegs (1624-1651), eine Periode, in der Thomas Hobbes den *Leviathan* schrieb, seine bekannteste politische Abhandlung. Hunderttausende starben auf dem Schlachtfeld und zahllose andere wurden ein Opfer der Seuchen und Hungersnöte, die in jenem Zeitalter oft mit Kriegen einhergingen. Hobbes konnte angesichts dieser Zerstörung einen flüchtigen Blick auf den *Naturzustand* der menschlichen Existenz oder das Leben vor der Entstehung eines stabilen Staatswesens werfen. Er erklärte, in einem solchen gesetzlosen Naturzustand könne es ‹keine arbeitsteilige Wirtschaft geben, denn das Ergebnis ist ungewiss; folglich auch keine Urbarmachung der Erde, keine Schifffahrt oder Nutzung von Gütern, die auf dem Seeweg befördert werden, keine weitläufige Bautätigkeit, keine Gerätschaften zum Bewegen oder Entfernen von Dingen, die große Kraft erfordern, keine Kenntnis vom Gesicht der Erde, keine Aufzeichnung der Zeit, keine Kunst, keine Literatur, keine Gesellschaft.›

Hobbes› Schilderung des Naturzustands erinnert an die Geschichte Panems vor der Gründung der Zentralregierung und während der blutigen Aufstände in den Dunklen Tagen. Unfähig, die Früchte ihrer Arbeit vor Diebstahl oder Plünderung zu schützen, sahen sich die Bewohner genötigt, ihre mußevollen Tätigkeiten aufzugeben und sich voll auf den Krieg zu konzentrieren, um den Sieg über die Gegenseite zu erringen, wobei sie jede Chance auf ein gutes Leben in diesen Zeiten der Gewalt und Unbeständigkeit zunichtemachten. Nur im Rahmen der Ordnung, die das Kapitol ihnen vor und nach den Dunklen Tagen aufzwang, gab es Schulen und die Entwicklung von spezifischen Wirtschaftszweigen in jedem Distrikt. Hobbes sann über ähnliche, vom Englischen Bürgerkrieg verursachte Turbulenzen nach. Er gelangte zu der Schlussfolgerung, dass die Bürger eines Staates mit einer starken Regierung, die den Erhalt der Ordnung gewährleistete, gut daran täten, den wie auch immer gearteten politischen Autoritäten Folge zu leisten, weil das Leben unter gleich welchem Souverän dem höllischen Naturzustand vorzuziehen sei.

Um uns diesen Albtraum zu ersparen, befürwortete Hobbes die Einsetzung eines ‹Souveräns› – einer allgemein anerkannten, zentralisierten politischen Autorität mit der Macht, jedem ‹Untertan› ihren Willen aufzuzwingen, um Ordnung und Frieden zu bewahren. Die Alternative gleicht den Dunklen Tagen, ein Zyklus fortwährender Konflikte, die uns das Leben mit ‹ständiger Angst und der Gefahr eines gewaltsamen Todes› vergällen würden Deshalb gelte es, einen ‹Gesellschaftsvertrag› einzugehen, die verbindliche Übereinkunft, dass wir uns an die Gesetze halten, die eine souveräne Machtinstanz wie das Kapitol einführt; sie sollte stark genug sein, um die soziale Ordnung aufrechtzuerhalten und die unaufhörlichen Konflikte des gesellschaftlichen ‹Naturzustands› zu beenden. Der ‹Souverän›, sprich die allgemein anerkannte politische Autorität, müsse buchstäblich über unbegrenzte Macht verfügen, um jeder Möglichkeit eines Aufstands vorzubeugen, der eine Gesellschaft wieder in ihren Naturzustand mit dem daraus resultierenden Chaos und Blutvergießen zurückversetzen würde.

Der Hobbessche Gesellschaftsvertrag ist lediglich eine stillschweigende Übereinkunft, die uns ein von Gesetzen geregeltes Staatswesen und das damit verbundene Leben in Frieden gewährt; der ‹Hochverratsvertrag›, der die Dunklen Tage beendete, bindet den Gesellschaftsvertrag jedoch in eine schriftliche Form ein. Er ermächtigt das Kapitol, eine beliebige Anzahl harscher taktischer Zwangsmaßnahmen in Kraft zu setzen, einschließlich der alljährlichen Hungerspiele, um die Distrikte mit Nachdruck daran zu erinnern, ‹dass die Dunklen Tage sich nie wiederholen dürfen›. Dieser Pakt beinhaltet das Einverständnis der Distriktbewohner, sich der Autorität des Kapitols zu unterwerfen, doch das Kapitol ist, genau wie Hobbes Souverän, an keinerlei vertragliche Einschränkungen gebunden. Die Bewohner geben ihr Selbstbestimmungsrecht und ihre persönliche Freiheit auf, die ihnen im gesellschaftlichen Naturzustand zu eigen waren. Im Austausch erhalten sie die grundlegende Sicherheit, in einer auf Ordnung basierenden Gesellschaft zu leben, statt wie im Naturzustand um ihr Leben zu kämpfen.

Ungeachtet dessen, was politische Autoritäten von uns fordern und wie repressiv sie auch sein mögen, Hobbes glaubte, dass wir ein besseres Leben führen, wenn wir uns an Regeln und Gesetze halten, als wenn wir die Machtbefugnisse eines Souveräns zurückweisen und wieder in den von permanenter Gewalt geprägten gesellschaftlichen Naturzustand zurückfallen. Das könnte erklären, warum die Distriktbewohner bereit waren, ihr Schicksal so lange klaglos hinzunehmen. Repressive Regeln und Gesetze sind allemal besser als die Alternative, das Chaos des Naturzustands. Und für den Fall, dass die Distrikte vergessen sollten, wie das Leben im gesellschaftlichen Naturzustand beschaffen ist, hat das Kapitol als alljährliche Erinnerung die Hungerspiele eingeführt.«[46]

2.3 Der Staat Panem

Mit diesem geschichtlichen und kulturellen Hintergrund lässt sich verstehen, wie der Staat Panem und seine Verfassung entstanden sein könnten. Wir verstehen Panem als totalitär, aber wir dürfen nicht vergessen, dass die bedeutendsten Berichte über diese Nation, welche sich wie Phoenix aus der eigenen Asche erhob, über 70 Jahre nach den Dunklen Tagen der Rebellion entstanden sind. Der Staat Panem selbst ist einige Jahre älter; er existierte bereits vor den Dunklen Tagen, die eine neue Zeitrechnung mit sich brachten.

Es gibt weder Hinweise darauf, noch ist es widerlegbar, dass Panem vor der Rebellion durchaus demokratische Strukturen gebildet haben könnte und ein nicht-totalitärer Staat war. So gibt es auch immer wieder Quellen, welche andeuten, dass auch Wahlen unter dem Snow-Regime stattgefunden haben könnten, welche im Zuge der neuaufkeimenden Rebellion Sabotageakten ausgesetzt waren.

56

Das Zwei-Kammern-System mit Repräsentanten aus den Distrikten wie auch eine alle zehn Jahre stattfindende Volkszählung könnten als Erbe der amerikanischen Demokratie erhalten worden sein.

Wahlplakate[47]

Sieges-Propaganda[48]

Wahlkampfplakat[49]

Beschmiertes Wahlplakat[50]

Es ist vorstellbar, dass nach dem Untergang des demokratischen Amerikas sich eine epistokratische oder hybride Form der Verfassung etablierte. Gewiss mag es starke Repressionen gegeben haben, aber die Staatsmacht produzierte insoweit Freiheit, als dass sie es dem Volk ermöglichte, mehr und mehr unabhängig von den rauen Launen der Natur existieren und überleben zu können. Dies darf man nicht außer Acht lassen. Was recht plausibel* erscheint, sind zwei historische Beobachtungen:

1. Mit der Gründung des Staates Panem gab es eine Unterteilung in ein Kapitol und 13 Distrikte.
2. Die Gesellschaft teilte sich in zentralisierte Verwaltungsapparate im Kapitol und dezentrale Arbeitsteilungen in den Distrikten.

Diese beiden Annahmen seien nun als gegeben verstanden. Was folgt daraus? Zunächst einmal stellt sich die Frage, weshalb es diese Unterteilung gab und weshalb eine Zentralwirtschaft etabliert wurde. Zum anderen stellt sich die Frage, welche historischen und kulturellen Entwicklungen sich daraus abzeichneten, oder aber eben nicht abzeichneten.

2.3.1 Zentralwirtschaft und Stabilität statt Fortschritt

Die Nation Panem ist zu ihrer Gründungzeit untergliedert in ein Kapitol, welches die zentrale Hauptstadt des Staates ist, sowie 13 Distrikte, welche auf der bewohnbaren Landfläche des nordamerikanischen Kontinents verteilt sind. Jeder Distrikt hat dabei eine wirtschaftliche Aufgabe, welche er zum Gemeinwesen des Staates beiträgt. Alles ist auf das reibungslose Funktionieren des Staatswesens ausgerichtet, um das Überleben der Bevölkerung zu sichern. Der Wert des Individuums verschwindet, das Kollektiv ist alles. Doch diese Konstruktion wird zwangsläufig in eine Katastrophe führen, denn die »Megamaschine« rollt ab nach ihrem eigenen Determinismus. John Stuart Mill schrieb *Über die Freiheit*:

---

* Besonders als Naturwissenschaftler muss ich jedoch ausdrücklich darauf hinweisen, dass Dinge, die einem Betrachter vollkommen plausibel erscheinen, dennoch schlichtweg falsch sein können. Man denke so an die berühmte Frage, ob ein schwerer Gegenstand schneller zur Erde falle als ein leichter. Plausibilitätsbetrachtungen können für die erste Einordnung eines Sachverhaltes jedoch sehr wohl hilfreich sein.

»Der Wert eines Staates ist auf lange Sicht der Wert der Individuen, die ihn bilden … Und ein Staat, der die Interessen der geistigen Entwicklung dieser Individuen vernachlässigt zugunsten einer etwas besser funktionierenden Verwaltung … ein Staat, der seine Menschen verkümmern lässt, um an ihnen – selbst für nützliche Zwecke – gefügige Werkzeuge zu besitzen, wird merken, dass mit kleinen Menschen wahrlich keine großen Dinge vollbracht werden können und dass die Vervollkommnung der Maschinerie, der er alles geopfert hat, schließlich doch nichts nutzt. Denn er hat es vorgezogen, die lebendige Kraft zu verbannen, damit die Maschine glatter laufe.«

Es ist dabei weder belegbar noch widerlegbar, dass – zumindest nach einer Übergangszeit – die Ordnung in Panem keine demokratische gewesen sein könnte mit einem Wahlrecht für alle Bürger. Man kann jedoch spekulieren, ob Bewerber für Ämter eine besondere Prüfung ablegen mussten, um zur Wahl zugelassen zu werden – und ob Frauen praktisch von Ämtern ausgeschlossen waren, da ihre wesentliche Aufgabe das Austragen von Kindern wurde, um den Populationsbestand zu steigern. (Ein solches Frauenbild wurde auch in der NS-Diktatur propagiert.)

Das ganze System ist feudalistisch, weshalb es wahrscheinlich ist, dass – ob mit oder ohne Wahlen und bürgerlicher Partizipation – es ein autokratisches Präsidialamt in Panem gab, denn »dem Feudalherrn und selbst dem einer Zunft angehörigen Handwerker ging es hauptsächlich um die Stabilität der herkömmlichen Ordnung, um ein harmonisches Verhältnis mit den Höherstehenden, um eine Vorstellung von Gott als dem höchsten und letzten Garanten für die Stabilität des Feudalsystems. Wenn eine dieser Ideen angegriffen wurde, war es durchaus üblich, dass ein Angehöriger der Feudalgesellschaft sogar sein Leben aufs Spiel setzte, um das zu verteidigen, was er für seine tiefsten Überzeugungen hielt.«[51]

Der Staatsaufbau in Panem:[52]

Kapitol		
	Machtzentrale und Wissenschaft	

Distrikt 1	Luxusgüter	
Distrikt 2	Steinmetze und Militär	
Distrikt 3	Technologie	
Distrikt 4	Fischerei	
Distrikt 5	Energie-wirtschaft	

Distrikt 6	Transport und Medizin	
Distrikt 7	Forstwirtschaft	
Distrikt 8	Textilien	
Distrikt 9	Getreide	
Distrikt 10	Viehzucht	

Distrikt 11	Landwirtschaft	
Distrikt 12	Bergbau	
Distrikt 13	Graphit und Nukleartechnologie	

Ethnisch lässt sich feststellen, dass die panemesische Gesellschaft – abgebildet durch die Tribute der Distrikte – eine weiße ist. Distrikt 4 zeigt auch lateinamerikanische Einflüsse, D7 und D8 sind auch durchaus ost-asiatisch geprägt.* Die Distrikte 10 und 11, Landwirtschaft und Viehzucht, sind afroamerikanisch geprägt. Diese Nähe schwarzer Bevölkerungsgruppen zu »Vieh« oder ihr Arbeitseinsatz in der Agrarwirtschaft kann als Erbe der Sklaverei verstanden werden. Da jedoch keine konkreten Hinweise auf eine besondere Be-

---

* Das passt insoweit sehr gut, als dass Textstilen unserer Tage zumeist in asiatischen Staaten hergestellt werden. Versteht man Panem als Metapher für die heutige Welt, so erschließt sich dies fast von selbst. Die großen Seen tragen die Farbe der nächsten Modesaison, wie man es schon heute über Chinas größte Flüsse Jangtse und Gelber Fluss sagt.

nachteiligung und Unterdrückung dieser Gruppen in ihren Lebenswirklichkeiten überliefert ist, kann man nicht folgern, dass Panem per se ein rassistisch geprägtes Land sei.

Organisationen, wie wir sie heute kennen – sei es der Fußballverein oder der Skatclub – gibt es offenbar nicht in einer solchen Vielfalt, als dass sie eine wichtige Säule der Gesellschaft bilden würden. Es sind auch keine Religionsgemeinschaften beschrieben worden. Das legt nahe, dass vielmehr der Staatsglaube und der Glaube an das Kollektiv selbst im Mittelpunkt der panemesischen Kultur stehen. Es gibt Schulen und Universitäten, jedoch ist der staatliche Einfluss auf diese Organisationen unverkennbar, wie wir später auch noch sehen werden. (Nach den Dunklen Tagen wurden die Hungerspiele das höchste und schließlich auch fast einzige Kulturgut in Panem.)

Der Staat Panem ist für unsere Begriffe also totalitär. Der Staat ist alles. Er ist nicht die höchste und übergeordnete Organisation einer Gesellschaft; er ist das einzige Ordnungssystem, und alle anderen Organisationen werden von ihm gelenkt.

Eine nicht ganz einfache Frage ist die nach der Lage der Distrikte. Bis auf das Kapitol in den Rocky Mountains und die Distrikte 12 und 13 nördlich und östlich der Appalachen gibt es unterschiedliche kartographische Ansätze. Daher habe ich acht verschiedene Karten herangezogen und auf deren Plausibilität hin überdacht.

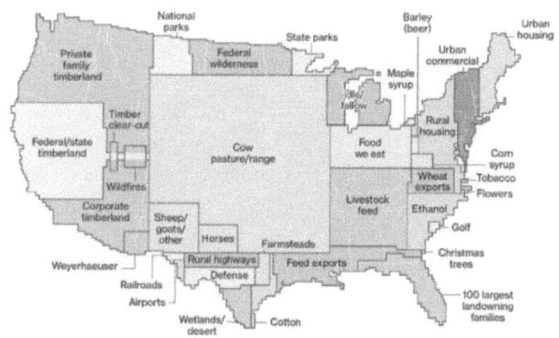

64

1

2

Karte 1 lokalisiert Distrikt 5 im Süden des Landes am Golf von Mexiko. Da D5 für Energiewirtschaft zuständig ist, könnte hier Energie aus Windkraft gewonnen werden wie auch aus den Erdöl- und Erdgasvorkommen im Golf. Diese Vorkommen dürften jedoch zur Gründungszeit Panems bereits sichtlich erschöpft sein, sodass ich eine nördliche Lokalisierung wie in Karte 2 für realistischer halte. Einerseits kann Energie durch Solaranlagen im Süden des Distrikts gewonnen werden, andererseits liegt er nahe an den ergiebigen Ölsandvorkommen der ehemals kanadischen Provinz Alberta um die Stadt Fort McMurray. Die Gewinnung von Kraftstoffen und Energie aus Ölsanden ist sehr aufwendig und so ist es bei der Größe der Vorkommen durchaus denkbar, dass auch noch in hundert Jahren Reserven gewonnen werden könnten, wenn dies politisch und wirtschaftlich gewollt ist.

An Karte 2 hingegen stört mich die Lage von Distrikt 9, welcher für die Getreidegewinnung zuständig ist. Die »Kornkammer Nordamerikas« liegt heute um einiges südlicher. Es ist denkbar, dass durch klimatische Veränderungen es zu einer Verschiebung von Klimazonen gekommen ist. Jedoch beweist D11, dass man auch südlicher erfolgreich Landwirtschaft betreiben kann. Dies steht, auch mit Blick auf die genmanipulativen Fertigkeiten der Zukunft, in einem Widerspruch. Die Region um D9 schätze ich als zu klein ein, ebenso wie die um D7.

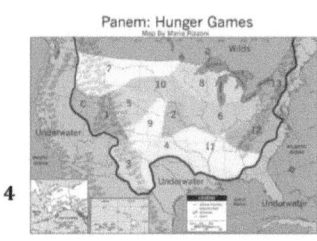

Eine nördliche Installation eines Distriktes für Forstwirtschaft ergibt dabei sehr wohl Sinn, finden sich hier doch die nordamerikanischen Borealwälder in Hülle und Fülle wieder. Zwar dürften diese durch Naturkatastrophen belastet worden sein, aber Wälder können einerseits wieder aufgeforstet werden, zum anderen beweisen sie immer wieder, dass sie sehr antifragil* sein können. Das passt nicht zur Karte 3, ebenso ergibt auch die Verortung von Distrikt 5 in meinen Augen weniger Sinn.

An Karte 4 habe ich zwei wesentliche Dinge zu bemängeln. Distrikt 2 ist nicht nur für Mauerer Steinmetzarbeiten verantwortlich, sondern stellt auch viele Friedenswächter bereit. Die relativ große Entfernung zum Kapitol passt nicht dazu. Zum anderen zeigt eine höhengeographische Karte Nordamerikas, dass die Überflutung weiter Teile des westamerikanischen Kontinentalgebietes auch zu

---

* So schrieb schon Seneca, dass die Wurzeln des Baumes bei stärkerer Belastung durch Wind den Stamm nur noch fester und stabiler würden. Antifragilität meint also, dass ein System unter Belastungen nicht zerbricht, sondern noch stärker und stabiler wird.

66

einer fast vollständigen Überflutung zentralkontinentaler Gebiete geführt hätte. Diese Darstellung ergibt damit keinen Sinn.

Höhengeographische Karte der USA

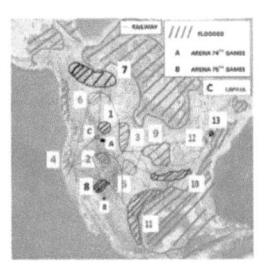

5   6

An Karte 5 verunsichert mich einerseits die Lokalisierung von Distrikt 4, der von den anderen Quellen auch mehrheitlich im Süden des Landes verortet wird und der ethnisch auch lateinamerikanische Einflüsse zeigt. Darüber hinaus ist Distrikt 6 für Transport zuständig, weshalb er eher zentral auf der Landesfläche installiert sein sollte und nicht in einer nordwestlichen Ecke des Staatsgebietes.

An Karte 6 gibt es wenig zu bemängeln; die überfluteten Gebiete stimmen weitgehend mit der geographischen Höhenkarte überein. Auch bei einer nur leichten Erhöhung des Meeresspiegels von ein paar Metern würde dies schnell zu einer Überflutung von weiten Teilen des Kontinents führen. Die Wirtschaftsfläche von Distrikt 7 ist vielleicht etwas klein.

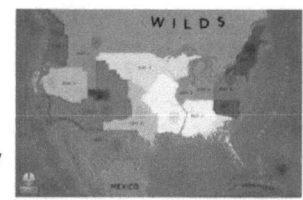
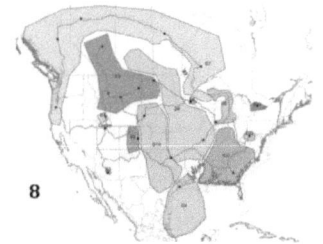

Selbiges gilt auch für Karte 7. Die Lokalisierung von Distrikt 5 stört mich aus bereits erklärten Gründen, darüber hinaus ist die Entfernung zum Kapitol relativ groß. Was die Karte jedoch zu Recht feststellt, ist, dass D5 einen Zugang zu Gewässern haben muss, sodass hydroelektrische Kraftwerke betrieben werden können. Flüsse und Seen gibt es auf dem ehemals kanadischen Staatsgebiet sehr zahlreich. Kanada ist das Land gewesen, welches die größten Süßwasservorkommen besessen haben soll. D5 muss daher nicht notwendigerweise nahe der drei großen Seen (Oberer See, Michigan See, Huron See) oder entlang des Erie oder Ontario Sees gelegen sein.

Meiner Ansicht nach kommen die Karten 6 und 8 der Gliederung Panems am nächsten, wobei letztere von einem nicht wesentlich gestiegenen Meeresspiegel ausgeht. Zusammenfassend möchte ich die Erkenntnisse auf einer Karte auftragen, welche einen gestiegenen Meeresspiegel aufgrund geschmolzener Gletscher berücksichtig.

Das Kapitol habe ich in den Rocky Mountains ausgemacht, Distrikt 1 nördlich, Distrikt 2 südlich davon. Distrikt 3 in der Region um San Francisco, wo das ehemalige Silicon Valley lag. Distrikt 4 vermute ich bei Seattle/Portland, wo bereits heute Fischerei betrieben wird, wobei hier anders als an der Küste zum Golf von Mexiko Fischer nicht leicht in die Karibik übersetzen und flüchten können, da sie nur die Weiten des Pazifischen Ozeans vor sich haben.* Distrikt 5 habe ich in das Gebiet nahe Fort McMurray und den Athabasca See gelegt, Distrikt 6 zentral bei Minneapolis. Distrikt 7

---

* Eine Lokalisierung am Golf von Mexiko wäre jedoch auch denkbar. So sprechen lateinamerikanische Einflüsse dafür und auch dort wird heute Fischerei betrieben. Aus geopolitischen Überlegungen heraus halte ich eine Verortung an der Pazifikküste ebenso wie die dort etablierte Krabbenfischerei für wahrscheinlicher.

68

liegt im Großraum Vancouver, wo bereits heute Forstwirtschaft betrieben wird und Distrikt 8 bei Chicago westlich von Distrikt 12 in den Appalachen bei Pittsburgh.

Distrikt 9 liegt im mittleren Süden des Landes in der *Kornkammer Amerikas*; Distrikt 11 im Süd-Osten, wo sich fruchtbare Böden für Landwirtschaft finden und wo bereits frühere Generationen Tabak und Baumwolle angebaut haben. Distrikt 10 mache ich mit seinen Viehherden im ehemaligen Texas aus und Distrikt 13 im Nord-Osten nördlich von New York, wobei auch möglich wäre, dass Distrikt 13 zumindest nach den Dunklen Tagen weiter entfernt (zum Beispiel auf die Neufundland Insel) gelegt wurde.

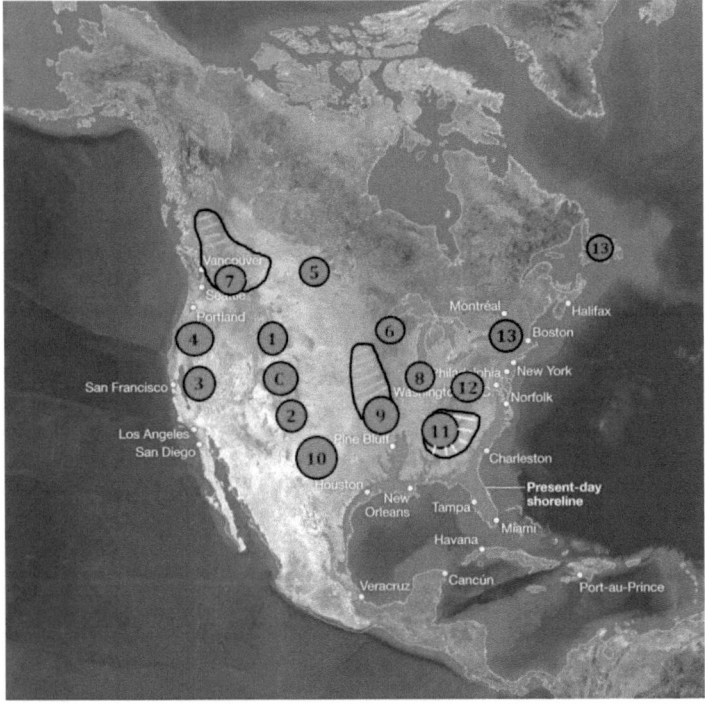

Quellen der Grafiken[53]

Panem verfügt also über wichtige Rohstoffe wie Kohle, Öl, Gas, Erze sowie wichtige Ressourcen wie Wasserkraft, Windkraft, Solarenergie und fruchtbare Böden und weitläufige Wälder. Die strenge

Unterteilung und Einzäunung der Distrikte ist dabei nicht unwesentlich. Einerseits sollen die Menschen, die innerhalb der Zäune leben, durch Gefahren von außen beschützt werden, wie sie wilde Tiere oder vereinzelte bewaffnete Milizen darstellen, welche in der Wildnis untergetaucht sind und den Staat stürzen wollen. Das zum einen, zum anderen darf die Ordnung nach innen nicht in Frage gestellt werden. Ein Kontakt zu einem »außen« wäre somit etwas »Gefährliches«; es geht um eine strikte Trennung von innen und außen, wie sie Hannah Arendt für totalitäre Staaten und Gesellschaften eindrucksvoll beschrieben hat. Niemand soll von außen nach innen vordringen und kritisches Denken verbreiten können. Alle Menschen sollen vollkommen rational innerhalb des vorgegebenen Systems denken. Die Zentralwirtschaft soll den Menschen eine klare Aufgabe zuteilen. Gemeinschaftlich sollen sie sich als Kollektiv verstehen und nicht gegeneinander konkurrieren.

Es geht darum, Zusammenhalt zu fördern und Konkurrenztriebe zu unterbinden. Panem könnte ursprünglich auch aus einer religiösen Vorstellung und Prägung heraus entstanden sein. Die Vorstellung, dass ein jeder das tun solle, was seinem Wesen entspricht, ist eine sehr alte Vorstellung. Paulus beschrieb,[54] dass viele Glieder einen Körper bilden, wobei jedes einzelne Glied, das für spezifische Aufgaben ausgestattet ist, von gleicher Bedeutung sei. Selbst die kleinsten und unscheinbarsten Glieder seien so wichtig wie Arme oder Beine. Er beschrieb auch, dass jemand, der gewisse Defizite habe, zugleich von Gott auch besondere Fähigkeiten erhalte, sodass er weiterhin eine wichtige Rolle in und für seine ihn umsorgende Gesellschaft erfüllen könne. Alle Menschen sind also aufeinander angewiesen, kein Mensch ist mehr wert als ein anderer. Jeder solle sich nach eigenen Kräften frei entfalten können.

So entstand ein Staatssystem aus *Bauch* und *Gliedern*. Jedoch ging es nicht um eine individuelle Entfaltung eines Menschen, da sich dieser selbst sehr stark an seinem Distrikt oder auch an den Lebenswirklichkeiten im Kapitol messen lassen musste. Panem war also keine friedliche Eutopie in Frieden und Harmonie, sondern stand unter dem Einfluss einer christlichen Religionslehre des alten Amerikas, welches es symbolisch nach außen verkörperte, nach innen aber nicht lebte.

Hingegen verhindert fehlender Wettbewerb auch Entwicklung, Innovation und Fortschritt. Das ist jedoch genau so gewollt gewesen. Über den Fortschritt schreibt Forst:

»Von einer historischen Warte aus betrachtet, ist der die westliche Tradition prägende Begriff des Fortschritts höchst speziell und verdankt sich einer Reihe von Entwicklungen. Zunächst musste die Vorstellung eines linearen Zeitablaufs im Unterschied zu zyklischen Konzeptionen herausgebildet und etabliert werden, und danach wich die Begrenzung des Säkulums bis zur Wiederkehr Christi der Idee einer prinzipiell offenen Zukunft (.)

Keine Gesellschaft kann auf den Fortschrittsimperativ ganz verzichten, denn er ist ein zutiefst sozial-normativer: eine Forderung, die von denen kommt, die unterdrückt und gegängelt werden oder deren Leben durch Missstände gekennzeichnet ist. Die Idee des Fortschritts ist daher keine fremde, von außen aufgedrängte Macht, sondern zunächst und zuerst eine intern generierte – das Verlangen nach gesellschaftlicher Verbesserung.

Weder kann der technologische Fortschritt ohne soziale Bewertungen, wofür und für wen er gut ist und welche Kosten er verursacht, als solcher gelten, noch kann wirklicher sozialer Fortschritt dort bestehen, wo er aufgezwungen und als Kolonisierung erlebt wird. Technologischer Fortschritt muss gesellschaftlich akzeptierter Fortschritt sein, und gesellschaftlich akzeptierter Fortschritt ist ein solcher, der von den Betroffenen selbst bestimmt wird. (.) Die eigentliche Logik des Fortschritts ist keine historische, keine sozialtechnische, wissenschaftliche oder technologische; sie ist vielmehr eine gesellschaftliche in dem Sinne, dass sie von einer Gesellschaft selbst getragen und definiert werden muss. (.)

Das ist der Kern der Bedeutung von Selbstbestimmung, die für den Fortschritt zentral ist, und in ihm drückt sich ein basales menschliches ‹Recht auf Rechtfertigung› aus, das ebenso ein Recht des Schutzes der Individuen wie das ihrer gleichberechtigten Teilnahme an gesellschaftlichen Prozessen ist. Man kann die Gesellschaft eine fortschrittliche nennen, in der dieses Prinzip in die Praxis umgesetzt wird. Fortschritt bedeutet, dass eine Gesellschaft neue Niveaus der Rechtfertigung anstrebt, denen gemäß politische und soziale Verhältnisse nicht nur wechselseitig und allgemein gerechtfertigt werden können, sondern auch Institutionen dafür existieren, solche Rechtfertigungen zu generieren.

Es ist daher nicht nur eine Frage des Friedens, der Stabilität und des gegenseitigen Respekts, wenn in interkulturellen Dialogen über den Fortschritt das Recht betont wird, von kolonisierenden Übergriffen, auch wohlgemeinten, frei zu bleiben. Aber genauso ist festzuhalten, dass der Kern der Menschenrechte, der sich in einem Recht auf Rechtfertigung ausdrückt, dabei nicht verhandelbar ist. Was Menschenrechte sind, wird (.) in der reflexiven Bestimmung der Rechte [festgelegt], die niemand mit guten Gründen anderen vorenthalten kann. So gilt international wie auch national, dass niemand für andere bestimmen darf, was Fortschreiten für sie bedeutet. Dies ist eine Forderung der Gerechtigkeit.

(.) die Sprache der Menschenrechte, der Selbstbestimmung und der Gerechtigkeit die Sprache des Fortschritts (.) ergibt sich (.) als moralisches Gebot aus der Kritik des falschen Fortschrittsdenkens selbst wie auch aus der

Kritik der Verhinderung sozialen Fortschreitens. Denn das ‹Fort› aus einer Situation der Unterdrückung und Entrechtung ist ein Menschenrecht, heute wie zu aller Zeit.«[55]

Was bedeutet dies für Panem und seine Gesellschaft? Das oberste Glaubensdogma ist dasjenige der Stabilität.

Das zeigt sich sowohl im Staatsausspruch »Panem heute, Panem morgen, Panem für immer« als auch im Text der panemesischen Nationalhymne:[56]

The Horn of Plenty.	Das Füllhorn.
The Horn of Plenty overflows.	Das Füllhorn läuft über.
Panem shall raise above.	Panem soll sich nach oben erheben.
Panem shall reign above.	Panem soll oben herrschen.
May our nation never fall again.	Möge unsere Nation nie wieder fallen.
The Horn of Plenty overflows.	Das Füllhorn läuft über.
(three times)	*(dreimal)*
Though dark may fall,	Obwohl es dunkel werden kann,
Through darkness light will shine	Wird durch Dunkelheit Licht scheinen.
As they believe,	Wie sie glauben,
The Darkness ist the light!	Die Dunkelheit ist das Licht!
The Horn of Plenty overflows	Das Füllhorn läuft über.

Neben der wörtlichen Übersetzung findet sich auch eine deutsche Variante:[57]

Ein Füllhorn für uns alle!
Oh Füllhorn.
Oh Füllhorn für uns alle!
Und wenn ein Schrei ertönt
Soll der Krieger ihn beachten
dann werden wir nie wanken...

Oh Füllhorn!
Oh Füllhorn für uns alle!
Und wenn ein Schrei ertönt
Soll der Krieger ihn beachten
dann werden wir nie wanken.

Ein Füllhorn für uns alle!

Doch Dunkelheit kann hereinbrechen
Durch Dunkelheit wird Licht scheinen.
Anstelle dessen was sie denken
dass die Dunkelheit das Licht ist.
Ein Füllhorn für uns alle!
The Horn of Plenty overflows

Mögliche weitere Strophe:
Oh Kapitol
Dein herrlicher Diamant glänzt
Ein Tribut
für die dunklen Tage hinter dir.

Ein Füllhorn für uns alle!

Es hat sich gezeigt, dass das Stabilitätscredo durchaus nicht vollends abwegig ist und seinen Ursprung in der gewachsenen Kultur Panems findet. Um den Wirtschaftsaufbau besser zu verstehen, ist ein Vergleich mit dem Römischen Reich sinnvoll. Das Römische Reich umfasste 117 n. Chr. den gesamten Mittelmeerraum, Kleinasien, Ägypten sowie Gallien und Britannien im Norden.

»Die wirtschaftlichen Schwerpunkte lagen auf Landwirtschaft, Gewerbe, Handel und Verwaltung. Gallien, Britannien und Germanien lieferten außer Natur- und Bergbauprodukten vor allem gewerbliche Erzeugnisse. (.) Eine ähnliche Stellung nahm die Provinz Hispania ein, die auch Nahrungsmittel lieferte. (.) Die afrikanischen Provinzen waren wichtige Mittler im Handel mit Zentral- und Westafrika und lieferten neben agrarischen Produkten spezielle Güter wie den Farbstoff Purpur. Über Syrien und Ägypten gab es Handelsverbindungen nach Nubien, zum Oberlauf des Nil, nach Arabien und Asien. In Häfen wie Alexandria und Tyrus wurden neben Nahrungsmitteln vor allem spezielle Produkte wie Purpur oder Papyros sowie Gewürze, Kräuter und Drogen und daraus hergestellte Kosmetika gehandelt. Griechenland, Kleinasien und der Küstensaum des Schwarzen Meeres waren besonders wichtig als Rohstoff-, Holz- und Nahrungsmittellieferanten sowie als Verbindungsglieder im Handel mit Asien. Der Schwarzmeerraum war neben Nordafrika und Ägypten ein Schwerpunkt des römischen Sklavenhandels. Die Balkanhalbinsel lieferte Erze, Holz und Nahrungsmittel. Die Landwirtschaft war der wichtigste Wirtschaftszweig des Römischen Reiches, etwa 75% der Bevölkerung waren Bauern. Es gab zunächst zwei Grundformen: kaiserliche Domänen oder Großgüter (zum Teil mit Sklavenarbeit) und kleinbäuerliche Gehöfte von Freibauern. (.) Nach der Übernahme römischer Agrartechniken in vielen Regionen des Römischen Reiches entstand eine Konkurrenzsituation, die die Lage der Bauern erschwerte.«[58]

Es ist also erkennbar, dass bestimmte Regionen des Römischen Reiches für bestimmte Erzeugnisse oder Rohstoffe bekannt waren: Gallien lieferte Eisen, Spanien Wein und Öl, Britannien Wolle, Germanien Bernstein, Pferde kamen aus Nordafrike und Getreide aus Ägypten. Jedoch betrieben sie niemals eine singuläre Wirtschaft. Getreide wurde so etwa auch in Italien großflächig angebaut. Das führte zu Wettbewerb und schließlich auch zu Konkurrenz, welche man in Panem nicht wollte. Daher musste die Wirtschaftsordnung quasi unidimensional sein. Dies brachte jedoch ganz eigene Probleme mit sich.

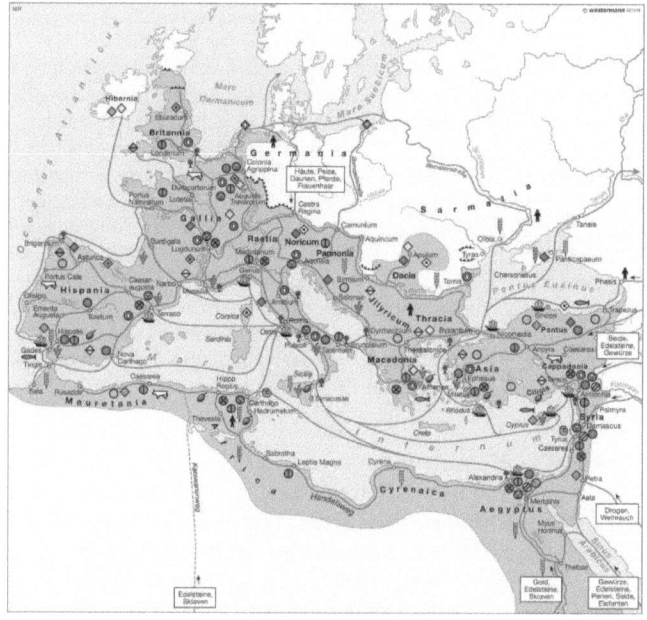

In der Wirtschaftsordnung von Panem

»geht die Lieferkette in eine Richtung – aus den elf Distrikten in das Kapitol. Kohle, Technik, Lebensmittel, Luxusgüter – die Bereiche, aus denen die benötigten Waren geliefert werden, sind vorgeschrieben. Einen Wettbewerb um das beste Produkt, dass sich am Markt behaupten muss, gibt es nicht. Dementsprechend gibt es wenige Wachstumsimpulse. Der technisch hohe Standard, der in der Hauptstadt vorherrscht, hat sich erkennbar im Vor-Kriegs-Amerika gebildet. Impulse für Innovationen sind diesem System schwer vorstellbar.

Panem zeige, wie schwer das Prinzip der ‹extrahierenden Institution› zu überwinden (.) Damit ist gemeint, dass die gesamte Ordnung darauf basiere, dass der wohlhabende Teil sich durch die Ausbeutung der Ressourcen anderer Bereich nährt. (.) Das obszön reiche Kapitol steht im Kontrast zum Hunger und Elend in den anderen Distrikten. Das führt dazu, dass die Ressourcen ineffzient genutzt werden. Die Aufteilung erinnert an das alte Ständesystem im Mittelalter (.) Die Distrikte profitieren nicht vom Wohlstand der Zentrale, es gibt kein Trickle-Down-Effekt, nach dem in einer globalisierten Welt alle vom Aufschwung der führenden Nationen angeschoben werden. Gleichezeit[ig] können die ärmeren Gebiete auch nicht rückkoppelnd zum Wohlstand der Zentrale beitragen, da dort kein Konsum und kein Dienstleistungssektor entstehen. Das heisst, von einem offeneren Markt würden alle profitieren, auch die Reichen der Gesellschaft. (.) Wachstumsimpulse kommen (.) nicht aus dem Wettbewerb und der freien Marktwirtschaft. Ein grosser Teil der Produktivität in Panem fliesst in die Abschreckung der drohenden Aufstände aus den ausgebeuteten Distrikten – die Ausbildung und der Einsatz des Militärs, der Peacekeeper, machen sicher einen grossen Teil im Staatsbudget aus. Damit erinnert Panem entfernt an das wirtschaftlich brachliegende Deutschland Ende der Zwanzigerjahre, das im dritten Reich seinen Aufschwung auf der Aufrüstung aufbaute. (.) Parallel zeigen sich weitere Anzeichen von Kriegsökonomien – der Hunger in der Bevölkerung und der florierende Schwarzmarkt. Damit wird die Wirtschaft aber auf einen Überlebensmodus [zurückgeworfen]. Das zeigt zum Beispiel, dass Geld durch begehrte Tauschwaren ersetzt wird. (.) Der Umsturz, auf den die Erzählung zusteuert, ist früher oder später also fast zwingend. Bleibt die Frage, ob die neu entstehende Ordnung gerechter ist.«[59]

Die Systemtheorie vertritt die These, dass Systeme, welche zu komplex und zu behäbig werden, sich nicht mehr von selbst ändern können. Die Spieltheorie spricht hier von Pfadabhängigkeiten. Existiert in einem Land keine Infrastruktur, so lässt sich leichte eine moderne und effiziente errichten.[60] Existiert eine ehemals moderne, aber mittlerweile überholte Infrastruktur, so lässt sich nicht einfach leicht ein konkurrierendes System daneben- oder darüberlegen. Ein altes System muss erst zerstört werden, um neues zu errichten. Wenn dieses alte System zu sehr Neuerungen im Wege steht und man in unvorteilhaften Positionen einrastet, so braucht es disruptive Umbrüche.

Man kann sagen, es braucht eine Revolution. Da die alte Ordnung sich jedoch selbst erhalten will, führt Macht schließlich zu Gewalt, wodurch sie sich paradoxer Weise selbst beendet. Macht führt so zu Krieg und Zerstörung. Ein solcher Umsturz setzt jedoch die Bereitschaft vieler voraus, die ihn anstreben. Es muss also auch die gesellschaftliche Frage in Panem gestellt werden.

2.3.2 Der Ständekonflikt zwischen Patriziern und Plebejern

»So griff mit dem Anwachsen der Macht eine Habgier um sich, die maßlos und unersättlich war; sie entweihte und zerstörte alles, vor nichts hatte sie Achtung, nichts war ihr heilig, bis sie sich selbst ins Verderben stürzte.«
– Sallust, *Der Jugurthinische Krieg*[61]

Panems Wirtschaft ist vergleichbar zum Römischen Reich aufge-
baut, unterscheidet sich jedoch wesentlich im Blick auf die Wettbe-
werbsmöglichkeiten. Dies schlägt sich auch gesellschaftlich nieder.
Panems Gesellschaft ist in gewisser Weise gespalten in Patrizier, die
in der Machtzentrale des Kapitols für die Verwaltung der erzeugten
Güter verantwortlich sind; und in Plebejer, welche für die Erzeu-
gung der Erzeugnisse zuständig sind. Auch hier eignet sich ein Vergleich mit dem antiken Rom.

Die Plebejer (lat. plebs; Menge, Volk) waren in der römischen Republik »alle Bürger, die nicht dem alten Erbadel, den Patriziern (lat.
patres; Väter, Vorfahren), angehörten.[62] Zu den Plebejern zählte
also die große Mehrheit der Römer, vor allem Bauern und Handwerker, aber auch Händler und Wohlhabende. Sie dürfen daher
nicht mit den *proletarii* gleichgesetzt werden, die nur einen Teil der
plebs bildeten.

Früh stellten gerade die wohlhabenden Plebejer die politische
Vorherrschaft der Patrizier in Frage«, wie es etwa auch die Rebellen
in Panem taten, was schließlich zu den Dunklen Tagen führte.
»Während der Ständekämpfe (ca. 500–287 v. Chr.) setzten die Plebejer gemäß der späteren Tradition immer wieder die *secessio plebis*
als Druckmittel im Konflikt mit dem Adel ein. Da Rom fast andau-
ernd im Krieg mit seinen Nachbarn lag, mussten die Patrizier, die
sich wohl auf eine bewaffnete Gefolgschaft stützte, häufig Kompro-
misse eingehen.

Am Ende der Ständekämpfe hatten die Plebejer wichtige wirtschaftliche, rechtliche und politische Zugeständnisse erreicht.«[63] In
Panem konnte man etwas anderes beobachten. Da der Kontinent
keine unmittelbaren Nachbarn hatte und Panem als Atommacht vor
äußeren Feinden sicher war, konnte das Kapitol seine ganzen Kräfte
gegen die Rebellen im Kampf einsetzen.

Im Römischen Reich aber gelang es den Plebejern durch die
Volkstribune ein Mitbestimmungsrecht zu erlangen. »Was die
[neue] Versammlung der Plebejer [im antiken Rom] beschloss,
wurde fortan als allgemeines Gesetz anerkannt, und die Volkstribune galten nun offiziell im Rahmen des *cursus honorum* als Beamte.
Sie erhielten das Recht, Maßnahmen der Magistrate zu verbieten (z.
B. die Bestrafung eines Plebejers…). Da die Patrizier die meisten politischen Vorrechte eingebüßt hatten, bildeten sie fortan gemeinsam
mit erfolgreichen plebejischen Familien eine neue Elite, die sich

nicht mehr über Abstammung, sondern über Leistungen für den Staat legitimierte, die Nobilität.

Angeblich im Jahre 494 v. Chr. streikten die Plebejer zum ersten Mal für mehr Rechte (secessio plebis), und im Jahr 449 v. Chr. kam es zum zweiten Auszug der plebs aus der Stadt Rom, 445 v. Chr. wurde ihnen das Recht zugestanden, Patrizier zu heiraten (lex Canuleia).«[64] In Panem war ein vergleichbares Recht geschaffen worden: Wer Sieger der Hungerspiele war, durfte im Kapitol leben und auch dort heiraten.

Aber damit war dem Erfolg der Plebejer nicht genug getan. »In der Folge (367 v. Chr.) bauten sich die Plebejer eigene Strukturen auf (die Volksversammlung und die neuen Magistraturen des Volkstribuns sowie des plebejischen Ädils). Alle diese Zugeständnisse wurden angeblich mit dem Druckmittel der secessio plebis durchgesetzt.

Der Ständekonflikt wurde 287 v. Chr. endgültig gelöst. Damals setzte der plebejische Diktator Quintus Hortensius ein Gesetz durch, das die Beschlüsse der Volksversammlung nicht nur für die Plebejer, sondern für alle römischen Bürger bindend machte. In der Folgezeit gelang mehreren plebejischen Geschlechtern der Aufstieg in die Nobilität; nur das Amt des kurulischen Ädils und einige Priestertümer blieben Plebejern verwehrt.

Zur Zeit der späten Republik verschob sich die Bedeutung des Wortes plebs. Der Begriff diente nun häufig der sozialen Differenzierung der Bürger unterhalb des Senatoren- und Ritterstands. Es wurde zwischen den städtischen (was sich nur auf die Stadt Rom bezieht) Plebejern, der plebs urbana, und den ländlichen, der plebs rustica, unterschieden. Hierbei kam der plebs urbana besondere Bedeutung zu, da nur sie aufgrund ihrer Ortsansässigkeit an den Volksversammlungen und somit an der Wahl von Magistraten teilnehmen konnte.

Das führte dazu, dass sie von popularen Politikern mittels Getreidezuweisungen und Ähnlichem umworben wurde. Ferner konnte die plebs urbana auch ‹physischen› Druck ausüben (in Form von Massendemonstrationen und Ausschreitungen). Es ist umstritten, inwieweit sie als eigenständiger politischer Faktor oder nur als ‹Spielball› von populären Politikern bewertet werden muss.«[65]

Man darf über all diese Überlegungen den Faktor Mensch an sich nicht vergessen. Die weiten Überlegungen, wie Menschen einerseits brutale Überlebenskämpfer sein müssen, aber sich andererseits durch die Staatsgründung vom Einzelgängertum hin zu einen kollektiven Gemeinwesen formen mussten, zeigen die Größe der Herausforderung. Man wollte keine Konkurrenz, keinen Krieg unter den Menschen. Das Staatsdogma war Stabilität.

Jedoch ist es ein Naturgesetzt, dass die Entropie, die Unordnung eines Systems stets zunehmen muss. Und so ließen sich Entwicklungen hin zu extremen Auswüchsen innerhalb des Kapitols nicht ausschließen.

»Alle Demokratien vom antiken Athen bis zur römischen Republik oder den Stadtstaaten der Renaissance enden. Sie enden auf dieselbe Art: Eine korrupte Allianz von extremem Reichtum und zentralisierter Macht. Der gewöhnliche Bürger wird seiner Freiheit beraubt. Was rechtmäßig sein ist, wird ihm genommen und seine Kinder sterben im Krieg des reichen Mannes.«

– Designated Survivor[66]

Dies wirft die Frage auf, wie es dazu kommen konnte, dass das Kapitol derart reich und dekadent wurde, sodass sich die Distrikte benachteiligt und ungehört fühlten, sie also schließlich in einen Bürgerkrieg zogen, um die Ordnung zu stürzen. Man darf nicht verkennen, welche immense Machtfülle im Kapitol zusammenfloss. Und absolute Macht korrumpiert die Machthabenden sehr häufig. Es geht darum, immer mehr Reichtümer anzuhäufen, seinen eigenen Besitz zu mehren, ganz gleich, was dies für schwächere Mitglieder einer Gemeinschaft bedeutet – denn man selbst ist stark und *kann* sich nehmen, was man haben möchte. Über die Gier schreibt Erich Fromm:

»Die Gier ist eine der stärksten, nicht instinktiven Leidenschaften im Menschen, und es handelt sich dabei ganz offensichtlich um das Symptom einer psychischen Dysfunktion, einer inneren Leere und eines fehlenden Mittelpunktes der Persönlichkeit. Gier ist eine pathologische Manifestation einer nicht geglückten Entwicklung der Persönlichkeit. (.) In unserer Kultur wird die Gier erheblich verstärkt durch all jene Maßnahmen, die dazu dienen, jedermann zum Konsumenten zu machen. Natürlich muss ein gieriger Mensch nicht aggressiv sein, vorausgesetzt, dass er genug Geld hat, sich zu kaufen, was er haben möchte. Aber der Gierige, der nicht die nötigen Mittel besitzt, muss zum Angriff übergehen, wenn er seine Wünsche befriedigen will. (.)

Erst mit der vollen Entwicklung des Kapitalismus – wie auch früher schon in vergleichbaren Gesellschaftssystemen, zum Beispiel dem des Römischen Reiches – wurde die Gier zum Hauptmotiv einer ständig wachsenden Zahl von Bürgern. Trotzdem ist die Gier (.), zu dem sich kaum jemand zu bekennen wagt. Man hat das Dilemma dadurch beseitigt, dass man Gier als Verfolgung des Selbstinteresses rationalisierte. Die logische Schlussfolgerung lautet: Die Verfolgung des Selbstinteresses ist ein biologisch bedingtes Streben, das in der menschlichen Natur verankert ist; Verfolgung des Selbstinteresses ist gleich Gier; folglich ist die Gier in der menschlichen Natur verwurzelt – und keine charakterbedingte menschliche Leidenschaft. (.)

Die These, dass der Krieg durch eine angeborene menschliche Destruktivität verursacht werde, ist einfach absurd für jemand, der auch nur die geringsten geschichtlichen Kenntnisse besitz. Die Babylonier, die Griechen und alle Staatsmänner bis in unsere Zeit haben ihre Kriege aus Gründen geplant, die sie für sehr realistisch hielten, und sie haben Pro und Kontra sehr sorgfältig erwogen, obwohl sie sich bei ihren Berechnungen natürlich auch oft irrten. Sie hatten dabei mannigfache Motive: Land, das sie kultivieren wollten, Reichtümer, Sklaven, Rohstoffe, Märkte, Expansion und Verteidigung. Unter besonderen Umständen gehörte auch der Wunsch sich zu rächen oder die Zerstörungswut eines kleinen Stammes zu den Faktoren, die Beweggründe für Kriege darstellten, doch sind solche Fälle nicht typisch. Die Ansicht, der Krieg werde durch die Aggression des Menschen verursacht, ist nicht nur unrealistisch, sondern auch schädlich. Sie lenkt die Aufmerksamkeit von den wirklichen Ursachen ab und schwächt den Widerstand gegen diese. Die These von der angeborenen Neigung, Kriege zu führen, wird nicht nur durch die Annalen der Geschichte widerlegt, sondern – was sehr wichtig ist – auch durch die Geschichte der Kriegführung bei den Primitiven.«[67]

Ovid schrieb in seinen *Metamorphosen* über Erysichthon, König von Thessalien. Dieser veranlasste eines Tages die Fällung der heiligen Eiche der Demeter, ohne dabei auf das Bitten und Flehen der Dryade zu achten, die mit dem Baum sterben musste. Demeter strafte ihn für diese Tat erhielt er umgehend von Demeter, indem sie eine Hungergöttin dem schlafenden Erysichthon unstillbare Fressgier einhauchen ließ. Daraufhin verzehrte der König zuerst seinen gesamten Besitz, um danach sich selbst auffressen zu müssen. Erysichthon bedeutet so viel wie *die Erde spaltend*, und sein Beiname Aithon *brennend*.

Die Gier entstammt einer inneren Leere. Die Menschen in Deutschland in den 1930er Jahren waren so ausgezerrt wie zu kaum einer anderen Zeit an kaum einem anderen Ort und so verwundert es wenig, dass die Judenverfolgung eben durch die Gier einen besonderen Nährboden fand. Neben dem Herrschaftsdrang gab es auch den Drang nach Gier, so schreibt Snyder:

»1933, als der Hunger in der UdSSR seinen Höhepunkt erreichte, kam in Deutschland die NSDAP an die Macht. In ihrem Siegestaumel versuchten die Nationalsozialisten, einen Boykott jüdischer Geschäfte zu organisieren. Zunächst hatten sie damit wenig Erfolg. Doch die Praxis, einen Laden mit Farbe an den Fenstern oder Wänden als ‹jüdisch› oder als ‹arisch› zu markieren, beeinflusste die Vorstellungen der Deutschen von der Haushaltsökonomie. Ein Geschäft, das als ‹jüdisch› gekennzeichnet war, hatte keine Zukunft. Es wurde zu einem Objekt begehrlicher Pläne. Als Eigentum ethnisch markiert war, veränderte der Neid die Moral. Wenn Läden ‹jüdisch› sein konnten, wie sah es dann mit anderen Unternehmen und Besitztümern aus? Der Wunsch, die Juden sollten verschwinden, der zunächst vielleicht unterdrückt wurde, wurde dringlicher, als er mit Gier unterlegt war. Deshalb beteiligten sich die Deutschen, die Geschäfte als ‹jüdisch› kennzeichneten, an dem Prozess, durch den die Juden tatsächlich verschwanden – genauso wie die Menschen, die einfach zuschauten.«[68]

Martin Niemöller, evangelischer Priester und Widerständler gegen die Nazis, hat einmal etwas gesagt, was heute im Original nicht mehr wirklich erhalten ist, im Wesenskern aber sehr wohl in seinem Sinne sein dürfte:

> »Als die Nazis kamen, um die Kommunisten zu holen, da erhob ich meine Stimme nicht, denn ich war kein Kommunist.
> Danach kamen sie, um die Juden zu holen, und ich erhob meine Stimme nicht, denn ich war kein Jude.
> Danach kamen sie, um die Gewerkschafter zu holen, und ich erhob meine Stimme nicht, denn ich war kein Gewerkschafter.
> Danach kamen sie, um die Katholiken zu holen, und ich erhob meine Stimme nicht, denn ich war Protestant.
> Und danach kamen sie, um mich zu holen, und niemand protestierte, weil niemand mehr da war, um die Stimme zu erheben.«

Was bedeutet dies für die panemesische Gesellschaft? Im Überlebenskampf ging das Gespür für die feineren Tätigkeiten menschlichen Daseins verloren. Man lebte nicht mehr, man überlebte nur noch. Ein Staat steht und fällt mit dem Charakter seiner Menschen, das gilt besonders für eine demokratische Ordnung. Und in Panem gab es viele Menschen ohne echte Persönlichkeit. Sie wurden Sadisten oder Masochisten, sie wollten herrschen oder beherrscht werden. Beide gehen jedoch im sadomasochistischen Charakter auf. Die Spaltung der Gesellschaft ist insoweit schizoid, als dass sie eigentlich keine ist.

Sowohl im Kapitol als auch in den Distrikten konnten die Menschen ihren eigenen Persönlichkeiten und ihrem Charakter nichts abgewinnen. Beide wurden gierig. Die vornehmlich Sadisten, welche im Kapitol herrschten, hatten gewiss die Mittel dazu, sich selbst an den Gütern der Distrikte bereichern zu können.

Jedoch ist nicht überliefert, ob es tatsächlich zu einem Ausbluten der Distrikte kam, oder ob trotz allem genug Reichtümer und Nahrungsmittel für alle da waren. Man muss also auch ein Stück weit die These in Betracht ziehen, dass auch die Menschen in den Distrikten gierig wurden. Es ist reine Spekulation, ob sie die Bilder wohlgenährter Menschen im Kapitol sahen und in einer Hungernot schlichtweg auch deren leid übersahen, während sie selbst hungerten und dem Kapitol Verrat vorwarfen und sich schließlich »gegen das Land erhoben, das sie ernährte«. Es kann jedoch auch nicht mit Gewissheit ausgeschlossen werden.[*]

Fromms Ausführungen können und müssen für unsere eigene Geschichte und Lebenswirklichkeit ernstzunehmende Warnungen sein. Die kybernetischen Gesellschaften, welche ihr Heil in der toten Technologie zu finden glauben, verlieren den Sinn für die freie und individuelle Persönlichkeitsentfaltung. Sie werden charakterschwach. Die Gier der Menschheit ist heute nicht mehr zu übersehen. Obwohl wir um unsere Zerstörungskraft wissen, zehren wir den Planeten immer weiter aus, immer mehr Regenwälder werden niedergebrannt, um Agrarwirtschaft betreiben zu können. Doch diese dient keineswegs der Ernährung allein. Wir schmeißen Nahrungsmittel lieber weg, ehe wir hungernde Menschen an anderen Orten auf der Welt ernähren wollen.

Und die neuen Agrarflächen machen wir nutzbar für Palmöl, welches in der kosmetischen Industrie oder in der Nahrungsmittelindustrie für Genussmittel, keine Grundnahrungsmittel, oder aber für Raps, welches eine Grundlage biologischer Kraftstoffe bildet. Wir sagen: Es dient dem Erhalt des Planeten, denn dann brauchen wir kein umweltschädliches Erdöl mehr als Triebstoffbasis – und rationalisieren damit die endgültige Vernichtung des Lebens auf diesem Planeten. Noch nie in der Geschichte der Erde hat es ein Lebewesen gegeben, welche eine derart extreme Reaktionsbildung auf seine eigene Nekrophilie ausgebildet hat.

---

[*] So ist bei Collins überliefert, wie Katniss in der Unterredung mit Gale über eine Flucht in den Wald vor den 74. Spielen an ihre Familie denkt, die ernährt werden muss. So denkt sie bei sich: »Wer würde diese Münder stopfen, die nach immer mehr verlangen?« (Collins, Tödliche Spiele: 14)

Der Mensch ist das einzige Wesen, welches aufrecht geht, freie Hände hat und diese so auch als Werkzeuge einsetzen kann. Damit erschafft er sich weitere Werkzeuge, die sein Überleben sichern. Das Mechanische wird zu seinem Heil. Der Mensch ist nicht mehr Jäger und Sammler. Er lebt von dem, was nicht einfach *da* ist; er beginnt, Vorsorge zu betreiben, dass immer etwas *da* ist, wenn er Bedarf danach hat. Es ist allein seinem Neglect aus Bequemlichkeit und aus Angst vor der Konfrontation mit der Realität geschuldet, dass dieses Mechanische sich nun gegen ihn stellt und zu einer Gefahr für das Leben als solches wird.

2.4 Die Dunklen Tage und der Hochverratsvertrag

»Könnte [die ...] Handlungsunfähigkeit der Eliten zu dem Befund führen, dass soziale Stabilität zukünftig durch einen autoritären Überwachungs- und Kontrollstaat garantiert werden muss, in dem die Bevölkerung durch eine dauernde Angstmache manipulativ an die jeweilige Führung gebunden wird?«[69]

»Einst gab es ein Land namens Nordamerika. Dürren, Feuer und Fluten, Hurrikane und Tornados suchten es heim. Grausame Kriege entbrannten um das Wenige, das zum Leben noch geblieben war. Die Erde war wüst und verbrannt, die Menschen verängstigt und ohne Hoffnung.

Doch aus Trümmern und Asche erhob sich die Nation Panem – ein Kapitol umringt von dreizehn Distrikten –, und viele Generationen lang lebten ihre Bürger in Frieden und Wohlstand.

Dann kamen die Dunklen Tage: Die Distrikte erhoben sich gegen das Kapitol, und der Schatten eines schrecklichen Krieges fiel auf das strahlende Licht unserer Nation. Sie lehnten sich auf gegen das Land, das sie nährte, liebte und beschützte. Zurück blieb eine Spur der Verwüstung. Elternlose Kinder irrten durch die Straßen. Das Land drohte zu zerbrechen. Auf einen langen, erbitterten Kampf mit unzähligen Toten folgte endlich der Friede. Zwölf Distrikte wurden unterworfen, der dreizehnte ausgelöscht. Nach dem Sieg über die Rebellen schwor unsere Nation, niemals wieder solchen Verrat zu dulden.

Darum wurde ein Hochverratsvertrag mit neuen Gesetzen zur Sicherung des Friedens unterzeichnet. Doch die Dunklen Tage sollten niemals in Vergessenheit geraten, und so wurde den Distrikten auferlegt, in jedem Jahr an einem festgelegten Tag einen tapferen Jungen und ein tapferes Mädchens zu opfern und sie als sogenannte Tribute in einen Wettkampf um Ehre, Mut und Opferbereitschaft zu schicken – die Hungerspiele. In einer großen Freilichtarena müssen diese vierundzwanzig Tribute gegen ihre Mitspieler und die Natur ums Überleben kämpfen. Der einsame Sieger soll uns in jedem Jahr an die verzeihende Großmut der Nation erinnern.

Es ist eine Zeit der Reue und eine Zeit der Danksagung. Wir gedenken unserer Vergangenheit. Wir sichern unsere Zukunft.«[70]

Der panemesische Staatsmythos ist ein Mythos, der eine *Politik der Ewigkeit* propagiert, wie sie Snyder beschreibt:

»Sie beschäftigt sich mit der Vergangenheit, aber auf eine selbstbezogene Art, ohne jedes wirkliche Interesse an den Fakten. Ihre Stimmung ist eine Sehnsucht nach vergangenen Augenblicken, die nie wirklich passierten, aus Zeiten, die in Wirklichkeit verheerend waren. Ewigkeitspolitiker vermitteln uns die Vergangenheit als einen riesigen, nebelumflorten Hof voller unentzifferbarer Denkmäler, die an die Nation als Opfer erinnern und alle gleichermaßen weit weg von der Gegenwart und gleichermaßen geeignet für Manipulationen sind. Jeder Verweis auf die Vergangenheit scheint einen Angriff irgendeines äußeren Feindes auf die Reinheit der Nation zu beinhalten. (.)[71] In der Politik der Ewigkeit verhindert die Verführung durch eine mythisierte Vergangenheit, dass wir über mögliche Zukunftsentwürfe nachdenken. Die Gewohnheit, sich in der Opferrolle einzurichten, lähmt den Impuls zur Selbstkorrektur. Da sich die Nation eher über die ihr innewohnende Tugendhaftigkeit als über ihr Zukunftspotenzial definiert, wird Politik zu einer Diskussion über Gut und Böse und nicht über mögliche Lösungen für reale Probleme. Da die Krise von Dauer ist, herrscht stets ein Gefühl des Notstands; eine Zukunftsplanung erscheint angesichts dessen unmöglich oder sogar illoyal. Wie können wir überhaupt nur an Reformen denken, wenn der Feind stets vor der Tür steht?«[72]

Und auch Machiavelli schrieb über den Umgang mit der Vergangenheit im 16. Jahrhundert:

»Man erfährt von der Vorzeit nicht die ganze Wahrheit. Das meiste, was jenen Zeiten Schande macht, wird verheimlicht, während das, was ihnen Ruhm bringt, glänzend und ausführlich dargestellt wird. Denn die meisten Schriftsteller huldigen dem Glück der Sieger so sehr, daß sie, um deren Siege herauszustreichen, nicht nur ihre wirklich tapferen Taten vergrößern, sondern auch die der Feinde in einer Weise verherrlichen, daß jeder, der später im Lande des Siegers oder des Besiegten geboren wird, alle Ursache hat, jene Menschen und Zeiten anzustaunen und sie notwendig aufs höchste loben und lieben muß.«[73]

Die Dunklen Tage waren der Versuch von Rebellen, die sich aus 13 Distrikten zusammengeschlossen haben, die Ordnung zu stürzen, eine Revolution durchzusetzen. Dabei möchte ich auf vier Aspekte näher eingehen. Der erste lässt sich schnell feststellen.

Im Kapitol gab es gewiss Unterstützer oder Sympathisanten mit den Rebellen – wie es auch in den Distrikten Anhänger des Kapitols gab. Gesellschaften oder Untergruppen in dieser sind ab einer bestimmten Größe niemals mehr ganz und gar homogen. Auch in der Französischen Revolution gab es Adelige, die Bauern unterstützen, und Bauern, die an der absolutistischen Monarchie festhalten wollten.

2.4.1 Krieg und Rebellion

Der zweite Aspekt ist der des Krieges. Fromm schreibt:

»Der Krieg bewirkt bis zu einem gewissen Grad eine Umwertung aller Werte. Er bewirkt, dass tiefeingewurzelte menschliche Impulse wie Altruismus und Solidaritätsgefühl zum Ausdruck kommen – Impulse, die durch den Egoismus und den Konkurrenzkampf des modernen Menschen in Friedenszeiten unterdrückt werden. Klassenunterschiede verschwinden ganz oder doch in beträchtlichem Maß. Im Krieg ist der Mensch wieder Mensch, und er hat die Chance, sich auszuzeichnen, ohne dass ihm sein sozialer Status als Bürger Vorrechte einräumt. (.) Akzentuierter ausgedrückt: Der Krieg ist eine indirekte Rebellion gegen Ungerechtigkeit, Ungleichheit und Langeweile, wie sie das gesellschaftliche Leben in Friedenszeiten beherrschen, und man sollte die Tatsache nichtunterschätzen, dass der Soldat – wenn er gegen den Feind um sein Leben kämpft – nicht gegen die Mitglieder seiner eigenen Gruppe um Nahrung, ärztliche Betreuung, Unterkunft und Kleidung zu kämpfen braucht. Für all dies sorgt ein perverses sozialisiertes System. Dass der Krieg diese positiven Züge aufweist, ist ein trauriger Kommentar zu unserer Zivilisation.

Wenn das bürgerliche Leben für Abenteuer, Solidarität, Gleichheit und Idealismus Raum hätte, wie sie im Krieg zu finden sind, könnte man die Menschen vermutlich nur sehr schwer dazu bewegen, in den Krieg zu gehen. Der Regierung stellt sich im Krieg das Problem, sich die unterschwellige Rebellion zunutze zu machen, indem sie sie für ihre Kriegszwecke einspannt; gleichzeitig gilt es zu verhindern, dass sie für die Regierung zu einer Gefahr wird, was man durch strenge Disziplin und den Geist des Gehorsams gegen die Führer erreicht, die als selbstlose, weise und mutige Männer hingestellt werden, welche ihr Volk vor der Vernichtung bewahren.

Zusammenfassend ist festzustellen, dass die größeren Kriege unserer Zeit genau wie die meisten Kriege zwischen den Staaten des Altertums nicht durch aufgestaute Aggression verursacht wurden, sondern durch die instrumentale Aggression der militärischen und politischen Eliten.«[74]

Man muss sich also klar machen, dass die leitenden Beamten in den Distrikten im Vorfeld der Rebellion also eine wesentliche Rolle gespielt haben. Sie starrten oft auch neidvoll auf die Herrlichkeit des Kapitols. Auch sie gehörten in gewisser Weise einer Elite an, und wie die Volkstribune in Shakespeares Drama, so gieren auch sie nach Macht und sind bereit, einen Konsul zu stürzen und dafür die Menge aufzuhetzen gegen das oder denjenigen, der sie umsorgt. Sie verklären das Ideal der Revolution als Fanal der Rebellion.

2.4.2 Die »Revolution« der Revolution

Dies führt zu der Frage nach der Revolution, welche der dritte Gesichtspunkt ist. Was man unter einer Revolution versteht, hängt davon ab, was man unter dem Begriff der Revolution versteht. Schulin hat hierzu eine schöne Begriffsgeschichte erarbeitet, was ich an dieser Stelle ausführlich wiedergeben möchte:

»In der klassischen Antike finden wir weder das Wort noch überhaupt einen politischen Begriff für das, was wir Revolution nennen: also für die plötzliche Neuerung, für den Bruch mit dem Bestehenden. Aristoteles kennt die drei Verfassungsformen und ihre Entartungen: Monarchie, Aristokratie und das, was wir Demokratie nennen, was bei ihm *Politeia* heißt, sowie Tyrannis, Oligarchie und Pöbelherrschaft. Polybios spricht von dem naturgesetzlichen, kreislaufartigen Wechsel dieser Verfassungsformen: in diesen Begriffen, also im Verfall oder Untergang und im natürlichen, kreislaufartigen Wechsel, erfaßten Griechen und Römer im allgemeinen die politischen und sozialen Veränderungen (.)

Auch das Mittelalter hatte unseren Revolutionsbegriff nicht, obwohl es tatsächlich Veränderungen gab, die etwas Revolutionäres hatten: etwa die Verfassungskämpfe der Stadtkommunen, die Hussitenbewegung, die Bauernaufstände des 14. und 15. Jahrhunderts. All das wurde begriffen und proklamiert entweder als Aufruhr (*seditio, rebellio*), also als Vergehen gegen die anerkannte Gesamtordnung und damit als Vergehen gegen Gottes Gebot – vorzugsweise, wenn die Sache mißlang –, oder als Widerstand gegen unrechtmäßig handelnde Herrschergewalt, also als Wiederherstellung des guten alten Rechts. (.) Auch die kirchlichen Neuerungen wurden als Wiederherstellungen aufgefaßt, Wiederherstellungen nach erkannten Abweichungen vom wahren heilsgeschichtlichen Weg. Man nannte es *reformatio* – ein Begriff, der dann auch, neben *renovatio*, für weltlich-verfassungsmäßige Neuerungswünsche üblich wurde. ‹Reformatio Sigismundi› heißt die berühmteste deutsche politisch-soziale Reformschrift des 15. Jahrhunderts. Erst durch Luthers Tat wurde der Begriff Reformation wieder auf die kirchliche Reform reduziert, allerdings auf eine besonders revolutionäre, und das dürfte nicht untypisch sein für das Verhältnis der Reformationshoffnungen vor Luther zu dem, was Luther dann tatsächlich tat.

Luthers Zeit ist der Beginn der Neuzeit. Staat und Politik verselbständigen sich gegenüber der bisher beherrschenden Kirche. Nach dem Vorbild der klassischen Antike bildet sich in der italienischen Renaissance ein neues politisches Bewußtsein aus. Ist hier der Ursprung unseres Revolutionsbegriffes zu finden? Machiavelli, in der turbulenten Zeit der italienischen Stadtstaaten aufgewachsen, die ständig Umsturzbewegungen innerhalb ihrer Mauern hatten, einander bekriegten und obendrein von großen auswärtigen Mächten – Frankreich, Spanien, dem Kaiser – überwältigt wurden –, dieser Machiavelli erkannte und beschrieb staatliche Umwälzungen als Angelpunkte des politischen Geschehens. Hier setzte sein Interesse ein. Es bezog sich nicht oder kaum auf eine bestimmte Verfassungsform, nicht auf den jeweiligen politischen oder sozialen Fortschritt, sondern auf die Ursprünge solcher Veränderungen, auf die Manipulation und Unterdrückung von Aufständen, auf die geheime oder offene Usurpation der Staatsgewalt. Also auf die Kunst der Verschwörungen und auf das Geschick der Fürsten. Machiavelli nannte das einfach Veränderungen, *mutazioni, variazioni*. Das Wort *revolutio, rivoluzione* war nach dem abfälligen Gebrauch durch die Kirchenväter abgesunken zu ‹Aufwiegelung, Wirren›, und so braucht es Machiavelli, dabei übrigens typischerweise niemals für Umwälzungen, die Erfolg gehabt haben.

Auch das revolutionsähnlichste Ereignis des späteren 16. Jahrhunderts, nämlich die Erhebung der Niederlande gegen Spanien, nannte man nicht Revolution und sah es auch nicht als eine solche in unserem Sinne an, sondern vielmehr wie im Mittelalter als Bewahrung alter Rechte und als Ausübung des gesetzlichen Widerstandsrechts. Kurz danach, zu Beginn des 17. Jahrhunderts, fand aber das Wort Revolution von neuem und in ganz anderer Bedeutung Eingang in den Wortschatz der Politiker. Es geschah wiederum als bildhafte Übernahme aus der Astronomie: einer Astronomie allerdings, die durch Kopernikus, Kepler und Galilei und ihre Neuentdeckungen an wissenschaftlichem und allgemeinem Ansehen enorm zugenommen hatte. Das allgemeine Ansehen – und das wird für unsere Begriffsgeschichte wichtig – war freilich weniger an der Erkenntnis der Erd- und Planetenbewegungen orientiert als an ihrer astrologischen Ausdeutung, die entsprechend zu gleicher Zeit zunahm. (.)

1543 erschien das Hauptwerk von Kopernikus: ‹De revolutionibus orbium coelestium›, d.h. über die regelmäßigen Rundbewegungen der Gestirne, und man spekulierte nun darüber, wie man die vielen politischen und religiösen Veränderungen der Welt mit den Bewegungen der Gestirne in Verbindung bringen könnte, man glaubte also (ganz anders als Machiavelli) an ihre übermenschliche kosmische Abhängigkeit. Kepler distanzierte sich zwar von den Tendenzen der ‹gewöhnlichen Astrologen›, wie er sagte, von der astronomischen Revolution eines Jahres auf eine *Revolutio Mundana*, eine Gesetzmäßigkeit des gleichzeitigen Weltgeschehens, zu schließen. Aber seinem Zeitgenossen Galilei wird das Wort zugeschrieben: ‹Die Revolutionen des Globus, den wir bewohnen, bewirken die Unfälle und Zufälle des Menschenlebens.›

Nun, im 17. Jahrhundert, hieß ‹Revolution› im anspruchsvollen Sinne – es konnte auch noch einfach ‹Wirren› heißen – Wendung zu einer neuen politischen ‹Konstellation›. Das Wort eignete sich, weil für viele darin noch die politische Kreislauftheorie des Polybios mitschwang, für viele andere die (mittelalterliche) Vorstellung einer rückläufigen Bewegung zur Wiederherstellung eines geordneten Zustandes. Entscheidender ist aber der mit diesem Wort ausgedrückte übermenschliche, der kosmische Bezug des Geschehens. Man kann in dem astrologischen Aberglauben eine Art Ersatzreligion nach der Erschütterung des mittelalterlichen christlichen Weltbildes sehen.

Im Laufe des Jahrhunderts zog man das Wort Revolution dann immer mehr von den Gestirnen auf die Erde herab und trennte es immer mehr von ihnen. Aus der kosmischen Macht wird mehr und mehr etwas Weltliches: die geschichtliche Notwendigkeit, die staatlich-gesellschaftliche Berechtigung des Umschwungs. (.) Bei den englischen Unruhen des 17. Jahrhunderts ist die Verwendung und Nichtverwendung des Revolutionsbegriffes noch deutlicher. Die Empörung des Parlaments und der Bürgerkrieg 1640-60, also das, was wir heute die puritanische oder große englische Revolution nennen, hieß bei den Königstreuen ‹rebellion› oder ‹civil war›, bei den Revolutionären ‹restoration›, d.h. Restauration der alten parlamentarischen Privilegien. Das Wort ‹revolution› wurde von den Königstreuen auf die Wiederherstellung des Königtums von 1660 angewandt, also auf das, was wir Restauration nennen. Es war gemeint im Sinne von unabwendbarer guter Rückkehr zur Ordnung, zum richtigen Staatszustand. (Bei kühleren Geistern wie Hobbes mochte auch die Kreislauftheorie eine Rolle spielen: für ihn ist 1640 bis 1660 insgesamt ‹revolution›, einschließlich der Restauration.)

1688 zwang das Parlament König Jakob II. aus Furcht vor einer Wiedereinführung des Katholizismus zur Abdankung und berief Wilhelm III. von Oranien auf den Thron. Diese unblutige Staatsveränderung wurde ‹Glorious Revolution› genannt, Dahinter stand der Anspruch der Umstürzler, daß dies, noch mehr als 1660, eine rühmliche, legitime Wiederherstellung des echten und richtigen Staatszustandes sei. Erst durch diese Namengebung der ‹Glorious Revolution› wurde das Wort, das vorher nur selten, beinahe ausnahmsweise zu finden ist, ein allgemein üblicher politischer Begriff. So spät also wurde das Wort gebräuchlich, und, wie man sieht, keineswegs in unserem Sine. Die englische Revolution von 1688 galt im 18. Jahrhundert als die Revolution, so wie im 19. Jahrhundert die Französische Revolution von 1789 als die oder die große Revolution galt. Man gebrauchte aber im 18. Jahrhundert das Wort darüber hinaus, besonders in Frankreich, für jede andere erfolgreiche Staatsveränderung in Geschichte und Gegenwart. Man teilte in historischen Darstellungen die Geschichte eines Staates nach seinen ‹Revolutionen› ein, d.h. nach den politischen Änderungen, die durchaus auch außenpolitisch, also etwa durch Kriege und Friedensschlüsse, geschehen sein konnten, Das Hauptaugenmerk liegt dabei auf Staatsverfassung und Politik. (Eine Revolutionsdarstellung vor 200 Jahren wäre also einfach eine Staatsgeschichte gewesen.)

Die Philosophen der französischen Aufklärung begannen aber, den Begriff auf geistige, sittliche und gesellschaftliche Veränderungen auszudehnen. Er wurde bei ihnen ein Modewort für Veränderung, beinahe wie heute, für eine etwas forcierte Veränderung, oder es war ein etwas forcierter Ausdruck dafür. Voltaire nannte die Reformation die erste große Revolution, die sich im menschlichen Geist und zugleich im politischen System von Europa vollzogen habe. Und für seine eigene Zeit sah er eine *revolution des esprits* voraus, für die der Same gelegt sei (nämlich durch die Philosophen der Aufklärung). Nicht mehr Bürgerkriege seien nötig, sondern wohltätige, unblutige Revolutionen. Rousseau glaubte mehr als der skeptische Voltaire an die gesellschaftlichen und technischen Fortschritte in der Zivilisation (die er freilich verderblich fand): ihre Mittel seien Revolutionen. Andere Revolutionen würden aber die üblen Folgen der Zivilisation, d.h. Ungleichheit und Korruption, hinwegfegen. (.)

Allgemein verstand man bis zum Beginn der Französischen Revolution von 1789 unter diesem Begriff staatliche Veränderungen, daneben zuweilen geistige, gesellschaftliche, aber nicht Rebellion und sozialen Aufruhr. Man ‹verfügte über kein Wort, das einen Umschwung bezeichnet hätte, in dem die Untertanen selbst zu Herrschern werden.› Erst die Französische Revolution selbst ändert den Revolutionsbegriff und das Revolutionsbewußtsein. Man kann geradezu den Moment des Umschwungs zum modernen Revolutionsbegriff fixieren. Als dem König Ludwig XVI. am Abend des 14. Juli 1789 vom Sturm auf die Bastille durch den Pariser Pöbel berichtet wurde, rief er entsetzt: ‹C'est une revolte!› Das war die herkömmliche Auffassung des Ereignisses. Der Berichterstatter, der Duc de la Rochefoucault-Liancourt, Großmeister der Garderobe, erwiderte: ‹Non, Sire, c'est une revolution.›«[75]

Schulin resümiert: »Man erkannte [also] die umwälzende Bedeutung der neuen naturwissenschaftlichen Entdeckungen und technischen Erfindungen für die Machtsteigerung des Bürgertums. Die Frage, ob nicht überhaupt Naturwissenschaft und Technik die eigentliche Revolution dieser Zeit und der eigentliche große Bruch mit der ganzen bisherigen Geschichte bedeutet haben, hat seither nicht geruht, ebenso wenig die andere, ähnliche Frage, ob nicht die ‹industrielle Revolution› die eigentliche war.«[76]

Auch Fromm stellt fest, dass man unter »Revolution« als Begriff für den »totalen und gewaltsamen Sturz eines bestehenden Regimes« auch Hitler, Mussolini und Franco als »Revolutionäre« begreifen müsse, wohingegen der »Sturz einer bestehenden repressiven Regierung durch das Volk« ein speziellerer Sinn dieses Begriffes sei:[77]

»Es ist naiv, den Zusammenhang zwischen dem autoritär-hierarchischen Charakter eines Systems und der Tatsache, daß die Führer eines solchen Systems keine ‹Revolutionäre› sein können, nicht zu sehen. Weder Disraeli noch Bismarck waren Revolutionäre, obgleich sie in Europa beträchtliche Veränderungen herbeiführten und ihrem Land beträchtliche Vorteile verschafften. Auch Napoleon war kein Revolutionär, obwohl er sich der Ideologie der Französischen Revolution bediente.«[78]

Über das Wort »Revolution« besteht also weder eine historische, noch kulturell-bedingte Einigkeit. Dennoch findet der Begriff sich heute in den Medien und der Populärkultur inflationär wieder. Alles darf revolutionär sein, alles kann eine Revolution sein. Dabei muss man sich vergegenwärtigen, dass eintretende Revolutionen wie die digitale, etwas mit uns Menschen machen. Die Technologie übernimmt zunehmend die Herrschaft. Der Mensch gestaltet die Revolution nicht mehr aktiv selbst, er ist Beobachter und erfreut sich des Mottos: »Wir waren mit dabei«. Dabei sein bedeutet jedoch keineswegs, die eigene Zukunft aktiv und proaktiv zu gestalten. So schrieb auch Anders:

»Die Technik ist nun zum Subjekt der Geschichte geworden, mit der wir nur noch ‹mitgeschichtlich› sind.«[79] Die »Antiquiertheit des Menschen ist (.) Eine Philosophie der Technik. Genauer: eine philosophische Anthropologie im Zeitalter der Technokratie.«[80]

Dies sind sehr wohl ernstzunehmende Bedrohungen für das Verständnis von Freiheit und Autonomie. Die Kybernetische Revolution ist deterministisch und führt im 21. Jahrhundert zu rasanten Veränderungen. Es ist also eine interessante Frage, inwieweit die Panemesische Revolution als solche verstanden werden kann und worin ihr Wesenskern liegt. Diese Frage muss an dieser Stelle zunächst noch offen bleiben. Als Schlussbemerkung ist noch zu erwähnen, dass sich eine *Revolution* von den Begriffen *Rebellion* und *Revolte* abgrenzt.

Eine Revolte ist eine Auflehnung gegen bestehende Verhältnisse einer kleineren Gruppe, eine Rebellion die einer größeren Gruppe. »Die Revolte ist Hobbes zufolge gefährlich, weil sie die nachhaltige Pazifizierung der Gesellschaft in Frage stellt, weshalb sie im Kontext einer politischen Ordnung selbst als Möglichkeit nicht existieren darf. Eine Revolte vermag es, eine politische Ordnung zu unterminieren, denn: ‹Rebellion bedeutet nichts anderes als die Erneuerung des Krieges› im Inneren des Staates.« [81]

Das Wort *Rebell* »kommt aus dem Lateinischen und bedeutet so viel wie ‹Aufrührer›, ‹Aufständischer›. [Diese] haben (.) einen bewaffneten Aufstand gegen einen Herrscher, gegen eine Regierung oder eine staatliche Gewalt angeführt. Sie hatten gute Gründe für ihren Widerstand, denn es herrschte große Ungerechtigkeit in ihren Ländern und das Volk wurde unterdrückt. [Erst] wenn eine Rebellion erfolgreich war und die bestehende Ordnung durch den Aufstand gestürzt wurde, spricht man von einer ‹Revolution›.« [82] So schreibt auch Arendt: »Das Ziel einer Rebellion [ist] nur die Befreiung (.), während das Ziel der Revolution die *Gründung der Freiheit* ist.« [83] Bei der Revolution geht es um die Herstellung der Freiheit; eine Freiheit, die einst gegeben war, aber durch die eigenen Nachlässigkeiten und der Zweck-Mittel-Verdrehung verloren ging. Bei der Revolution geht es um ein Zurücksetzen der Unordnung; in diesem Sinne hat die Bedeutung des Herstellens einer alten Ordnung, des Zurückwalzens, den Begriff der Revolution nie wirklich verlassen.

Der heute weit verbreitete inflationäre Gebrauch des Wortes erscheint für mich als Ausdruck einer extremen Langeweile und dem Hunger nach einer anderen Art zu leben; es ist der Wunsch nach einem revolutionären Erleben, nach neuer Freiheit, nachdem die alte verwischte – dass der Begriff der Revolution unterdessen selbst einer Zweck-Mittel-Verdrehung unterlag, darüber kann und sollte man nicht hinwegsehen.

Der Sinn der Revolution ist das Errichten einer neuen Freiheit; das Mittel ist ein Umsturz. Zunehmend versteht sich jedoch der Sinn der Revolution in einem Umsturz, und das Mittel ist das Erlangen vermeintlich neuer Freiheiten, die alte Abhängigkeiten nicht mehr kennen, jedoch die neuen verschweigt. Die Digitale Revolution soll neue Freiheiten und Bequemlichkeiten mit sich bringen; doch ihre neuen Abhängigkeiten werden verschwiegen und bleiben im Dunkeln. Eine Revolution findet statt, aber sie stellt nur noch einen Umsturz, einen radikalen Umbruch dar. Die Revolution ist sich selbst Selbstzweck geworden, die Freiheit an sich ist nicht nur nicht mehr das Ziel, sondern oftmals ganz und gar ein eigentliches Hindernis geworden.

2.4.3 Die Französische Revolution

Die Französische Revolution gilt als »die Mutter aller Revolutionen«. Wie Arendt feststellte, ist dies bedauerlich, da der Geist der Amerikanischen Revolution als bloßer Unabhängigkeitskrieg untergegangen sei.

Ungeachtet dessen sind die Ursachen und Ursprünge der Französischen Revolution durchaus interessant, wenn man ein Gespür dafür entwickeln möchte, was Revolutionen antreibt und was schließlich in Panem zur Rebellion geführt haben könnte.

Der Dritte Stand des vorrevolutionären Frankreichs war gefangen in den »Fesseln des Feudalismus«. In einem Feudalsystem regiert ein König absolut. Um seine Herrschaft auszuüben, greift er auf die Hilfe der Adeligen und der Fürsten zurück. Diese unterstützen ihn in Schlachten und erhalten dafür ein hohes Amt oder auch ein Stück Land, über welches sie samt Untertanen verfügen können. Dieses regieren sie selbst wiederum, indem sie Rittern einen Teil ihres Lehns vom König zugestehen. Die Ordnung des Feudalismus ist streng hierarchisch und sieht also Schutz und ein Lehen *von oben nach unten* vor, *von unten nach oben* Dienste und Abgaben.

Die gesellschaftlichen Verhältnisse in Panem dürften also in etwa mit dem vergleichbar sein, was wir heute als mittelalterliches Lehnswesen oder Feudalsystem kennen. Das Kapitol bieten ein Lehn (Gebiet) und Schutz (Friedenswächter nach innen und außen) für die Distrikte; die Distrikte leisten Dienste und Abgaben an das Kapitol.

Im Wesentlichen lassen sich vier Gründe nennen, die schließlich zur Revolution in der absolutistisch regierten Monarchie Frankreich im 18. Jahrhundert führten. Zu dieser Zeit bestand die Gesellschaftsordnung in einem Feudalsystem. Dem Dritten Stand gehörten Bauern und einfache Bürger an; sie bildeten 98 % der Gesellschaft. Die übrigen 2 % waren sowohl der geistliche Klerus im Ersten als auch der weltliche Adel im Zweiten Stand. Der König selbst verstand sich als von Gott eingesetzt.

Obwohl sie die meisten Steuern und Pachtabgaben, den sogenannten Zehnt,[*] zahlten, hatte der Dritte Stand keinerlei politisches

---

[*] Der erste »zehnte« Teil der Ernte musste als Pacht an den Adel abgeführt werden. Das bedeutet, von 10 kg Ernte musste 1 kg abgeführt werden – von 11 kg Ernte mussten jedoch das erste und das elfte Kilogramm, also insgesamt 2 kg gezollt werden.

Mitspracherecht. Diese Ordnung wurde im Zuge der Aufklärung, allen voran durch Rousseau, Kant und Montesquieu, zunehmend in Frage gestellt. Neue Ideen wurden verbreitet; der König sollte nicht mehr allein und absolut herrschen; es sollte eine Gewaltenteilung etabliert werden, um einen Amts- und Machtmissbrauch zu verhindern.

Der dritte Grund waren die hohen Staatsschulden. Zum einen verschlangen Militärausgaben Frankreichs enorme Summen – immerhin war das Land damals das mächtigste in Europa. Jedoch nahm auch die Steuerverschwendung durch einen immer dekadenter werdenden Adel weiter zu. Dies spiegelten die Palastfeste im Versailler Schloss wider.

Während dessen ächzte der Dritte Stand unter der Wirtschaftskrise, die sich einerseits aus den hohen Staatsschulden ergab, zum anderen daraus, dass der *Merkantilismus* (oder *Colbertismus*) an seine Grenzen stieß.* Hinzu kamen Hungersnöte, die Brotpreise stiegen stark an. Ein Tagelöhner musste seinen ganzen Tageslohn einsetzen, um ein Stück Brot erwerben zu können. Während all dessen schwelgte der Adel in unermesslichem Luxus und Reichtum. Der Abgrund zwischen den Lebenswirklichkeiten der Menschen manifestiert sich in dem Marie Antoinette zugeschrieben Ausspruch:»Wenn sie kein Brot haben, sollen sie doch Kuchen essen.« Diese aufkeimende Staatskrise war auch dem König nicht unbemerkt geblieben, und so berief Ludwig XVI die Generalstände ein, eine Versammlung aus Vertretern aller drei Stände.

»Etwa 100 Abgeordnete des Dritten Standes, die sich zu gemeinsamen Beratungen im Bretonischen Klub zusammengefunden hatten, bereiteten einen Überrumpelungscoup in der Versammlung vor, mit dem der hinhaltende Widerstand der privilegierten Stände, die auf wieder etwas günstigere Zeiten zur Wahrung ihrer Besitzstände hofften, ausgehebelt werden

---

* Das Wirtschafssystem des Merkantilismus basiert auf der Idee, Rohstoffe aus dem Ausland günstig zu importieren, wohingegen fertige Erzeugnisse teuer exportiert werden. Das bedeutet: Ausfuhrverbot von Rohstoffen und hohe Zölle auf eingeführte, fertige Erzeugnisse. Dies verhalf Frankreich in den ersten Jahren zu wirtschaftlichem Aufschwung. Man muss sich aber klar machen, dass wenn andere Staaten in dieser Wirtschaftspolitik nachziehen, niemand mehr da ist, der Rohstoffe exportiert, also auch niemand die solchen importieren kann – und wenn fertige Erzeugnisse nicht eingeführt werden sollen, kann auch niemand für seine Produkte ausländische Abnehmer mehr finden.

sollte. Das Manöver gelang mit Unterstützung von liberalen Adligen, die in der Nachtsitzung vom 4./5. August 1789 mit großer Geste als Vorreiter des Verzichts agierten. Dieser betraf alle an die Person gebundenen Dienste, Hand- und Spanndienste, die grundherrliche Gerichtsbarkeit, den privilegierten Ämterzugang, die Abschaffung des Ämterkaufs und des Kirchenzehnten, dazu Vorrechte wie das der Jagd und der Taubenhaltung. Die Leibeigenschaft, die Steuerbefreiung der privilegierten Stände sowie alle Sonderrechte der Provinzen und Städte wurden aufgehoben: ‹In wenigen Stunden hatte die Versammlung die Einheit der Nation vor dem Recht hergestellt, hatte grundsätzlich mit dem Feudalsystem und der Herrschaft der Aristokratie auf dem Lande aufgeräumt, hatte das Element ihres Reichtums, das sie vom Bürgertum unterschied, beseitigt und die Finanz-, Justiz- und Kirchenreform jedenfalls eingeleitet.› Es war das Ende des ständestaatlich organisierten Ancien Régime.

Der in Windeseile sich verbreitende und die Revolution auf dem Lande nahezu schlagartig beendende Eingangssatz des die Beschlüsse dieser Nachtsitzung zusammenfassenden Dekrets lautete: ‹Die Nationalversammlung zerbricht vollständig das Feudalregime.› Die frohe Kernbotschaft enthielt für die Bauern allerdings nicht die ganze Wahrheit. Zwar waren Leibeigenschaft und Frondienste ersatzlos abgeschafft, aber die übrigen Herrenrechte wurden lediglich rückkäuflich bzw. ablösbar gemacht, bei jährlich 3,3 Prozent Zinsen: ‹das politische Kalkül liegt darin, dass man das alte Herrenrecht in gutes bürgerliches Geld umrechnet und den Zins so lange zahlen lässt, wie das Kapital nicht zurückgezahlt ist. Die Adligen retten, was überhaupt zu retten ist, und die Grundbesitzer des Dritten Standes haben einen großen Vorteil durch die Gleichstellung von adeligen und bürgerlichen Gütern.› Nachdem auf diese Weise die ländliche Bevölkerung hatte beruhigt werden können, setzte die Nationalversammlung ihre Arbeit an einer Erklärung der Menschen- und Bürgerrechte fort, die am 26. August 1789 verabschiedet wurde und mit der Zusicherung beginnt: ‹Von ihrer Geburt an sind und bleiben die Menschen frei und an Rechten einander gleich.› Verbürgt werden u. a. auch Eigentum, Sicherheit und das Recht auf Widerstand gegen Unterdrückung, rechtsstaatliche Prinzipien, Religions-, Meinungs- und Pressefreiheit sowie Volkssouveränität und Gewaltenteilung. Furet/Richet urteilen: ‹Diese siebzehn kurzen Artikel von wunderbarem Stil und geistiger Dichte sind nicht mehr Ausdruck des vorsichtigen Taktierens und der Ängstlichkeit des Bürgertums: indem die Revolution ihre Ziele und ihre Errungenschaften frei definiert, gibt sie sich in der natürlichsten Weise eine Fahne, die von der ganzen Welt respektiert werden muß.› Der bürgerliche Individualismus habe damit seine öffentlich-rechtliche Magna Charta erhalten.«[84]

Der 26. August 1789 ist damit ein historischer Tag und besiegelt das Ende des Feudalismus in Frankreich. Jedoch führte dies keineswegs zur Aufhebung aller Abhängigkeitsverhältnisse. Die Abhängigkeiten wurden aus dem feudalen System in kapitalistische Abhängigkeiten überführt. Der Machtkomplex, welcher unter dem Druck der Revolution in sich zusammengefallen war, wurde neu initiiert und erzeugte fortan seine ganz eigenen Strukturen und Produktionsweise.

Über die Gesellschaft in Panem können wir sagen, dass man sie als feudalistisch verstehen würde. Über die Gesellschaft im Kapitol wissen wir unmittelbar nach der Gründung nicht viel. In einer Zentrale, in der zahlreiche Güter zusammengetragen und umverteilt werden, ist es gut denkbar, dass sich auch hier kapitalistische Abhängigkeiten entwickelten.

Belegbar ist diese gesellschaftliche Entwicklung jedoch erst ab den Dunklen Tagen. Viele Menschen überschuldeten sich, um ihren zerstörten Besitz neu aufbauen oder restaurieren zu können. In diesem Sinne kann man sagen, dass die Rebellion der Dunklen Tage, welche gescheitert ist, insoweit *revolutionär* war, als dass sie die Abhängigkeitsverhältnisse innerhalb der Machtelite »kapitalisierte«. Anders als im Frankreich des 18. Jahrhunderts jedoch betraf dies nicht die Lebenswirklichkeiten der Bewohner der Distrikte. Sie verharrten zwar nicht länger in einem Feudalsystem; sie wurden zu Sklaven. In gewisser Weise muss man ähnliches jedoch auch über die Kapitolisten – eine Wortneuschöpfung aus »Kapitol« und »Kapitalisten« – feststellen.

David Graeber analysiert in seinem Buch *Schulden. Die ersten 5000 Jahre* die kapitalistischen Abhängigkeiten. Ihn treibt um, dass Verschuldung nahezu jeden Aspekt des Lebens weiter Teile der Gesellschaft in den USA und in anderen Industriestaaten durchdringe. »Er nennt hierbei Defizitfinanzierung sowie Schulden von Verbrauchern und Staat und betont, dass die meisten Menschen mindestens einen Teil des Lebens als Schuldner verbringen. Er behauptet, dass dauerhafte politische Systeme eine Lösung für die ‹Schuldenfalle› finden mussten, um die Bevölkerung davor zu schützen, Sklaven oder Tagelöhner ihrer Gläubiger zu werden. Er postuliert, Platon oder Aristoteles würden, wenn sie heute leben würden, den Großteil der US-amerikanischen Bevölkerung heute für Schuldsklaven halten [würden].«[85]

Innerhalb des Kapitols würde es insoweit zu den Machtstrukturen beigetragen haben, als dass die Menschen sich in starke Abhängigkeiten von der Gunst ihrer Kreditgeber begaben. Wer einen Zins oder eine Rate nicht rechtzeitig hat bezahlen können, könnte so gesellschaftliche und soziale Nachteile erfahren haben – außer er erweist dem Gläubiger einen Dienst. Dies kann zum einen Prostitution sein, oder aber auch ein bestimmtes Wahlverhalten. Letzteres würde also zu einer Korruption und Manipulation der Wahl durch eine Finanzelite führen, die so zu einer Machtelite wird. Auf diese Weise könnten demokratisch Strukturen auf Wahlen reduziert worden sein, die schlussendlich auf eine immer fortwährende Bestätigung desjenigen hinauslief, welchen die Machtelite als für das Amt des Präsidenten geeignet befand.

Zusammen mit der Macht durch Medien konnte so die als unendlich lang bestehend empfundene Präsidentschaft Snows etabliert worden sein. Seine eigene Abhängigkeit von den Medien in Panem sowie von der Machtelite, welche ihn im Amt hielt, versteht sich so von selbst. Dies ist jedoch aller Plausibilität zum Trotz im weitesten Sinne reine Spekulation. Frech[86] beschreibt in ihrer Seminararbeit, dass die Organe des Kapitols den Präsidenten »wählen«. Ihre Feststellungen, Snow sei Gründer eines neuen Amerikas gewesen, widersprechen jedoch den Hauptquellen Collins.

Dass Wahlen in Diktaturen und Ein-Parteien-Systemen jedoch dennoch stattfinden, ist sowohl aus der DDR, der Volksrepublik China als auch Nordkorea unter der Kim-Dynastie-Herrschaft bekannt. Dass diese Wahlen demokratisch und frei seinen, ist für die Tatsache allein an sich, dass es Wahlen gibt, ohne Belang.

Im Alten Rom gab es tatsächlich jedoch vergleichbare Machtstrukturen im Rahmen des Patronats. Ein Patron (*Patronus*: Schutzbefohlener, Verteidiger, Anwalt) bot seinen Klienten – Bediensteten, entlassenen Sklaven oder anderen Bürgern – Schutz, finanzielle Hilfen und Rechtsbeistand; im Gegenzug leisteten die Klienten dem Patron Dienste oder unterstützten ihn bei Wahlen für öffentliche Ämter. Die ökonomischen Abhängigkeiten können in extremen Fällen sehr wohl alle demokratischen Ordnungen aushöhlen und die Strukturen aufweichen. Häufig gerieten Klienten in Interessen- und Entscheidungskonflikte, da ihre Abhängigkeiten oft mehreren Patronen galt. Im Jahr 139 v.Chr. wurde die Wahl durch die *leges tabellariae* geheim abgehalten; es war im Grunde eine frühe Form des Wahlgeheimnisses. Sie sollte verhindern, dass Wahlen durch Korruption (Bestechung) oder Repressionen (Bedrohung und Einschüchterung einzelner Wählergruppen) manipuliert werden konnte.

Im Alten Rom traten durch den starken Einfluss des Klientelwe-
sens inhaltliche und sachliche Fragen in den Hintergrund und wurden von Persönlichkeitswahlen (»Nasenwahlen«) verdrängt. In der
Zeit der Römischen Bürgerkriege schwangen sich einige meist po-
pulare Feldherren zu Patronen ihrer Armeen auf. Dieses Heerescli-
entelwesen wird zu den Ursachen des Untergangs der römischen
Republik und der Errichtung des Prinzipats unter Augustus gerech-
net.

In gewisser Weise führte die gescheiterte Rebellion also zu einer
Versklavung eines ganzen Volkes statt zu dessen Freiheit. Eine Versklavung, von der die einen ihren Herren im Kapitol vermuteten,
ohne jedoch genau zu verstehen, was dieses eigentlich ist; die anderen, ohne es tatsächlich zu bemerken, aber sukzessive sich von Menschen zu Humankapital kapitalisierten, sie wurden Besitz ihrer
Schuldner und ihrer eigenen Ideologie, immer mehr Reichtümer
anzuhäufen und sich als Unternehmer seines Selbst zu verstehen
und immer weiter in sich selbst und seinen eigenen Lebensstil zu
investieren – auf Pump und Schuld. Der Sklave ist Besitz,

»wie Vieh Besitz ist, und nicht wie eine leblose Sache. Seine Bewegungsfrei-
heit erinnert an die eines Tieres, das weiden und etwas wie eine Familie
gründen darf. (.) Sobald es Menschen gelungen war, so viele Sklaven beisammen zu haben wie Tiere in Herden, war der Grund zum Staat und zur
Machthaberei gelegt; und es kann gar keinem Zweifel unterliegen, daß der
Wunsch, das ganze Volk zu Sklaven oder Tieren zu haben, im Herrscher um
so stärker wird, je mehr Leute das Volk ausmachen.«[87]

2.4.4 Frieden durch das Totalitäre?

»Der Friede ist mehr wert als die Wahrheit.«

– Aristoteles

»Die Vorstellung, man könne Frieden haben, während man das Streben
nach Besitz und Gewinn unterstützt, ist eine Illusion, und zwar eine gefährliche, denn sie hindert die Menschen zu erkennen, daß sie sich einer klaren
Alternative stellen müssen: entweder eine radikale Veränderung des Charakters oder ewiger Krieg. Tatsächlich ist diese Alternative alt; die Führer
haben den Krieg gewählt, und die Menschen sind ihnen gefolgt. Heute und
in Zukunft, als Folge der unglaublich anwachsenden Destruktivität der
neuen Waffen, ist die Alternative nicht länger Krieg – sondern gegenseitiger
Selbstmord.«

– Erich Fromm[88]

Der vierte und finale Gegenstand ist die Frage nach dem Hochverratsvertrag und dem neu geschaffenen Staatsmythos. Diese neue Zeitrechnung in Form von »a.D.D.« und »p.D.D.« (ante/post Dark Days) findet sich in sekundären Foren sehr oft. Sie dient einzig und allein der Unterstützung des Staatsmythos, sie hat sonst keinen weiteren nutzen und dürfte sich von der Zeitrechnung im Rest der Welt unterscheiden.[*] Mit den Hungerspielen wurde mit der Zerschlagung der Rebellion diese neue Zeitrechnung eingeführt, welche eine »Stunde Null« markieren und so die Grundlage für den neuen Staatsmythos legen sollte.

Weshalb aber waren die Rebellen bereit, einen derartig brutalen Vertrag zu akzeptieren? Sie standen vor den Toren des Kapitols und zerbombten von außen die Straßen im Inneren, aber sie wagten es – wie einst Hannibal[†] – vor Rom nicht endgültig einzufallen. Die Folge war, dass sich Rom schließlich erholte und Karthago[‡] selbst in die enge trieb. Anders als Hannibal versetzte Rom Karthago jedoch den letzten Todesstoß.

Catos berühmter Ausruf im römischen Senat »ceterum censeo carthaginem esse delendam« – »im Übrigen stelle ich den Antrag, dass Karthago zerstört werden muss« – erscheint wie eine nebensächliche Leichtigkeit, bedeutete jedoch, dass Salz in die Ruinen Karthagos gestreut wurde, auf dass dort nie wieder ein Leben entstehen könne. Dabei war der Krieg bereits gewonnen. Handelte es sich dabei um Kriegsverbrechen? Cohen schreibt:

»Vor allem in der Endphase des Zweiten Weltkriegs bombardierten Großbritannien und die USA auch kleinere deutsche Städte. Viele dieser Städte waren keine militärischen Stützpunkte, und das wussten die Alliierten. Wie erst jüngst zugänglich gemachte Dokumente in Großbritannien zeigen, lagen die Gründe anderswo. Die Städte waren für die Bomber als Ziel leicht auszumachen und gingen schnell in Flammen auf. Im Februar 1945 wurde Dresden dem Erdboden gleichgemacht. Schätzungsweise 30.000 Menschen fanden den Tod. Es waren fast ausschließlich Zivilisten, von denen viele auf

---

[*] Dies wurde in der Geschichte von einzelnen Regimen durchaus ebenfalls versucht. Mit dem »Sowjetischen Revolutionskalender« von 1929 bis 1940 versuchte man eine eigene Zeit innerhalb des Systems zu etablieren. (Vgl. hierzu auch Clark: Von Zeit und Macht)

[†] Hannibal war ein Karthager und wurde mit seiner Elefanten-Überquerung der Alpen legendär und unsterblich bekannt.

[‡] Karthago war seinerzeit die mit Rom um das Mittelmeer konkurrierende Seemacht.

der Flucht vor der Roten Armee in die Stadt gekommen waren. Ein US-amerikanischer Luftwaffengeneral meinte, die Bombenangriffe würden zwar nicht den Krieg verkürzen, aber er hoffe doch, die schrecklichen Ereignisse würden von den Vätern an die Söhne und dann an die Enkel weitergegeben, so dass sie sich hüten werden, in Zukunft einen Krieg zu beginnen›. Eine eindeutig ‹utilitaristische› Position: Man rechtfertigt die Tötung einer Vielzahl von Zivilisten damit, dass dadurch – möglicherweise – in Zukunft Menschenleben gerettet werden.

Das deutsche Volk in seiner Gesamtheit stellte für die britischen und alliierten Bomber jedoch durchaus eine reale Bedrohung dar. Es herrschte der ‹totale Krieg›, und die Luftangriffe sollten die Moral des Feindes brechen. Die schrecklichste Umsetzung dieser Taktik war der Abwurf der Atombombe über Hiroshima und Nagasaki durch die Amerikaner. Auch diese Städte wurden ausgewählt, weil sie leichte Ziele darstellten. Die Botschaft an die japanische Bevölkerung war klar: Weiterer Widerstand ist zwecklos. Auch hier starben Tausende von Männern, Frauen und Kindern, ob sie nun die Politik ihres Landes aktiv unterstützten hatten (sic!) oder nicht. Die Bombardierung von Zivilisten (in Kambodscha und Kolumbien, auf den Philippinen, in Osttimor, Tschetschenien und Palästina, um nur einige Länder zu nennen) wird bis heute meist als legitimer Teil militärischer Operationen betrachtet. Die zivilen Opfer werden auf den Status von ‹Kollateralschäden› reduziert. Auch Terroristen verschonen die Zivilbevölkerung nicht – in Irland, Spanien, Italien, Deutschland, Sri Lanka, auf den Philippinen und in Israel ... man könnte die Liste endlos verlängern. Cyprian, der Bischof von Karthago, verurteilte die Heuchelei des Krieges: ‹Die ganze Erde ist getränkt von Feindesblut; wenn ein Einzelner einen Mord begeht, so ist es ein Verbrechen, wenn der Mord aber mit staatlicher Billigung geschieht, so ist es Tapferkeit. Nicht die Rechtschaffenheit des Anliegens, sondern das Ausmaß der Grausamkeit entschuldigt die Abscheulichkeiten.›«[89]

Wäre Hannibal konsequent gewesen und ohne Zögern in Rom eingefallen, so wäre das große Weltreich der Antike gewiss Karthago geworden und Latein als tote Sprache in den Seiten der Geschichte untergegangen. In der Schule würde dann gut möglich heute statt Latein Karthagisch gelehrt werden. Die Geschichte erweist sich also oft als ein Zusammenspiel des Zufälligen und unvorhersehbaren.

Es bleibt Spekulation, ob Hannibal einfach seinen sicher geglaubten Triumph zu lange auskosten wollte, und so wie auch Caesar über seine eigene Hybris stürzte – oder ob er seinen größten Feind nicht erlegen konnte, weil er ihn zum eigenen Überleben brauchte, andernfalls sein Leben leer und ohne Ziel gewesen wäre.

Was auch immer die Rebellen abhielt, ins Kapitol einzufallen: die Folge war eine enorme Unterdrückung und die propagierte totale

Vernichtung von Distrikt 13.* Es kann aber auch eine Frage der Erschöpfung gewesen sein: Als Hauptgrund für die verlorene Rebellion wird so etwa angeführt, dass die Lage des Kapitols in den Gebirgen ein unüberwindbares Hindernis darstellte.[90] Das Kapitol jedoch stand in der Römischen Tradition und zögerte nicht an der »totalen Vernichtung« von Distrikt 13; zumindest wurde dies offen so propagiert. Die Überlegung dahinter ist aller Unmenschlichkeit zum Trotz jedoch keineswegs vollends von der Hand zu weisen, wie Kornblicher erklärt:

»Nicht selten ergänzen sich die machtambitionierten Fiktionen von Eltern und Kindern. Was Mutter und Vater an machtpolitischer ‹Lebenserfahrung› gesammelt haben, wird den Kindern von früh auf als ‹Lebensweisheit› suggeriert. Kinder sollen dann oft ihre Eltern rächen, sollen ihnen Erfolg und Ruhm und Ehre erkämpfen, sollen ihre Ohnmacht über sozialen Aufstieg kompensieren. Dieser Machtauftrag stammt in der Regel von Ohnmächtigen, die an ihrer Rolle leiden, So kommt es, dass über Generationen hinweg Minderwertigkeitskomplexe kompensiert werden. Nicht immer gelingt dies in gesellschaftlich sinnvoller und produktiver Weise. Dann entstehen machtsüchtige Familien, Cliquen, Schichten und Völker, die ihre Umwelt in Angst und Schrecken versetzen.«[91]

Erich Fromm hat erarbeitet, dass Ohnmacht zu Sadismus führen kann und oft dadurch zu kompensieren versucht wird, indem ein Individuum einen hohen Beruf ergreift und in Machtpositionen gelangt; sich Haustiere anschafft, über die es Macht hat; Macht über Familienmitglieder und besonders über Partner und Kinder ausübt (allgemein eben über Schwächere). Eine Gesellschaft, deren Kollektiv mehrheitlich von solchen Charakteren geprägt und bestimmt ist, ist eine sadistische. Es wäre nicht auszuschließen gewesen, dass die Distrikte erneut gegen das Kapitol rebellieren würden, weil sie nach Macht und Herrschaft streben.

Man wollte also ein Neuaufkeimen des Stände- oder Klassenkonfliktes innerhalb Panems auf alle Zeiten vereiteln. So zeigte man den Menschen immer wieder Bilder der von Ranken umschlungenen Ruinen aus Distrikt 13.† Um jedoch auf die eigentliche Frage zu-

---

* Aufgrund der dortigen Waffensysteme kann man spekulieren, ob schon die erste Rebellion ihren Ausgang in diesem Teil des Landes nahm.
† Katniss fiel einmal auf, dass es immer die gleichen Bilder sein müssen und daher nicht aktuell sein können. Die Frage nach dem Erbe von Distrikt 13 wird im weiteren Verlauf der Geschichte noch aufgegriffen werden.

rückzukommen: Die Rebellen unterzeichneten den Hochverratsvertrag auch im Wissen um starke Repressionen, die ein praktizierter Schuldkult und eine vererbbare Erbsünde mit sich brachten. Das Kapitol wollte ein deutliches Zeichen setzen, auf dass niemals wieder die Ordnung in Frage gestellt werden würde. So brutal dies auch erscheinen mag, die Symbolik kommt nicht von ungefähr, denn die Nation Panem geriet erneut an den Rand der Ausrottung. Man wollte zum Ausdruck bringen, dass diejenigen, welche sich erheben wollen, sich letztlich gegenseitig selbst vernichten. Warum aber gingen die Rebellen darauf ein, nachdem sie eine vorteilhafte Lage im Krieg gegenüber dem Kapitol nicht in einen Friedensvertrag zu ihren Gunsten ummünzen konnten?

Gewiss erscheint dies bizarr und absurd, doch dies ist es nicht. Niemand hat je behauptet, die Rebellen hätten nicht gehofft nach einigen Jahren den Staatsvertrag neu auszuhandeln, nachdem die Nation und die Bevölkerung sich quantitativ erholt hatten – auch mit dem Bewusstsein für das Risiko starker Repressionen. Im Angesicht der unmittelbar drohenden Vernichtung konnten die Rebellen dies nämlich nicht derart bedenken. So ist bei Collins überliefert, dass Distrikt 13 vor der Wahl stand, die Rebellen zu verraten oder einen Atomkrieg mit dem Kapitol einzugehen.[92]

Zudem wird sich sehr stark die Hoffnung verbreitet haben, das alles werde schon nicht so schlimm und man könne es durchstehen. Aus dieser Form des Eskapismus heraus flohen auch viele Juden vor Beginn des Zweiten Weltkrieges nicht aus Nazi-Deutschland. Sie hofften, ihre Heimat, das Vertraute, das Leben doch leben und erhalten zu können. Wo sollte man hin? Konnte man überhaupt eine andere Sprache sprechen? Wie schwierig würde dieser Schritt werden? Es blieb die Hoffnung, dass Hitler nur kurz an der Macht bliebe und alles bald vorbei sei. Ab Beginn des Weltkrieges war es ihnen quasi unmöglich auszuwandern, wenn sie nicht allen Besitz den Nationalsozialisten abtreten wollten. Menschen leben von der Hoffnung für die Hoffnung, aber (besonders in Verbindung mit Infantilismus) führt Hoffnung auch in die Irre. Der Hoffnung der Rebellen standen nämlich zwei Dinge wesentlich im Wege:

Erstens: Die Lebensverhältnisse innerhalb des Kapitols wurden in ihrer Transformation durch den Hochverratsvertrag begünstigt. Die Bereitschaft, aus Gründen des Humanismus auf hohe Lebensstandards zu verzichten, wurde dadurch gewiss nicht erhöht.

Zweitens: Die propagandistische Kultur der Populärmedien hüllte einen Schleier um die Unmenschlichkeit. Anfängliche Vorbehalte gegenüber den Hungerspielen verschwanden zunehmend. Dies fiel auf einen fruchtbaren Boden bei den nachfolgenden Generationen, da all diese durch den Krieg selbst auch körperliche Minderwertigkeitskomplexe, Neid, narzisstische Kränkung, ein Mangel an Selbstliebe in einer gehäuteten Gesellschaft... kannten und erfuhren. Dies waren die besten Grundvoraussetzungen für die spätere Ausbildung sadistischer Charaktere zu Hauf.»Wenn man so isst, glaubt man gern alles«, gibt Gale später zu. Und schließlich ist festzustellen, dass die Menschen im Kapitol nur das über die Distrikte wissen können, was sie über die Medien erfahren. Und da es ihnen selbst zunehmend gut geht, entfernen sie sich von einem Gespür für echte, existenzielle Nöte. Die Gesellschaft wird dekadent und beginnt, sich um sich selbst zu drehen. Niemand interessiert sich für die Probleme des anderen, und das ist Ursache der verlorenen Solidarität.

Die Staatsphilosophie in Panem war fortan nicht mehr, die Menschen durch Propaganda von dem Staats- und Gemeinwesen zu überzeugen – dies missglückte und führte zur Rebellion. Die Staatsphilosophie war fortan die: *Wenn man es nicht schafft, Menschen von einer Sache zu überzeugen, muss man alles dafür tun, um zu verhindern, dass sie sich gegen eben diese erheben können.*

Im gouvernementalen Zeitalter kommt Medien eine sehr bedeutende Rolle zu, wie ich im ersten Band erarbeitet habe. Medien erzeugen Bilder, gewiss damit auch eine Form von Propaganda. In Panem misslang das Transportieren essentieller Bilder offenbar, sodass die Distrikte sich gegen das Kapitol erhoben.»Könnte diese – durch fehlende Bilder bedingte – Handlungsunfähigkeit der Eliten zu dem Befund führen, dass soziale Stabilität zukünftig durch einen autoritären Überwachungs- und Kontrollstaat garantiert werden muss, in dem die Bevölkerung durch eine dauernde Angstmache manipulativ an die jeweilige Führung gebunden wird?«[93]

Das gouvernementale Zeitalter wurde von einem totalitären postgouvernementalen Zeitalter abgelöst. Postmann schrieb in *Wir amüsieren uns zu Tode,* darüber, dass Huxley mit seiner Dystopie einer *Schönen neuen Welt* richtig lag, und Orwell mit *1984* nicht. Auch Adorno sah seine Befürchtungen näher an der *Schönen neuen Welt* als an Orwells traditioneller Gewaltherrschaft.[94] Orwell schrieb 1948, Huxley 1932. Orwell schrieb darüber, dass das, was wir hassen, uns vernichtet; Huxley darüber, dass das, was wir lieben, uns vernichtet, weil wir in aller Zerstreuung gar nicht mehr wissen, was Liebe eigentlich bedeutet. Snow wusste darum sehr genau, als er sagte, es sind die Dinge »we love most, that destroy us.«

Es ist denkbar, dass sowohl Huxley als auch Orwell beide Recht haben werden sollen – in chronologischer Folge ihrer Werke. So setze man in Panem fortan auf Repression statt Überzeugung; Konsens wurde erzwungen, nicht erzeugt. Die Repression, die durch diese Macht erzeugt wurde, war immens. Und mit fortschreitender Erholung der Lebenswirklichkeiten wurde Panem schließlich zu einem Staat, welchen wir als totalitär verstehen. Die (mögliche) demokratische Ordnung wurde im Zuge einer übergangsweisen Krisenregierung zunächst ausgesetzt. Wenn es in Panem p.D.D. Wahlen gegeben haben könnte, so ist zu vermuten, dass ausschließlich die Bewohner des Kapitols wahlberechtigt waren. Selbiges hätte dann konsequenterweise auch für Bewerbungen um öffentliche Ämter gegolten – die Bürgermeister in den Distrikten wurden vom Kapitol selbst eingesetzt.

Es kann auch spekuliert werden, ob letzte verbliebene Elemente einer demokratischen Ordnung auch zunehmend verwischt und ausgehebelt worden sind, sodass Panem zu einer totalitären Diktatur wurde. Das Kapitol wurde zur hoch technologisierten Machtzentrale. Die Distrikte fielen in fast vor-kybernetische Zeiten zurück; die Lebensverhältnisse dort waren geradezu mittelalterlich geworden.

2.5 Prequel: Das Lied von Vogel und Schlange

»In diesem Buch geht es mir um den Zustand der menschlichen Natur. Wer sind wir? Was brauchen wir zum Überleben? Die zehn Jahre der Wiederaufbauphase nach dem Krieg – in denen das Land Panem langsam wieder auf die Beine kommt und die rückblickend als die Dunklen Tage bezeichnet werden, sie liefern meinen Protagonisten einen fruchtbaren Boden, um sich mit genau diesen Fragen auseinanderzusetzen und dabei ihr Verständnis von Menschlichkeit zu definieren.«

– Suzanne Collins

In diesem Kapitel möchte ich eine kleine Vorarbeit auf die charakterliche Betrachtung von Coriolanus Snow leisten. Es stellt eine pointierte und einordnende Zusammenfassung des Prequels dar, welches gerade erst verfilmt werden soll. Da der Film also noch nicht verfügbar ist, verzichte ich auf eine intensive Szenenanalyse. Sachgrundlage ist Collins Buch *Das Lied von Vogel und Schlange*. Auf detailreiche Betrachtungen und Verbindungen zu den anderen Büchern und Filmen, wie die Rolle von Namen oder den Henkersbaum, möchte ich nur kurz oder gar nicht eingehen. Das gilt insbesondere für das inhaltliche Geschehen sowie die Verbindung einzelner Charaktere untereinander. Einerseits wäre eine Szenenanalyse hierfür als bessere Grundlage geeignet, andererseits erwarte auch ich (wie viele andere auch) mit Spannung den neuen Film, weshalb ich die Handlung nicht vollends vorwegnehmen will.

2.5.1 Vogel und Schlange in der Mythologie

Der Schlange kommen sehr gegensätzliche Bedeutungen zu. In vielen Kulturen stellt sie Lebensenergie dar, von der alle anderen Lebewesen abstammen. In anderen repräsentiert sie das Böse oder den Tod. Mit ihr werden – wie in der griechischen Mythologie – Weisheit, aber auch die Eigenschaften von Boshaftigkeit, Vieldeutigkeit, Hinterlist und Heimtücke und Verführungskunst verbunden. Vögel nehmen besonders in Religionen eine zentrale Rolle ein. Im alten Ägypten galten Falken als heilig, der Germanen-Gott Odin wurde von den beiden Raben Hugin (»Gedanke«) und Munin (»Erinnerung«) begleitet und bis heute dient die Taube als christliches Friedenssymbol.

Die Menschen haben die Vögel seit jeher für ihre Leichtigkeit und Freiheit bewundert. Vögel stammen von Dinosauriern ab, denen ihre Stärke, ihre Größe, schließlich zur Schwäche und damit zum Untergang gereichte. Es ist der späte Triumph untergegangener Weltenherrscher. Die Vorstellung von heiligen Vögeln ist so alt wie die Religionen.

»Ihre Geschichte spiegelt das wechselvolle Schicksal der Götter, die sie verkörpern. Verlieren letztere ihre Macht, werden auch ihre gefiederten Symbole umgedeutet. Beispiel: Odins Raben. Mit der einsetzenden Christianisierung wird nicht nur Odin zum heidnischen Götzen heruntergestuft, auch seine tierischen Begleiter wechseln die Seiten vom heiligen zum unheiligen. Seit dem frühen Mittelalter hocken sie nicht mehr auf göttlichen Schultern, sondern als Stellvertreter des Teufels auf dem buckligen Rücken einer Hexe. Seither gelten Raben als Unglücks- und Todesboten. Andere Artgenossen ergeht es besser. Sie können ihre positive Stellung behaupten, wenn auch mit neuer Bedeutung.

Vom Symbol des höchsten römischen Gottes wird der Adler als militärisches Feldzeichen zum Symbol der römischen Weltmacht. Rom ging unter, aber als Markenzeichen universeller Macht hält der Höhenflug des Adlers unvermindert an. Die Karolinger waren die ersten, die mit der Übernahme des römischen Symbolvogels ihren Anspruch als Nachfolger Roms dokumentierten. Die Kaiser des *heiligen römischen Reichs deutscher Nation* folgten. Im Wappen der USA lebt der Jupiter-Vogel als Weißhaupt-Adler weiter. (.) die Wahl eines Adlers passte zum Selbstverständnis der amerikanischen Gründungsväter, die ihren neuen Staat in der Nachfolge der römischen Republik sahen.«[95]

Die Staatsgründer Panems beriefen sich ebenfalls auf die Nachfolge der römischen Republik. Vor diesem Hintergrund wird erkennbar, weshalb Collins in ihrer dystopischen Erzählung den antiken Coriolanus mit der amerikanischen Geschichte in Verbindung bringen konnte.

Aber der Adler ziert nicht nur das Wappen der USA, sondern zusammen mit der Schlange auch das Wappen Mexikos. Das Wappen bezieht sich auf eine Legende der Azteken über die Gründung ihrer Stadt Tenochtitlan, die heutige Hauptstadt Mexiko-Stadt. Der Sage nach hatte ihr Gott Huitzilopochtli prophezeit, dass sie einen Adler an einem Ort erblicken würden, der eine Schlange zwischen Krallen und Schnabel festhalte. Dort sollten sie siedeln und ihre Stadt gründen.

Der Hermesstab (*Caduceus, Heroldsstab*) ist ein Stab mit zwei Flügeln, der von zwei Schlangen mit einander zugewendeten Köpfen umschlungen wird. »Im Altertum war der Heroldsstab Erkennungszeichen der Herolde, der die Immunität dieser Überbringer militärischer Befehle oder geheimer Nachrichten signalisieren und ihre schadlose Rückkehr sichern sollte. (.) Nach einer Legende fand Hermes einst zwei Schlangen in heftigem Kampfe ineinander verschlungen. Mit einem Olivenzweig trennte er die Kämpfenden, und zum Dank dafür umschlangen sie den Stab friedlich und wandten sich in Liebe einander zu. Hermes mit seinem Symbol galt fortan als Friedensstifter. Dies ist die positivste Bedeutung, die der Hermesstab erlangt hat.«[96]

Wappen Mexikos[97]

Der Hermesstab

2.5.2 *Snowfall.* Vorspiel einer Tragödie

Juwel von Panem,
Mächtige Stadt,
Durch die Zeiten erstrahlst du aufs Neue.
Wir knien voll Demut
Vor dir, unserem höchsten Gut.
Und schwören dir unsere Treue!

Juwel von Panem,
Herz der Gerechtigkeit,
Weisheit deine Stirn aus Marmor krönt.
Du schenkst uns Licht,
Ein einig Gesicht.
Ergebenheit aus unseren Herzen tönt.

Juwel von Panem,
Zentrum der Macht,
In Krieg und Frieden unser Idol.
Schütze unser Land,
Mit bewaffneter Hand,
Du bist unser Leben, oh Kapitol![98]

Das große, altehrwürdige Hause der Familie Snow ist tief gefallen. Während der Rebellion in den Dunklen Tagen wurde zusammen mit Distrikt 13 auch die dortige Waffenfabrik der Snows völlig zerstört. Die Familie verlor einen großen Teil ihres Vermögens und damit an Macht und Einfluss. Die Rüstungsindustrie wurde nach Distrikt 2 verlagert, der sich im Krieg auf die Seite des Präsidenten geschlagen hatte und seither gut daran verdiente.[99]

Den Snows blieb hinter einer aufwendig aufrechterhaltenen Fassade, die ihre Armut verdecken sollte, nur ein leeres Penthouse mit Rissen in den sieben Meter hohen Wänden, abgebröckeltem Putz, mit Löchern in der schimmeligen Decke und zerbrochenen Fensterscheiben. Ihren Besitz mussten sie veräußern, um überleben zu können. Die übrigen feingeschnitzten Möbel und viele Bücher mussten sie im letzten Kriegswinter verheizen, um nicht zu erfrieren. Der junge Coriolanus sah, »wie die bunten Seiten der Bilderbücher seiner Kindheit – die er mit seiner Mutter zusammen angeguckt hatte – zu Asche zerfielen«.[100] Nun drohte sogar die Vertreibung aus diesem Heim, da Steuern auf Immobilienbesitz eingetrieben werden sollten.[101]

Die neuen Waffenfabrikanten, die Plinths, kamen zu einem Wohlstand, den sich Familien sonst über Generationen hätten hart erarbeiten müssen. »Coriolanus betrachtete die Plinths und ihresgleichen als Bedrohung für alles, was ihm wichtig war. Allein mit ihrer bloßen Anwesenheit stellten die Emporkömmlinge im Kapitol die alte Ordnung infrage.«[102] Als während der zweiten Rebellion die *Nuss* in Distrikt 2 gefallen war und Snow Minister Antonius den tödlichen Toast darauf aussprach, »dass eine glorreiche Ära ein bitteres Ende gefunden hat«, so erinnerte er sich sicher an diese frühe Lebenserfahrung.

Die Snows hatten nämlich den strategischen Fehler gemacht, nur in Distrikt 13 zu investieren. Sie diversifizierten nicht, sondern *legten alle Eier in einen Korb*. Nichts anderes tat Antonius, als er die besten Truppen nach Distrikt 2 schickte, wo sie im Berg eingeschlossen wurden und in der Folge die Rebellen vielleicht noch hätten aufgehalten werden können, aber das Ende der bestehenden Ordnung in Panem in jedem Falle abzusehen war. In der ersten Rebellion, und diese Geschichtsschreibung bei Collins ist im Hinblick auf die vorhergehenden Überlegungen sehr interessant, belagerten die Rebellen das Kapitol nicht nur, sondern rücken immer weiter in die Randbezirke vor, »auch wenn die Stadt zu überheblich war, um sich das einzugestehen«.[103]

Nach den Dunklen Tagen fehlte den Snows auch für Lebensmittel und Kleidung das Geld, weshalb die Familie auf dem Schwarzmarkt einkauft. Coriolanus denkt unentwegt ans Essen. Sein Atem riecht nach Kohl, dem »Geruch der Armut«.[104] Seine Cousine Tigris, die später Stylistin bei den Hungerspielen wird und drei Jahre älter ist als er, begnügt sich mit Kartoffelschalen, damit *Coryo* besser versorgt ist. Dennoch war sein Wachstum durch die schlechte Ernährung über lange Zeit wie bei anderen in seiner Generation beeinträchtigt.[105] Die Vorstellung, seine Cousine billig an Männer zu verscherbeln, um an Geld zu kommen, widerte ihn an. Auch wenn er sie schon damals nicht besonders schön fand, so strahlte sie doch eine gewisse Verletzlichkeit aus. Er fühlte sich hilflos und über diese Gedanken ekelte er sich selbst.

Als die dreijährige Rebellion begann, war Coriolanus gerade einmal fünf Jahre alt. Nun, im Jahr der zehnten alljährlichen Hungerspiele, hatte er »nichts mehr im Leben außer seinem scharfen Verstand.«[106] Er galt noch immer als reich, »doch seine einzige Währung war sein Charme«.[107] Auch sein alter Name ermöglichte ihm als Schüler den Weg an die Akademie, an der die Familie eine lange traditionelle Linie hatte.[108] Die große Aula der Akademie, die Heavensbee Hall,[109] könnte darauf verweisen, dass auch Plutarch Heavensbee einer ehrwürdigen Familie abstammt. (Das Gleiche könnte für Ceasar Flickerman gelten.)

Coriolanus fragte sich, »was für ein Luxus es wäre«, das von seiner Großmutter gekochte Essen – eine Pampe aus Kartoffelraspeln – »ohne zu überlegen, einfach in den Müll zu kippen«.[110] Im Krieg lernte man, Verschwendung zu verachten. Während Verschwendung nun aber in Zeiten des wirtschaftlichen Aufschwunges wieder »in Mode« kam, lernte Coriolanus weiterhin, nicht verschwenderisch zu sein. Eine Prägung, die ihn schließlich sein ganzes Leben lang begleiten sollte.

Ebenso auch die Liebe zu Rosen, die schon seine Großmutter auf dem Dach des Penthouses züchtete. Coriolanus Großmutter – eine stramme Ideologin, die mit bebendem Sopran die Staatshymne krächzt[111] – trug vor dem Krieg eine schwarze Tunika, die als modern galt. Collins beschreibt ein eindrucksstarkes Bild. Einerseits entsteht ein Kontrast zwischen dem Leben der roten Rose, welches sie zitternd in der Hand hält, und dem unlebendigen, schwarzen Gewand. Andererseits wird mit den zeitlichen Dimensionen gespielt, da doch die Tunika im Alten Rom getragen wurde. Sie war im Kapitol in der Vergangenheit modern, also entweder *wieder* modern oder *immer noch* modern. Das Gleiche gilt für den 4. Juli als Tag der Auslosung der Mentoren für die Tribute bei den Hungerspielen, der mit dem Amerikanischen Unabhängigkeitstag aus dem Jahr 1776 zusammenfällt. Der 15. Dezember als »Nationaler Heldentag« des Kapitols[112] ist der erste Tag nach dem Zusammenkommen der Wahlmänner sechs Tage nach dem »Save Harbor Day« am 8. Dezember, an dem die Wahlergebnisse der Bundesstaaten dem Kongress übermittelt werden.

Rosen waren das Markenzeichen der Snows und sind es geblieben. Die Schäden aber, die während des Bürgerkrieges an ihrem Penthouse entstanden sind, konnten sie nicht reparieren lassen. Anders als die meisten konnten sie nicht vom neuen Aufschwung profitieren. Was die öffentlichen Orte anbelangt, so wurde das Kapitol erst nach und nach erneuert. Vielleicht fehlten die finanziellen Mittel im Staatshaushalt dafür. Es ist vorstellbar, dass der größte Teil der Ausgaben nun in den militärindustriellen Komplex floss, um eine erneute Rebellion zu unterdrücken. Coriolanus hatte aber auch eine andere Vermutung:

»Manchmal fragte er sich, ob das Geröll absichtlich nicht weggeräumt wurde, als mahnende Erinnerung an das, was die Bewohner durchgemacht hatten. Das Gedächtnis der Leute war schlecht. Sie mussten täglich den Trümmern ausweichen, die schmuddeligen Lebensmittelmarken abpulen und den Hungerspielen zugucken, damit der Krieg in ihrer Erinnerung lebendig blieb. Vergessen führte zu Bequemlichkeit, und dann wären sie wieder dort, wo sie angefangen hatten.«[113]

Im Hochverratsvertrag wurde als Wiedergutmachung für den Krieg festgeschrieben, dass »junge Menschen aus den Distrikten für die jungen Menschen, die das Kapitol im Krieg verloren hatte«, der »Preis für den Verrat der Rebellen« sein sollen. Schon in jungen Jahren sorgte sich Snow darum, dass die Gesellschaft in Panem sich nicht weiterfortentwickelt, sondern fortwährend in einem Schwingungszustand zwischen Krieg und Wiederaufbau verharren würde. Nachdem die Rebellen die Fallschirme auf die Kapitolkinder abgeworfen hatten, musste dies Snow erneut umgetrieben haben. Seine Befürchtung, dass Coin sich nun auf seinem Platz einrichten und die Hungerspiele in umgekehrter Weise fortführen können, findet seinen Ursprung in dieser frühen Prägung.

Auch die Erfahrung, dass sein distanzierter und strenger Vater durch die Kugel eines Rebellen im Krieg getötet wurde, »brachte Angst und Verletzlichkeit mit sich, die Coriolanus nie ganz abschütteln konnte«.[114] Während des Krieges ging die Gefahr aber nicht nur durch die Rebellen aus. Er erinnerte sich, wie ihm ein Kohlkopf aus der Hand und er selbst von einem Friedenswächter geschlagen wurde, weil er der Präsidentenvilla zu nahe kam, und erkannte, dass die Leute Kinder nicht wirklich lieben.[115] Die gegebenen Bedingungen und die schrecklichen Erfahrungen, das Mitansehen von Kannibalismus in den Straßen des Kapitols und die Angst des Krieges bereiteten den Nährboden für Coriolanus sadistischen Charakter. Aber auch nazistische Tendenzen können ihre Wurzeln hierin finden. Auf einen autistischen Charakter von Coriolanus gibt es nur Indizien, die plausibel, aber wenig stichhaltig sein. Seine Begabung, seine speziellen und ausgeprägten Interessen, seine »Ichbezogenheit« und Unfähigkeit, Gedichte interpretieren zu können,[116] lassen ihn jedoch wie auch seine allgemeine Zurückgezogenheit als *autistoid* erscheinen.

2.5.3 Mentor und Spielemacher

Im Kapitol wurde großen Wert darauf gelegt, dass die Menschen sich die Spiele ansehen. Viele drückten sich aber davor, denn nur »fiese Perverslinge« würden dabei zu sehen, wie sich Kinder gegenseitig umbringen.[117] Die Frage war, wie es gelingen kann, die Spiele spannender, interessanter und in einer aufregenden Weise den Menschen zugänglich zu machen. »Wollte man die Hungerspiele fortsetzen, musste sie an Bedeutung gewinnen.«[118]

So entstand die Idee, die *Kapitoljugend* und die Tribute aus den Distrikten zusammenzubringen, was eine eigene Faszination innehatte. Jeder Tribut erhielt einen Mentor zugeteilt. Der Mentor des Siegers sollte ein Stipendium erhalten. Eine erfolgreiche akademische Karriere war ein Türöffner für alle Karrierewege. Besonders für Snow zeigte sich hier ein möglicher Ausweg aus der Armut seiner Familie.

Anders als in späteren Jahren kamen die Tribute noch nicht in den Genuss von Luxus. Als Menschen wurden sie noch nie angesehen, dementsprechend wurden sie bei den zehnten Hungerspielen in schmutzigen Viehwagen transportiert[119] und in den Pferdestellen der Friedenswächter untergebracht.[120] Man betrachtet die Bewohner der Distrikte als »Barbaren«, die »nur deshalb Wasser trinken, weil es kein Blut regnet«.[121] Coriolanus wurde das Mädchen aus Distrikt 12 zugeteilt, die den Namen Lucy Gray Baird trug. Eine Außenseiterin zugewiesen zu bekommen, empfand er als Beleidigung, jedoch war sie geschickt und gemein gefährlich. So tötete sie die Tochter des Bürgermeisters, indem sie dieser heimlich eine giftige Schlange zusteckte.[122]

Die Spiele waren noch recht unorganisiert. Nicht nur war es Rebellen im Untergrund möglich, einen Anschlag in einer Arena zu verüben, den Coriolanus nur knapp überlebte.[123] Auch gelangte Sejanus Plinth, ein Mentor, in die Arena. Coriolanus kam ihn zu Hilfe, wobei er sogar einen Tribut mit einem Kantholz in Notwehr zu Tode prügelte, was ihn jedoch nachhaltig prägte.[124] Aber auch vor den Spielen waren die Kontrollmechanismen nicht ausgereift. Ein Tribut konnte auch aus dem Käfig heraus einen Mentor mit dessen Messer töten.[125] Coriolanus selbst war immer das Ziel von Sticheleien und Herabsetzungen anderer. So kam es, dass er im Käfig zusammen mit den Tributen landete, von denen zwei auf ihn aggressiv losgehen wollten, um ihn am helllichten Tag zu töten. Lucy jedoch erklärte mit »melodischer Stimme«, dass die Tribute über ihr Todesurteil hinaus nicht mehr bestraft werden könnten, wohl aber deren Familien in den Distrikten.

Damit überlebte Coriolanus einen drohenden Lynchmord.[126] Diese Strategie, die Angst von jemanden nicht auf ihn selbst, sondern auf jemanden zu lenken, den er liebt, brannte sich nach diesem Erlebnis tief in ihm ein. Während seiner ganzen Amtszeit herrschte er so mit Angst. Wenn sich ihm widersetzt wurde, tötete er jemanden, der von dem Unfügsamen geliebt wurde. Coriolanus besaß nicht nur eine Begabung für Genmanipulation[127] – die Manipulation biologischer Körper –, sondern er entwickelte fortan auch die Fähigkeit, den Geist und das Denken von Menschen zu manipulieren.

Im weiteren Vorspiel der eigentlichen Spiele kam es mehr und mehr zu einer Annäherung von Coriolanus an Lucy. Dass er mit ihr spießte, brachte ihn aber unbeabsichtigt in »große Gefahr«, weil sein Verhalten nahelegte, dass er die Tribute als »seinesgleichen« betrachte.[128] Der Gedanke der strikten Segregation zwischen dem Kapitol und den Distrikten griff er auch in seiner letzten öffentlichen Ansprache auf, als er sagte: »Sie sind nicht wie wir.«

Im Laufe der Zeit jedoch, nachdem Sieger sich mehr und mehr dem Leben im Kapitol anpassten, wurden die Tribute zu einem Bindeglied. Sie wurden vor den Spielen nicht wie Tiere in einem Zoo ausgestellt, sondern mit Luxus überhäuft. Einen Zoo könnte man begrifflich definieren als einen Ort, an dem Tiere durch Gitterstäbe tagtäglich Menschen beobachten, die an ihnen vorbeigehen und den Eindruck erwecken, als hätten sie noch nie ein Tier gesehen – oder eben ein anderes menschliches Wesen.

Während des Verlaufs der Spiele entsteht auch ein näherer Kontakt zu Sejanus Plinth, dem Zweifel an der Rechtmäßigkeit und Moral hinter den Spielen kommen. Coriolanus »rettet« ihn mehrmals aus prekären Situationen, nicht jedoch ohne Hintergedanken. So gesteht er Sejanus auch offen: »Vielleicht muss ich dich ja eines Tages um einen Gefallen bitten.«[129] Zu Lucy empfindet er erstmals nach einem Auftritt von ihr ein emotionales Gefühl: Eifersucht. Alles, was er zuvor tat und was ihn dazu bewog, sich mit ihr auseinanderzusetzen, diente dem Eigennutz. Er bereitete sie vor; ihre dunkle, bewegende, sehr persönliche Lebensgeschichte löste »donnernden Beifall« aus und die Aussicht auf zahlreiche Geschenke von Sponsoren war sicher.[130]

Dass nun aber nicht nur er, sondern eine breite Öffentlichkeit Lucy in dieser intensiven Weise kennenlernte, verdeckte die Freude über den Erfolg ihres Auftrittes vor den Spielen. Er ärgerte sich darüber, dass »sein Mädchen« auch für Sejanus eine Sache war, als dieser Coriolanus anbot, die Tribute zu tauschen, damit dieser bessere Chancen auf das Stipendium hat: »Im Kapitol verstand es sich von selbst, dass Lucy Gray ihm gehörte, als hätte sie kein Leben gehabt, bevor ihr Name bei der Ernte ausgerufen wurde.«[131] Coriolanus hatte zwar keinen Anspruch auf ihr Herz, aber der Gedanke, dass ein anderer diesen habe könnte, missfiel ihm sehr. Seine tief in ihm verwurzelte Angst verlor ihren Schrecken, als er seine Feinde machtlos in Ketten sah. Die Macht gab ihm ein Gefühl von Sicherheit. Umso tiefer war der Fall bei der Erkenntnis, dass er als Mentor selbst »benutzt« wird. Das Dasein als Mentor sah er »als Chance, dem Kapitol zu dienen und vielleicht ein paar Lorbeeren einzuheimsen. (.) Er war verwirrt, fühlte sich manipuliert und wehrlos. Als wäre er ein Tribut und nicht Mentor«.[132]

Ein ähnliches Gefühl muss er auch empfunden haben, als er erkannte, dass er von Coin ausgespielt wurde. Er war nicht mehr Oberbefehlshaber, sondern ein zum Tode verurteilter Tribut. Seine Rache zeigte sich in der geschickten Manipulation von Katniss. Vielleicht hätte Katniss auch auf andere Weise erahnt, dass Coin die Fallschirme auf die Kapitolkinder abgeworfen und ihre Schwester Prim getötet hatte. Vielleicht hätte Katniss Coin auch aus eigenem Antrieb als Vergeltung getötet.

Aber Snow wollte nichts dem Zufall überlassen. Er wollte ein Teil des Siegers sein, der mit vor Stolz geschwellter Brust auf sein erlegtes Opfer, auf Coin stieg. Er wollte einen Teil von dieser Macht für sich wissen. Während seinen letzten Atemzügen war er kein Symbol mehr, er lachte aus tiefstem Innerem. Aus Snow wurde durch die Verschmelzung mit Katniss wieder *Coriolanus*. Zum ersten Male seit seiner Jugend fühlte er sich *lebendig*.

Zusammen mit ihm verschwand auch Coin. Es gab keine unmoralischen, bösartigen Machthaber mehr. Die Spiele wurden nicht fortgeführt. Snow wurde wieder zum Idealisten Coriolanus, ein Weltverbesserer, der die Welt verändern und Gutes bewirken wollte, wenn er die Mittel dazu hätte.[133]

2.5.4 Die *Bedeutung* der Hungerspiele

»Hierdurch ist offenbar, dass sich die Menschen, solange sie ohne eine öffentliche Macht sind, die sie alle in Schrecken hält, in jenem Zustand befinden, den man Krieg nennt, und zwar im Krieg eines jeden gegen jeden.«

– Thomas Hobbes, 1651

»Im Naturzustand herrscht ein natürliches Gesetz, das jeden verpflichtet. Und die Vernunft, der dieses Gesetz entspricht, lehrt die Menschheit, wenn sie sie nur befragen will, dass niemand einem anderen, da alle gleich und unabhängig sind, an seinem Leben und Besitz, seiner Gesundheit und Freiheit Schaden zufügen soll.«

– John Locke, 1689

»Kapierten diese Leute denn nicht, dass ohne die Herrschaft des Kapitols das ganze System zusammenbrach? Dass sie dann besser gleich alle nach Norden laufen konnten, um dort wie Tiere zu leben, weil sie genau dazu verkommen würden?«

– Coriolanus Snow, 10 p.D.D.[134]

Coriolanus verstand schnell, dass die Idee hinter den Spielen ist, die Distrikte zu bestrafen. Die gleiche Frage, die er später Seneca Crane stellen sollte, wurde auch ihm als Rätsel aufgetragen: *Warum werden die Distrikte nicht bombardiert oder aushungern gelassen? Warum richtet man Tribute nicht einfach hin, was viel schneller ginge?* Die Kinder lassen die Leute nicht kalt, aber inwiefern?[135] Nachdem Coriolanus und Sejanus in der Arena der Gefahr des Todes ausgesetzt waren, erklärte Dr. Gaul ihm den tieferen Sinn der Spiele:

»Ohne die tödliche Gefahr wäre es ja keine Lektion gewesen«, sagte Dr. Gaul. »Was ist denn in der Arena passiert? Das ist der Mensch, aufs Wesentliche reduziert. Die Tribute, aber auch Sie. Wie flüchtig die Zivilisation doch ist. All Ihre guten Manieren, Erziehung, familiärer Hintergrund, alles, worauf Sie stolz sind – im Bruchteil einer Sekunde fortgewischt, und übrig bleibt nur, was Sie eigentlich sind. Ein Junge mit einem Stück Holz, der einen anderen Jungen totschlägt. So ist der Mensch in seinem Naturzustand.«

»Wenn Sie mich nicht in die Arena geschickt hätten, hätte ich niemanden totgeprügelt, das denke ich!«, fuhr Coriolanus sie an. »Sie können es auf die Umstände schieben, die Umgebung, aber die Entscheidung haben Sie getroffen, niemand sonst. Das ist vielleicht ein bisschen viel auf einmal, aber es kommt jetzt darauf an, dass Sie sich diese Frage beantworten. Wer sind wir Menschen? Denn die Antwort auf diese Frage bestimmt auch, was für eine Regierung wir brauchen. Ich hoffe, später einmal können Sie das, was Sie heute Abend gelernt haben, reflektieren und ehrlich zu sich selbst sein«, entgegnete Dr. Gaul ihm.

Ihre Worte widerten Coriolanus an, aber noch wütender machte ihn, dass sie ihn für ihre »blöde Lektion« zum Töten gezwungen hatte. Über eine so schwerwiegende Tat hätte er selbst entscheiden müssen, nicht sie. Einzig und allein er selbst. »Wenn ich also ein bösartiges Tier bin, was sind Sie dann? Sie sind die Lehrerin, die ihren Schüler dazu gebracht hat, einen anderen Jungen totzuschlagen!«[136]

Eine weitere Frage, die Dr. Gaul den Mentoren als Aufsatz auftrug, bezog sich auf die Elemente des Krieges, die ihn »attraktiv« machen.[137] Dekan Highbottom hielt Coriolanus Aufsatz für »völligen Blödsinn«, bis jedoch auf das Ende, in dem er den »Stellenwert der Herrschaft« aufgriff. Seine Aufgabe war es nun, sich intensiver mit der Frage zu befassen, was geschieht, wenn sie fehlt.

»Coriolanus wusste, was ohne Herrschaft passiert. In den vergangenen Tagen hatte er es mehrfach erlebt: im Zoo, als Arachne starb, in der Arena, als die Bomben explodierten, und heute Abend wieder. Chaos bricht aus. Was gibt es dazu sonst noch dazu zu sagen? (.) Chaos. Keine Herrschaft, kein Gesetz, keine Regierung. Als wäre man in der Arena. Wie geht es dann weiter? Welche Art von Übereinkunft ist nötig, wenn wir in Frieden leben wollen? Wie muss der Gesellschaftsvertrag beschaffen sein, damit wir überleben?[138] (.)

Chaos. Extreme Unordnung und totales Durcheinander. ‹Der Mensch in seinem Naturzustand›, hatte Dr. Gaul gesagt, eine ‹wunderbare Chance›. ‹Transformativ.› Coriolanus dachte darüber nach, wie er sich in der Arena gefühlt hatte, wo es keine Regeln und keine Gesetze gab und wo Handlungen keine Konsequenzen hatten. Die Nadel seines moralischen Kompasses hatte sich orientierungslos im Kreis gedreht. Wie schnell er, angestachelt durch den Horror davor, zur Beute zu werden, selbst zum Raubtier geworden war und Bobbin, ohne zu zögern, totgeschlagen hatte. Das war wirklich eine Transformation gewesen, ja, aber keine, auf die er stolz war – ein Snow hatte schließlich mehr Selbstbeherrschung als die meisten anderen. Er versuchte sich vorzustellen, wie es wäre, wenn die ganze Welt nach diesen Regeln funktionieren würde. Keine Konsequenzen. Die Menschen würden sich nehmen, was sie wollten, wann sie wollten, und notfalls auch dafür töten. Der Überlebenstrieb als einziger Motor. Im Krieg hatte es Tage gegeben, an denen sich niemand aus der Wohnung wagte. Tage, an denen die Gesetzlosigkeit das Kapitol selbst in eine Arena verwandelt hatte.

Ja, das Fehlen von Gesetzen war das Kernproblem. Die Menschen mussten sich also auf Gesetze verständigen, an die sich alle zu halten hatten. Hatte Dr. Gaul das mit ‹Gesellschaftsvertrag› gemeint? Die Übereinkunft, niemanden zu bestehlen, zu misshandeln und sich gegenseitig nicht zu tö-ten? So musste es sein. Und Gesetze erforderten ihre Durchsetzung, und an dieser Stelle kam die Herrschaft ins Spiel. Ohne die Macht, den Vertrag durchzusetzen, regierte das Chaos. Die ausübende Macht musste stärker sein als die Menschen – sonst würden sie sich dagegen auflehnen. Das Ka-pitol war die einzige Instanz, die diese Herrschaftsrolle ausfüllen konnte. Für die Analyse brauchte er viele Stunden, und als er um zwei Uhr nachts endlich fertig war, füllte sie kaum eine Seite.«[139]

Anders als Dr. Gaul ist Coriolanus nicht überzeugt, dass Menschen von Natur aus schlecht sind. Aber er sieht ein, dass es nicht viel be-darf, um »die Bestie zum Vorschein zu bringen«, zumindest im »Schutz der Dunkelheit«.[140] Die Hungerspiele »sind nicht nur dazu da, die Distrikte zu bestrafen, sie sind Teil des ewigen Krieges. Es ist jedes Mal eine Schlacht für sich – eine, die wir im Griff haben. Anstatt einen richtigen Krieg zu führen, der vielleicht außer Kon-trolle geraten würde.«[141]

Dass es in der Arena aber keine Herrschaftsform gibt, ist so nicht richtig. So bilden sich Rudel und Jagdmeuten um eine zentrale Füh-rerfigur herum, dessen Befehl, ein umzingeltes Opfer zu töten, un-verzüglich befolgt wird. Ziel dieser Rudel ist die Ausrottung ande-rer Tribute, die nicht der eigenen Gruppe angehören. Dann, wenn alle äußeren Feinde vernichtet sind, beginnt die *Revolution ihre Kin-der zu fressen*. Die Meute fällt über sich selbst her. Das geschieht kei-neswegs aus dem nichts. Je näher das Ziel der Vernichtung der Feinde rückt, desto heißer werden die latenten Machtkämpfe inner-halb der Rudelgruppe, die dann plötzlich – und scheinbar aus dem Nichts – offen ausbrechen. So teilt sich die Gruppe selbst immer weiter auf, bis schließlich nur noch zwei Tribute übrig sind, die wie Raubtiere übereinander herfallen.

Damit ist die Bedeutung der Spiele für die Notwendigkeit von Herrschaft nur sekundär. Die primäre Mahnung besteht im von der Angst getriebenen Zivilisationsbruch durch den Faschismus. Die Hungerspiele fungieren so als Ventil einer faschistoiden Gesell-schaft in Panem. Es ist eine interessante Frage, ob die Geschichte anders verlaufen wäre, wenn auch das Kapitol Tribute in die Spiele entsandt hätte. Auf diese Weise wären die Spiele nicht das »Salz in die Wunde« der Distrikte gewesen, so wie die Gründung des deut-schen Kaiserreichs auf dem Rücken des besiegten Frankreich einen »Geburtsfehler« darstellte, um mit Schwanitz zu sprechen.[142] Die Feier der Reichsgründung war auch immer eine Siegesfeier über den Feind und vergiftete die Beziehungen der Nationen zueinander.

Dieser Gedanke ist keineswegs abwegig. Im Alten Rom war es nicht nur Barbaren und Sklaven erlaubt, Gladiatoren zu werden, sondern auch römischen Bürgern. Sklaven waren gut versorgt und musste nur ein- bis dreimal im Jahr zu Konditionen kämpfen, die sie selbst bestimmen konnten. Wer überlebte, konnte aus Armut oder Knechtschaft zu Ruhm, Ehre und Reichtum gelangen. Gegen Ende der Republik sollen fast die Hälfte der Gladiatoren ehemals freie Bürger gewesen sein, die mit dem Eintritt in den Berufsstand der Gladiatoren ihre Freiheit aufgaben. Der Senat versuchte daher auch mit einem Gesetz dieser Entwicklung entgegenzuwirken.

Gladiatoren, abgeleitet vom lateinischen *gladius*, »Schwert«, waren im **antiken Rom** Bestandteil des römischen Lebens von 264 v. Chr. bis Anfang des 5. Jahrhunderts nach Chr. Die ersten belegten Gladiatorenspiele fanden auf einem Marktplatz in Rom statt. Dabei kämpften drei Sklavenpaare zum Gedenken eines Verstorbenen gegeneinander, die aus 22 Kriegsgefangenen ausgewählt wurden. Dem Beispiel folgten sehr bald weitere römische Adelige, die mit diesen Vorführungen gleichfalls ihre Verstorbenen ehrten.

Die blutigen Kämpfe sollten die Eigenschaften des Verstorbenen demonstrieren, jene Eigenschaften, die nach dem Verständnis der damaligen Menschen die Größe des Römischen Reiches bedingten: Mut, Kraft, Tapferkeit, Entschlossenheit und Gleichmut gegenüber dem Tod – Ideale, wie sie auch die Tribute von Panem verkörpern sollen. Mut und Tapferkeit wurden so auch während der Tour der Sieger von Präsident Snow explizit genannt.

Als die Beliebtheit von Gladiatorenkämpfen beim römischen Volk im 1. Jahrhundert v. Chr. zunahm und man es als Recht anerkannte, auf diese Weise unterhalten zu werden, wurden die Spiele prächtiger und größer inszeniert. Veranstalter dieser Gladiatorenkämpfe waren reiche Privatleute, die als einzige in der Lage waren, sich sowohl die Kosten für die Gladiatoren als auch das anschließende aufwändige Festmahl zu leisten. Im Laufe der Zeit entdeckten vor allem römische Politiker, dass die Kämpfe ein geeignetes Mittel waren, sich die Anerkennung der römischen Bevölkerung zu sichern. Je außergewöhnlicher die Veranstaltung war, desto eher stiegen die Wohlhabenden in der Gunst des Volkes auf. Auch in Panem steht der Oberste Spielemacher in der hohen Gunst der Kapitolisten. Der Kaiserbiograf **Sueton berichtet über Caesar:**

»Caesar veranstaltete Schauspiele unterschiedlichster Art: Ein Gladiatorenspiel, Theateraufführungen in jedem Stadtviertel, und zwar durch Schauspieler aller Sprachen, desgleichen Zirkusvorstellungen, Athletenkämpfe
und ein Seegefecht (Naumachie). In dem Gladiatorenspiel auf dem Forum
kämpfte Furius Leptinus, der aus einer Familie prätorischen Ranges
stammte, und der ehemalige Senator und Rechtsgelehrte Quintus Calpenus
(.) Die Tierhetzen dauerten fünf Tage; den Schluss bildete ein Gefecht, in
dem sich zwei Abteilungen von je fünfhundert Mann zu Fuß, zwanzig Ele-
fanten und dreihundert Reitern gegenüberstanden.«[143]

Ist es Zufall, dass die Gladiatorenkämpfe zeitgleich mit dem Ersten
Punischen Krieg gegen Karthago auftraten? Rom erlebte von 133 bis
30 v. Chr. eine lange Phase von Bürgerkriegen. In dieser Zeitspanne
wurden die Kämpfe zu etwas Alltäglichem und man sah es als
Recht an, sich an den Spielen zu ergötzen. Zweifelsohne haben die
Kriege und politischen Umbrüche in dieser Zeit – von den Reform-
versuchen der Gracchen und Marius und Sulla über das Erste Triumvirat hin zu Caesar und dem Zweiten Triumvirat tiefe Abdrücke
in der Seele der römischen Gesellschaft hinterlassen, Erst Augustus
gelang es, nach Caesars Ermordung die Bürgerkriege zu beenden.

Die Gladiatorenkämpfe des antiken Roms könnten darauf hindeuten, dass die Ursprünge faschistischer Gesellschaften viel älter
sind und nicht erst mit der Machtergreifung Mussolinis in Italien
zu Beginn des 20. Jahrhunderts geschichtlich relevant wurden.
Zwar beschrieb Arendt das Römische Imperium als nicht totalitär,
da es auch die großen Menschenmassen des 20. und 21. Jahrhunderts noch nicht gab und der Einzelne weder vereinzelte noch in
der Masse an Bedeutung und Lebenssinn verlor. Jedoch könnte eine
andere Ursache dafür sein, dass die sadistischen Gladiatorenspiele
wie ein Schwamm alle totalitären Tendenzen absorbierten und das
Römische Reich sozusagen – wie ich es auch für Panem erklären
würde – faschistoid blieb, niemals aber faschistisch wurde.

Im Alten Rom glaubte man an viele Götter. Juden und später auch
Christen, deren Religion monotheistisch ist, wurden verfolgt. Das
Ideal der Römer waren Mut und Tapferkeit im Kampf. Andere Kulturen wurden nicht durch Massenmorde vernichtet, sondern durch
die römische Kultur aufgesogen, so wie es China in Tibet, der Man-
duschrei oder Xinjiang praktiziert. Nicht Waffen und Soldaten waren Roms schärfste Waffe, sondern Sicherheit und Wohlstand.

Die Antike ist eine Zeit, die heute sehr bewundert wird, aber es
stellt sich im Hinblick auf alte Völker und Stämme die Frage, ob
Faschismus nicht doch der eigentliche Normalzustand außerhalb

der zivilisierten Welt ist? Wilhelm Reich vertrat 1942 in seinem Buch zur *Massenpsychologie des Faschismus* die Ansicht, dass organisierte faschistische Bewegungen durch irrationale Charakterstrukturen des modernen Durchschnittsmenschen hervorgebracht werden, deren elementarsten biologischen Bedürfnisse und Antriebe seit Generationen unterdrückt worden seien.[144]

Tiere kennen die äußere Angst. Sie können kämpfen oder flüchten. Gelegentlich genügt es auch, einen Feind oder Angreifer in die Flucht zu schlagen, statt ihn zu töten. Das ist der Naturzustand. Der Mensch hingegen kennt auch die Angst von innen. Und wenn das Innere nicht durch Zerstören eines Außen »gerettet« werden kann, dann muss das Innere selbst zerstört werden. Allein die Destruktivität ist der letzte Zufluchtsort oder, wie es Fromm ähnlich treffend formulierte: *Wenn ich die Welt zerstöre, rette ich mich davor, von ihr selbst zerschmettert zu werden.* Die Stärken des Menschen – sein Geist und seine Seele – sind zugleich seine Schwächen.

2.5.5 Die Hungerspiele als Medienereignis

»Was jungen Köpfen an Erfahrung fehlt, machen sie manchmal durch Idealismus wett. Nichts erscheint ihnen unmöglich.«

– Dr. Volumnia Gaul[145]

Im Kapitol wurde großen Wert darauf gelegt, dass die Menschen sich die Spiele ansehen. Viele drückten sich aber davor. Die Frage war, wie es gelingen kann, die Spiele spannender, interessanter und in einer aufregenden Weise den Menschen zugänglich zu machen. »Wollte man die Hungerspiele fortsetzen, mussten sie an Bedeutung gewinnen.«[146] In großem Eifer arbeitete Coriolanus unermüdlich eine Nacht bis in die Morgendämmerung durch, um seine Ideen zur Verbesserung der Spiele zu Papier zu bringen.[147]

Von Hundekämpfen leitete Coriolanus ab, dass Menschen sich eher grausame Kämpfe ansehen, wenn sie dabei Wetten abschließen. Eine im Spaß gestellte Frage sollte schließlich zu einem zentralen Element bei der Ausgestaltung der Spiele werden, um zum Medienspektakel aufzusteigen. Coriolanus sollte sein sarkastisch selbsterklärtes Ziel erreichen und »in die Geschichte eingehen als derjenige, der das Wetten in die Spiele eingeführt hat«.[148] Ein Gremium wurde eingerichtet, um Quoten festzulegen, Gewinne auszuzahlen und um einen Ort festzulegen, an dem die Bürger des Kapitols zusammenkommen konnten, um offiziell auf ihre Favoriten zu wetten.[149]

Das ironische Element ist an dieser Stelle nicht ohne Bedeutung. Auch der Humor – der nach Marc Twain aus dem erfahrenen Schmerz geboren wird, weshalb es im Himmel eben keinen Humor geben könne –, kann ein Spiegelbild der inneren Seele darstellen. Böse, beleidigende oder auch antisemitische Witze empfinde ich als *destruktiv*. Für Kinder ist die Sprache eine Möglichkeit sich aufzulehnen, zu rebellieren oder aber auch: etwas zu *zerstören*. Das Gleiche gilt für Erwachsene.

Die Idee der Hungerspiele entstand aus einer Idee, die der Dekan der Akademie Casca Highbottom im trunkenen Zustand ausgesprochen hat. Coriolanus Vater war derjenige, der sie an Dr. Gaul ohne Einverständnis weitergegeben hat. Diese präsentierte Highbottom schließlich als den Erfinder der Hungerspiele. Highbottom selbst glaubte, nur ein Sadist könne Gefallen daran finden und schämte sich seither für seine trunkene Entgleisung. Dieses Zerwürfnis führte schließlich zur Verbannung von Coriolanus als Friedenswächter nach Distrikt 12. Highbottom verachtet die Snows bis über den Tod von Coriolanus Vater hinaus zu tiefst:[150]

»Es war bloß ein Gedankenspiel. Nur ein Monster würde so etwas tatsächlich veranstalten. Nach dem Krieg zog sie mein Konzept aus dem Hut und mich gleich mit. Sie präsentierte mich Panem als den Architekten der Hungerspiele. An jenem Abend hab ich zum ersten Mal Morfix ausprobiert.«[151]

Bei der einen Neuerung, dass Wetten auf den Ausgang der Spiele abgeschlossen werden können, sollte es jedoch nicht bleiben. Ein Problem war, dass die dem Tod geweihten Tribute nicht sehr bereit waren, in Interviews über ihr Leben zu sprechen. Das machte das Zuschauen langweilig. Wenn nun ein Anreiz bestünde, sich anzustrengen, würden sie nicht fatalistisch ihr Schicksal hinnehmen. Sie mussten das Gefühl erfahren, in der Arena nicht auf sich allein gestellt zu sein. Auch die Zuschauer könnten sich mehr für die Spiele interessieren, wenn sie den Tributen Essen in die Arena schicken könnten.[152] Ein eigens dafür eingerichtetes Gremium sollte die Waren bewerten. Nur angesehene Bürger des Kapitols kamen als Sponsoren in Frage. Spielemacher, Mentoren, den Tributen zugeteilte Friedenswächter und direkte Verwandte waren ausgeschlossen.[153]

Aber nicht nur für die Menschen im Kapitol, sondern auch für die Distrikte sollten die Spiele attraktiver werden. Coriolanus erwuchs an der Akademie als Stipendiat zum Strategen heran. »Snow hatte betont, dass die Distriktbewohner, abgesehen von der Tatsache, dass sie zwei Tribute beisteuerten, die sie möglicherweise nicht einmal kannten, an den Spielen keinen Anteil hatten. Der Sieg eines Tributs musste ein Sieg für den ganzen Distrikt sein. Jemand hatte vorgeschlagen, dass alle Bewohner des Siegerdistrikts ein Fresspaket als Preis bekommen könnten. Und damit die Spiele für bessere Tribute attraktiv wurden, schlug Snow vor, dass der Sieger ein Haus in einem bestimmten Stadtviertel bekommen sollte, vorläufig *Siegerdorf* genannt, um das ihn alle in ihren armseligen Bruchbuden beneiden würden. Das und ein symbolisches Preisgeld konnten interessante Kandidaten anlocken.«[154]

Eine interessante Beobachtung ist auch bei der Ausgestaltung der Spiele festzustellen. Der Blutregen während der 75. Hungerspiele greift so die Erzählung von den Barbaren auf, die nur deshalb Wasser trinken, weil es kein Blut regnet.[155] Die Hungerspiele, die Techniken und Methoden, die mediale Berichterstattung, die Ausstattung der Arenen – all das wurde mit den Jahren von Snow maßgeblich mit *perfektioniert*.

2.5.6 Die kulturelle Funktion der Hungerspiele als Medienereignis

»Der Mensch braucht eine Landkarte seiner natürlichen und sozialen Welt, ohne die er in Verwirrung geraten würde und unfähig wäre, zielgerichtet und konsistent zu handeln. Er hätte keine Möglichkeit, sich zu orientieren und einen festen Punkt zu finden, der es ihm erlaubt, alle Eindrücke, die auf ihn einstürmen, zu ordnen. Ob er dabei an Zauberei und Magie als letzte Erklärung für alle Ereignisse glaubt oder an den Geist seiner Ahnen, der sein Leben und Schicksal lenkt, oder an einen allmächtigen Gott, der ihn belohnen oder bestrafen wird, oder auch an die Macht der Wissenschaft, die eine Antwort auf alle menschlichen Probleme weiß – vom Standpunkt seines Bedürfnisses nach einem Orientierungsrahmen aus macht das kaum einen Unterschied. Seine Welt hat einen Sinn für ihn, und die Übereinstimmung mit dem Weltbild seiner Umgebung macht seine Ideen subjektiv zu Wahrheiten.«

– Erich Fromm[156]

Es gibt »keine einzige Kultur«, in der kein Orientierungsrahmen zu finden ist. Besonders bei Kindern ist das Bedürfnis nach der Bildung eines Bezugsrahmens ausgeprägt. Der Mensch braucht »einen Gegenstand der Verehrung als Brennpunkt all seines Strebens und als Basis seiner effektiven – und nicht nur seiner nach außen hin proklamierten – Werte. (.) Ein solcher integriert seine Energien in eine Richtung. Es hebt ihn über seine isolierte Existenz mit all ihren Zweifeln und Unsicherheiten hinaus und verleiht seinem Leben Bedeutung.«[157]

Die großen Religionen lehren, »dass der Mensch die Einheit nicht durch das tragische Bemühen erringen kann, seine innere Zerspaltenheit durch Ausschaltung der Vernunft aufzuheben, sondern allein dadurch, dass er seine Vernunft und seine Liebe voll entwickelt. So groß die Unterschiede zwischen Taoismus, Buddhismus, dem prophetischen Judentum und dem Christentum der Evangelien sein mögen, haben diese Religionen doch das eine Ziel gemeinsam: zum Erlebnis des Einsseins zu gelangen, und zwar nicht durch Regression zur tierischen Existenz, sondern dadurch, dass man ganz Mensch wird – eins in sich selbst, eins mit dem Mitmenschen, eins mit der Natur.«[158]

In Panem sind die Hungerspiele selbst zur Religion geworden. Der Gedanke dahinter lässt sich vor dem Entstehungshintergrund des Landes begreiflich machen. Religionen haben Jahrtausende überlebt. So wie eine Atomreligion das Wissen um Kernenergie und atomare Strahlung Zivilisationen und Kulturen in geologischen Zeitspannen überdauern könnte, so sollten auch die Hungerspiele eine Mahnung für die Ewigkeit der menschlichen Existenz sein. Da jedoch das Wesen dieser Spiele sadistisch und destruktiv ist, kann hieraus keine Liebe, kein Einswerden mit sich, mit Mitgliedern der Gemeinschaft oder der Natur entstehen. Das Prinzip der absoluten Singularisierung des Menschen, auf dass er sich niemals gegen das Kapitol selbst erheben möge, ist die grundlegende Architektur von Panems schizoiden Staatsaufbau, in dem die Menschen zu jederzeit auf das Miteinander und Füreinander innerhalb ihrer eignen *Megamaschine* angewiesen sind. Diese Vereinzelung lässt den Einzelnen ohnmächtig und hilflos zurück. Im großen Getriebe des *Systems* ist er klein.

Jeder einzelne Mensch, so Fromm, »ist mit derselben Alternative konfrontiert. Sein Spielraum an Freiheit, die regressive Lösung in einer Gesellschaft, die sich für sie entschieden hat, abzulehnen, ist bestimmt klein – doch er existiert. Aber große Anstrengungen, klares Denken und die Anleitung durch die Lehren der großen Humanisten ist dabei unentbehrlich.

Eine andere Lösung für das Problem der existenziellen Gespaltenheit des Menschen ist für die gegenwärtige kybernetische Gesellschaft recht charakteristisch. Es handelt sich darum, sich mit seiner gesellschaftlichen Rolle zu identifizieren, sich klein zu fühlen, sich dadurch zu verlieren, dass man sich zu einem Ding reduziert. Man tarnt die existenzielle Gespaltenheit dadurch, dass man sich mit seiner sozialen Organisation identifiziert und vergisst, dass man eine Person ist. Der Mensch wird auf diese Weise (.) zu einem ‹man›, zu einer Nichtperson. (.) er vergisst sich, indem er aufhört, ‹er› zu sein, indem er aufhört, eine Person zu sein, und zum Ding wird.

Das Bewusstsein des Menschen, in einer seltsamen, übermächtigen Welt zu leben, und sein daraus entspringendes Gefühl der Ohnmacht könnten ihn leicht überwältigen. Wenn er sich als völlig passiv, als bloßes Objekt erleben würde, so würde er seinen eigenen Willen, seine Identität nicht empfinden. Um dies zu verhindern, muss er das Gefühl erwerben, dass er fähig ist, etwas zu tun, jemand zu etwas zu bewegen, einen ‹Eindruck zu hinterlassen›, oder, um es mit dem treffendsten Wort auszudrücken: (.) *Ich bin, weil ich etwas bewirke*.«[159]

Die Fähigkeit, etwas zu bewirken, bedeutet, »dass man nicht schwach und hilflos ist, sondern dass man ein lebendiges, funktionierendes menschliches Wesen ist. Wirken zu können bedeutet, dass man tätig und aktiv ist und dass nicht nur andere auf uns einwirken, dass wir aktiv und nicht nur passiv sind. Letzten Endes beweist es, dass wir sind. Man kann dieses Prinzip auch so formulieren: Ich bin, weil ich etwas bewirke.«[160] Fromm erklärt weiter:

»In der Beziehung zu anderen besteht die grundsätzliche Alternative darin, dass man entweder die Macht in sich fühlt, Liebe hervorzurufen oder Angst und Leiden zu bewirken. In der Beziehung zu Dingen besteht die Alternative darin, entweder etwas aufzubauen oder es zu zerstören. So entgegengesetzt diese Alternativen sind, sie sind nur verschiedene Reaktionen auf das gleiche existenzielle Bedürfnis: *etwas zu bewirken*. Wenn man sich mit Depressionen und Langeweile beschäftigt, stößt man auf reiches Material, aus dem hervorgeht, dass das Gefühl, zur Wirkungslosigkeit verdammt zu sein – das heißt, zu einer völligen vitalen Impotenz, von der die sexuelle Impotenz nur einen kleinen Teil darstellt –, eines der schmerzlichsten und vielleicht fast unerträglichen Erlebnisse ist, und dass der Mensch fast alles versuchen wird, um es zu überwinden – von Arbeitswut oder Drogen bis zu Grausamkeit und Mord.«[161]

Oder, um mit Huxley zu sprechen:

»Wir sehnen uns fast alle nach Frieden und Freiheit; aber sehr wenige von uns bringen viel Begeisterung für diejenigen Gedanken, Gefühle und Handlungen auf, die Frieden und Freiheit herbeiführen. Umgekehrt wünscht fast niemand Krieg und Tyrannei; aber sehr viele Leute finden innigen Genuß an Gedanken, Gefühlen und Handlungen, welche Krieg und Tyrannei bringen.«[162]

2.5.7 Der Staatsmann Snow

Nachdem es Snow durch skrupellosen Verrat und strategische Morde an früheren Verbündeten gelang, zurück ins Kapitol zu finden, erhielt er einen Elitekurs in Militärstrategie bei Dr. Gaul an der Universität.[163] Auch seinen früheren Weggefährten Sejanus, der verhasster Feind und hilfreicher Freund zugleich war, tötete er. Die Plinths jedoch respektierten und wertschätzten Coriolanus dafür, dass er ihrem Sohn Sejanus oft in schwierigen Lagen beistand und ihm in der Arena auch das Leben rettete. Sie brauchten als Eltern eine Aufgabe und nahmen sich den jungen Coriolanus an. Da er mit 18 Jahren für eine Adoption zu alt war, blieb er ein Snow und wurde rechtmäßiger Erbe eines Waffenimperiums. »Den Namen Snow würde er niemals aufgeben, nicht mal für ein Waffenimperium.«[164]

Neben dem neuen Mentorenprogramm in den Spielen gab es auch ein unerklärtes Mentorenprogramm neben den Spielen. Dr. Volumnia Gaul, die die Mentoren schult und betreut, erkennt in Coriolanus ein großes Potenzial, sie fördert und fordert ihn. Collins hat den Namen *Volumnia* keinesfalls zufällig gewählt. Auch in Shakespears *Coriolanus* trug dessen Mutter diesen Namen. Damit rückt Collins Dr. Gaul in die Rolle von Coriolanus Mutter. Collins beschreibt sie als eine Sadistin, die Gefallen daran hat, Menschen leiden zu sehen.[165] Neben einer intensiven Auseinandersetzung über den Sinn der Spiele und deren Fortentwicklung ist auch das Prinzip der Ordnung in Panem Gegenstand der Unterredungen.

Dabei nimmt das Verständnis des Krieges eine wichtige Stellung ein: »Wenn wir den Krieg nicht beenden können, dann müssen wir ihn auf unbestimmte Zeit beherrschen (.) Mit Friedenswächtern, die die Distrikte besetzen, mit strengen Gesetzen und mit Events, die immer daran erinnern, wer das Sagen hat, mit den Hungerspielen zum Beispiel. In jedem Szenario ist es besser, die Oberhand zu behalten, der Sieger zu sein und nicht der Besiegte.«[166] Dieses Grundverständnis der Spiele bringt Snow auch beim Dritten Jubel-Jubiläum deutlich zum Ausdruck.

Sind die Spiele unmoralisch? Ist es unmoralisch, sich zu verteidigen? (Aber gegen was verteidigt man sich eigentlich?) Will man nicht eigentlich weder ein unmoralischer Sieger, noch der Besiegte sein? »Aber die Möglichkeit gibt es nicht«, erkennt Coriolanus.[167] *Es mag also hundert Dinge in einem Zuhause geben, die repariert werden müssen, aber das rechtfertigt nicht, es bis auf den Grund niederzubrennen.*

Coriolanus erinnerte sich durch die aufwühlenden Erlebnisse während der Spiele als Mentor an die frühere Zeit, in der das Kapitol belagert wurde. Seine Familie wurde in die Knie gezwungen. Diese Feinde sah er machtlos in Ketten liegen, »unfähig, ihm weiter wehzutun. Ihre Niederlage hatte ein bis dahin nicht gekanntes Gefühl der Sicherheit mit sich gebracht, und das war wunderbar gewesen. Die Sicherheit, die nur durch Übermacht entstehen konnte. Durch die Fähigkeit, zu herrschen. Ja, das war das Schönste gewesen.«[168] Die Macht, die eigene Macht und der Erhalt der eigenen Macht waren das Einzige, was ihm ein wirkliches Gefühl der Sicherheit gab. Sein eigenes Überleben war untrennbar verbunden mit dem eigen Machterhalt; Macht und die Chance, zu herrschen.

Bei seinem Erscheinungsbild wollte er nichts dem Zufall überlassen. »Mochte [Lucy Gray] in Distrikt 12 herumfliegen, wie es ihr gefiel – sie und ihre Spotttölpel konnten ihm nie mehr etwas anhaben. Hin und wieder überkam ihn eine süße Erinnerung, und er wünschte sich fast, die Geschichte wäre anders ausgegangen. Aber selbst wenn er geblieben wäre, hätte es mit ihnen beiden nie, funktioniert. Sie waren einfach zu verschieden. Und er mochte die Liebe nicht, denn sie sorgte dafür, dass er sich dumm und verletzlich fühlte. Wenn er überhaupt je heiratete, dann eine Frau, die sein Herz nicht berührte. Am besten eine, die er nicht leiden konnte, damit sie ihn nie so an der Nase herumführen konnte, wie Lucy Gray es getan hatte. Bei der er niemals Eifersucht oder Schwäche empfand. Livia Cardew wäre ideal. Er sah sich als Präsidenten und sie als seine First Lady, wie sie in einigen Jahren die Hungerspiele leiteten. Natürlich würde er die Spiele fortsetzen, wenn er über Panem herrschte. Die Menschen würden ihn einen Tyrannen nennen, der mit eiserner Faust grausam regierte.«[169]

Max Weber unterscheidet in drei Herrschaftsformen:

- Die *legale Herrschaft* ist gekennzeichnet durch Behörden, die nach bestimmten Regeln kontinuierlich arbeiten, wobei einzelne Personen unterschiedliche Aufgaben übernehmen und Teil einer festen Hierarchie sind.

- Die *traditionelle Herrschaft* bezieht sich auf Beherrschte, die selbst nicht Mitglieder eines Verbandes sind, sondern traditionelle Genossen oder Untertanen. Die Befehle, die durch den Herrn gegeben werden, sind dann legitim, wenn ihre Inhalte sich mit Traditionen decken oder Freiheiten von Traditionen nicht beeinträchtigen. Die Leitlinie des Herrschers ist die Vermeidung von Widerstand der beherrschten ihm gegenüber, der durch ein Missachten von Traditionen entstehen kann. Neue Regeln zu schaffen ist unmöglich, da alle Strukturen auf bereits bestehenden Traditionen beruhen.

- Die *charismatische Herrschaft* steht im Gegensatz zur legalen oder traditionellen Herrschaft, sie ist außergewöhnlich und irrational. Der Herrscher ist permanent von seiner Bewährtheit abhängig, sie beruht auf der Überzeugung der Beherrschten durch die charismatische Ausstrahlung des Herrschers.

Der Umsturz der bestehenden Herrschaftsordnung kann von Konflikten ausgelöst werden, bei denen die Beherrschten ihre Stellung verbessern wollen, wohingegen die Herrscher ihre Privilegien aber zu sichern versuchen.

Präsident Ravinstill, dessen Haar silbern gesträhnt ist, betont durch das Tragen einer Militäruniform aus Vorkriegszeiten und Insignien die traditionelle Herrschaft »als Mahnung, dass er schon lange vor den Dunklen Tagen über die Distrikte geherrscht hatte«.[170] Behördliche Strukturen sind in den Distrikten noch nicht sicher eingerichtet, weshalb es zu Aufständen und Anschlägen von Untergrundorganisationen kommt. Präsident Snow hingegen kann auf Strukturen zurückgreifen, die gut vernetzt sind. Den Distrikten gegenüber macht er also von der legalen Herrschaft Gebrauch, wohingegen er innerhalb des Kapitols darüber hinaus seine persönliche Machtstellung durch Elemente der charismatischen Herrschaft absichert. Er verdeckt seine Krankheit, die einen Makel an seinem Erscheinungsbild darstellen könnte.

Präsident Ravinstill ließ sich dagegen öffentlich sogar jährlich einen »hervorragenden Gesundheitszustand« attestieren.[171] Nachdem es zu Aufständen in den Distrikten kommt und er auch innenpolitisch möglicherweise als starke Führungspersönlichkeit in Frage gestellt wurde, greift er beim Dritten Jubel-Jubiläum auf die traditionelle Herrschaft zurück. So erinnert er an die Geschichte des Aufstandes und die Bedeutung der Spiele. Alle 25 Jahre solle den Spielen eine »besondere Bedeutung« innewohnen, auch die stärksten Sieger können sich der Macht und Größe des Kapitols nicht entziehen. Über die Autorität schreibt Fromm:

»Mit der Entstehung von Gesellschaften, die auf hierarchischer Ordnung basieren und viel größer und komplexer sind als die der Jäger und Sammler, wird die Autorität auf Grund von Kompetenz durch die Autorität auf Grund von sozialem Status abgelöst. Das bedeutet nicht, dass die jetzt gültige Autorität notwendigerweise inkompetent ist, es bedeutet nur, dass Kompetenz kein Wesenselement für sie ist. Ob wir es mit monarchischer Autorität zu tun haben, bei der die Lotterie der Gene über die Kompetenz entscheidet, oder mit einem skrupellosen Verbrecher, der durch Heimtücke oder Mord zu einer Autorität wird, oder, wie so häufig in der modernen Demokratie, mit Autoritäten, die auf Grund ihrer photogenen Erscheinung oder des Geldes, das sie für ihre Wahl ausgeben können, gewählt werden – in allen diesen Fällen dürften Kompetenz und Autorität in keinem oder kaum einem Verhältnis zueinander stehen.

Aber selbst in Fällen, in denen sich Autorität auf Grund einer gewissen Kompetenz etabliert, entstehen ernste Probleme. Zunächst einmal kann ein Führer auf einem Gebiet kompetent sein und auf einem anderen nicht, wie zum Beispiel ein Staatsmann bei der Kriegführung kompetent gewesen sein kann, im Frieden jedoch versagt. Oder ein Politiker kann am Anfang seiner Karriere ehrlich und mutig gewesen sein und büßt durch die Versuchung der Macht diese Eigenschaften ein. Alter und körperliche Behinderungen können eine Abnahme seiner Fähigkeiten bewirkt haben. Schließlich muss man sich vor Augen halten, dass es für die Angehörigen eines kleinen Stammes viel leichter war, das Verhalten einer Autoritätsperson zu beurteilen, als für die Millionen von Menschen in unserem System, die ihren Kandidaten nur auf Grund des manipulierten Bildes kennen, das die Public-Relations-Spezialisten von ihm entwerfen.

Was immer die Gründe sind für den Verlust der Kompetenz verleihenden Eigenschaften – es kommt in den meisten größeren und hierarchisch gegliederten Gesellschaften zu einem Prozess der Entfremdung der Autorität. Die reale oder fiktive ursprüngliche Kompetenz geht auf die Uniform oder den Titel über. Wenn die Autorität die richtige Uniform trägt oder mit dem entsprechenden Titel ausgestattet ist, dann ersetzen diese äußeren Zeichen die reale Kompetenz und die Qualitäten, auf denen diese beruht. Der König – um diesen Titel als Symbol für diese Art von Autorität zu verwenden – kann dumm, heimtückisch, böse, das heißt völlig ungeeignet sein, eine Autorität zu sein, dennoch hat er Autorität. Solange er den Titel hat, nimmt man an, dass er auch über die Qualitäten verfügt, die ihm Kompetenz verleihen. Selbst wenn der Kaiser nackt ist, glaubt jeder, dass er schöne Kleider anhat.

Dass die Menschen Uniformen und Titel für Kompetenz verleihende Qualitäten halten, geschieht nicht ganz von selbst. Die Inhaber der Autorität und jene, die Nutzen daraus ziehen, müssen die Menschen von dieser Fiktion überzeugen und ihr realistisches, das heißt kritisches Denkvermögen einschläfern. Jeder denkende Mensch kennt die Methoden der Propaganda, Methoden, durch die die kritische Urteilskraft zerstört und der Verstand eingelullt wird, bis er sich Klischees unterwirft, die die Menschen verdummen, weil sie sie abhängig machen, und sie der Fähigkeit berauben, ihren Augen und ihrer Urteilskraft zu vertrauen. Diese Fiktion, an die sie glauben, macht sie für die Realität blind.«[172]

Snow war sich darüber bewusst, welches Bild, welches Symbol er einnehmen würde. »Die Menschen würden ihn einen Tyrannen nennen, der mit eiserner Faust grausam regierte. Aber immerhin würde er ihr Überleben sichern und ihnen eine Chance bieten, sich zu entwickeln. Was konnte die Menschheit mehr erhoffen? Sie konnte ihm wirklich dankbar sein.«[173]

An dieser Stelle zeigt sich Snows stark ausgeprägter autoritärer Charakter, wie er bei vielen Despoten der Geschichte zu erkennen ist. Trump rationalisierte seinen Machtanspruch dadurch, dass er Amerika »wieder groß« machen wolle, was zum Besten des amerikanischen Volkes sei. »Für gewöhnlich versucht[e auch] Hitler, sein Machtstreben zu rationalisieren und zu rechtfertigen; dabei bedient er sich mit Vorliebe folgender Rechtfertigungen: Seine Herrschaft über andere Völker sei nur zu deren Besten und komme nur der Kultur der Welt zugute; der Wille zur Macht sei in den ewigen Gesetzen der Natur begründet, und er habe lediglich diese Gesetze erkannt und befolge sie; er selbst handele nach dem Gebot einer höheren Macht – Gottes, der Vorsehung, der Geschichte oder der Natur; sein Streben nach Herrschaft diene lediglich der Verteidigung gegen die Versuche anderer, ihn und das deutsche Volk zu beherrschen. Er selbst wolle nur Frieden und Freiheit.«[174]

Hitler war Vegetarier und niemals bei Hinrichtungen seiner »Feinde« zugegen. Für Fromm besteht der unterbewusste Grund in einer Verleugnung Hitlers seiner eigenen Destruktivität. Er ist Vegetarier, somit »beweist« er sich selbst, dass er niemals Blut vergießen könne.

Snow verdrängt seine eigene Destruktivität. Er wird beschrieben als »schneeweiß«. Laut Fenek Odair steckt er sich weise, parfümierte Rosen an, um den Gestank von Blut (aus seinem Rachen) zu überdecken. Snow selbst sagt zu Katniss, nichts strahle mehr Perfektion aus als Weiß.

Übertragen können wir dies so verstehen, dass »alles Böse von Snow ausgeht«, wie Katniss es auf den Punkt bringt; von seinem Charakter geht unweigerlich der Gestank des Blutes, also Schuld und Blutrünstigkeit aus. Snow sucht dies zu verdrängen, indem er sich mit der Farbe Weiß, der Farbe der Unschuld kleidet und identifiziert. Am deutlichsten wird diese Negation nach der Bombardierung von Distrikt 13 durch das Kapitol im dritten Teil: Über die aufgerissene Erde, über das gesamte Trümmerfeld, werden weiße Rosen abgeworfen, sie verleugnen die Destruktivität Snows.

Die Hungerspiele wurden zum alljährlichen Medienereignis. Im Winter begann die Tour der Sieger, im Frühjahr fand die Ernte statt, im Sommer die Spiele und im Herbst die Nachberichterstattung. So ging das weiter und weiter. Eine faschistoide Gesellschaft, eine Oligarchie der Privilegierten herrschte im Kapitol über ganz Panem. So geschah es auch einst mit dem jungen Coriolanus, der *zu einer Schlange erwuchs*, mit der man es aufnehmen musste. »Was eines Tages ganz Panem erfahren würde. Was unvermeidlich war. Snow landet immer oben.«[175]

Snow blieb Panems Präsident bis zu seinem 85. Lebensjahr. Einige Quellen berichten, er sei sehr jung gewesen, als er an die Macht kam. Seine Amtszeit könne 25 oder sogar 55 Jahre angedauert haben, jedoch sind die Quellen hierzu nicht einheitlich. Er muss jedoch wahrscheinlich mindestens 29 Jahre alt gewesen sein, als er ins Amt kam.

Snow war Fluch und Segen für Panem zugleich. Er kam durch die *zufällige* Verkettung von Ereignissen an die Macht und war doch *unausweichlich*. Sein Fall *war* und *ist* seltsam.

2.5.8 Sekundäre Quellen

In Fan-Foren und anderen digitalen Quellen konnten vor der neueren Geschichtsschreibung durch Collins *Lied von Vogel und Schlange* Spekulationen, Annahmen und Gerüchte über Snows Jugend und Machtergreifung gefunden werden. Eine Quelle, die von Collins Darstellungen deutlich abweicht, ist dennoch interessant.*

---

* Leider verfüge ich zum gegenwärtigen Zeitpunkt nur noch über den vor einigen Jahren ausgedruckten Text. Der Quellenlink ist heute nicht mehr verfügbar.

Die Quelle beschreibt, dass Coriolanus Snow zu Julis Fire, dem Sohn der damaligen Präsidentin Diana Rolltide, eine enge Beziehung aufbaute, während sie die Akademie besuchten. Snow selbst soll der Sohn eines wohlhabenden Geschäftsmannes (und Bordellbetreibers) gewesen sein. Diese Ausführungen sind nicht allzu weit von Collins Überlieferungen entfernt.

Snow und Fire sollen eine sehr intime und homosexuelle Beziehung eingegangen sein. Die sich anziehenden Gegensätze von *Snow* und *Fire* sind dabei durchaus metaphorisch zu verstehen. Ein stark dominanter, sadistischer Charakter wie Snow wird vermutlich eine Liaison mit einem unterwürfigem, masochistischem Charakter eingehen. Dass der zweifelnde und hilfebedürftige Sejanus Plinth zweifelsohne diese Rolle füllte, wie bei Collins beschrieben wird, ist durchaus plausibel. Auch ist denkbar, dass Snow nach der unglücklichen Liebe zu Lucy Gray Baird von intimen Liebschaften zu Frauen Abstand nahm. Homoerotische »Abenteuer« können während oder nach dem Besuch der Akademie als Reaktion darauf nicht ausgeschlossen werden. (– die, da homosexuelle Lebenspartnerschaften für Gewöhnlich keine eigenen Nachkommen hervorbringen und also »unnütz« für Panems Gemeinschaft sind, zumindest in den ersten Nachkriegsjahren geheim bleiben hätte müssen.)

Die Quelle berichtet außerdem, dass Snow in der Akademie vieles über Politik, Wirtschaft und Staatswesen lernte, was mit Collins Berichten über die Bedeutung von Herrschaft und der Hungerspiele sowie den elitären Kurs in Militärstrategie deckungsgleich sein dürfte.

Während Rolltides Präsidentschaft eroberte die Dekadenz das Kapitol. Dass nach dem Krieg Parties und Vergnügen erst nach und nach Einzug in die Kultur des Kapitols fand, ist plausibel. Nachdem Snow und Fire einen Plan geschmiedet haben, wie Fire selbst Präsident werden könne, gelang ihnen sehr bald die Machtübernahme. Fire war im Kapitol sehr beliebt und wurde nach dem ominösen Mord seiner Mutter gewählt. Während Fire das Vergnügen zur Staatskultur erheben wollte, wollte Snow als dessen oberster Chefberater die Hungerspiele ins Zentrum rücken. Über dieses Zerwürfnis tötete Snow seinen ehemals Verbündeten und wurde Präsident. Er versprach eine neue Ära und die Modernisierung der Infrastruktur, einen Ausbau des Nuklearwaffenarsenals, eine Effizienzsteigerung der Distrikte, die Beendigung der Stromausfälle im Kapitol und garantierte den Fortbestand der Hungerspiele. Friedenswächter nutzte er als persönliche Schergen, um Kontrahenten zu beseitigen. Als es zu einem Bevölkerungsboom kam, die Wirtschaft im Kapitol aber stagnierte, wurde bereits beim Zweiten Jubel-Jubiläum eine gesonderte Regelung erlassen, nämlich dass jeder Distrikt vier Tribute zollen muss statt zwei.

All diese Ausführungen stimmen nicht mit Collins Quellen überein oder sind nicht durch primäre Quellen abgesichert. Dennoch sind viele dieser Gedanken durchaus eine nützliche Folie, die in einigen Punkten auch von Collins unabhängig aufgegriffen wurden.

Was Snows politische Agenda betrifft, so ist in der Tat anzunehmen, dass die oben genannten Maßnahmen zur Stärkung des Militärs und zur Sicherung der Vorherrschaft des Kapitols in Panem ergriffen wurden. Snows Weg zur Macht über seine akademische Karriere hinaus erscheinen vor einem nachvollziehbaren und glaubwürdigen Hintergrund. Collins Geschichtsschreibung lässt die Annahme zu, dass Snow sich als Erbe der Waffenfabrikation einen Posten innerhalb der Regierung sicherte. Mit der Unterstützung durch das ihm unterstellte Heer könnte er so schließlich an das Präsidentenamt übernommen haben. Dass Despoten persönliche Schergen zur Beseitigung oppositioneller Kräfte benutzen, ist mit Blick auf Russland unter dem Putin-Regime keine haltlose Dichtung.

Der »Kniff« bei dem Zweiten Jubel-Jubiläum könnte schließlich und endlich in einem tatsächlichen Bevölkerungsanstieg begründet liegen und in Bezug auf Snow eine Erklärung dafür geben, weshalb er beim Dritten Jubel-Jubiläum eine Art Déjà-vu erlebte und sich nur allzu bereitwillig auf eine Änderung der nach den Dunklen Tagen vorgegebenen Regeln eingelassen hat, die die Verfasser des Hochverratsvertrages in dem Glauben, die Hungerspiele mögen ewig währen, für jedes Jahr einzeln vorgeschrieben haben.

Coriolanus wurde nach den missglückten Spielen verstoßen und als Friedenswächter nach Distrikt 12 entstand. Sein Leben schien zu Ende zu sein. Er war ein Außenseiter, der altehrwürdige Name Snow wurde im Kapitol in den Dreck gezogen. Durch Raffinesse und Skrupellosigkeit kämpfte er sich seinen Weg zurück an die Macht und schreckte auch vor Morden nicht zurück. Sein erster Mord geschah unter dem Zwang der Notwehr durch Erschlagen, dann erschoss er frühere Verbündete aus der Ferne und schließlich brachte er sein Opfer dazu, sich selbst zu vergiften. Mit dem heimtückischen Giftmord fand er seinen für eine Schlange typischen *Modus Operandi* und genoss die Vorstellung, wie sein Opfer erst im letzten Augenblick vor seinem Tod realisieren würde, dass er es war, der sie niederstreckte.

Alle anderen Überlegungen bleiben Spekulation, zeigen aber, dass die historischen Kolorite von unabhängigen Interpreten und Schreibern in ähnlicher Weise aufgegriffen wurden. Snows Macht scheint als Präsident in Panem gefestigt. Aber nichts hält ewig und Revolutionen kommen schleichend. »Nach Russel gibt es dreierlei Ursachen geschichtlicher Veränderung – wirtschaftlichen Umschwung, politische Theorien und bedeutende Individuen.«[176] Und *manchmal sind es die Menschen, von denen man es am wenigsten erwartet, die etwas vollbringen, was bis dahin unvorstellbar war.*[177]

3. Tödliche Spiele – THE HUNGER GAMES

Katniss Everdeen und Peeta Mellark werden als Tribute für Distrikt 12 aus-
gewählt. In den Hungerspielen kämpfen sie nicht nur um ihr Überleben, sie
ringen auch darum, Menschen zu bleiben. Es gelingt ihnen, die Spiele durch
eine List zu überleben, die den Obersten Spielemacher zu einer Regelände-
rung zwingt. Eine Hand voll Beeren wird dazu führen, das Machtgefüge in
Panem empfindlich ins Wanken zu bringen.

3.1 Die Ernte

3.1.1 Distrikt 12

Wie es für eine Dystopie üblich ist, überfordert sie den Zuschauer
gleich zu Beginn der Erzählung, in diesem Fall mit einem »barbari-
schen Staatsvertrag« und Opferkult. Seneca Crane ist im dritten
Jahr Oberster Spielemacher. Er sagt, die Spiele seien eine Tradition,
»geboren aus einem besonders schmerzlichen Kapitel unserer Geschichte.« Die Spiele waren ein Weg zur Heilung, sie haben sich von
einer Mahnung zu einem Bindeglied entwickelt.

Aus einer schillernden Medienatmosphäre rutscht der Zuschauer ab in fast mittelalterliche Zustände, die sich nur um eine Strom-trasse von diesen abheben, welche für weite Teile der ehemaligen USA typisch sind. Strom gibt es hier aber tatsächlich nur wenige Stunden am Tag, wenn überhaupt.[178] Distrikt 12 liegt im Gebiet der Appalachen, wo bereits zu Zeiten der USA Kohle gefördert wurde. Es ist der Kohledistrikt von Panem, alles in diesem Distrikt ist auf die Förderung und Verarbeitung dieses fossilen Brennstoffes aus-gerichtet. Auch die Bildung der Kinder richtet sich daran aus: » Ir-gendwie ist in der Schule alles auf die Kohle ausgerichtet. Neben Grundkenntnissen im Lesen und Rechnen ist [die] Bildung über-wiegend kohleorientiert.«[179]

Primrose wacht aus einem Traum auf. War das bizarre Schil-lernde nur ein Traum? Dass Prim in den Hungerspielen um ihr Überleben rannte, war gewiss ein Alptraum.[180] Katniss, ein Mäd-chen im Alter von 16 Jahren, singt ihre zwölf Jahre alte Schwester Prim wieder in den Schlaf. Sie sorgt sich um sie.

Prim liebt Katzen, Katniss liebt Prim; mit Katzen kann Katniss je-doch nur schwer auskommen. Beim Hinausgehen sagt sie zu dem Kater, der sie anfaucht:»Ich koch dich vielleicht doch noch.«* Für Katniss ist er nur ein weiteres Maul, das gefüttert werden muss.

Distrikt 12 ist ein kalter, armseliger und kranker Ort. Die Men-schen müssen ihre Wäsche per Hand waschen und auf Leinen auf-hängen. Kinder stochern im Dreck der Gosse, die Gebäude sind her-untergekommen. Ein alter Mann nagt die Reste an Fleisch von Kno-chen ab. Die Menschen werden beschrieben als resigniert, sie haben es vor»langer Zeit aufgegeben, den Kohlestaub aus ihren brüchigen Nägeln zu schrubben«, sie haben krumme Rücken und geschwol-lene Fingerknöchel.[181] Hunger ist die wohl häufigste Todesursache in dem Distrikt, aber offiziell wird immer Grippe, Kälte oder Lun-genentzündung angegeben.[182]

Der Strom am eingrenzenden Zaun ist abgeschaltet, sodass Kat-niss zur Jagd in die Wälder ziehen kann, was eigentlich verboten ist, aber eine Kugel tötet schneller als der Hungertod.[183] Der Zaun hatte ursprünglich eine Schutzfunktion; er sollte die Bewohner vor äußeren Gefahren wie Bären oder Schlangen schützen. Mit der Zeit

---

* »Der Kater hasst mich. Misstraut mir zumindest.« Katniss erinnert sich, dass sie ihn vor Jahren in einem Kübel ertränken wollte. »Das Letzte, was ich damals brauchen konnte, war ein weiteres Maul, das gefüttert werden wollte.« (Collins, Tödliche Spiele: 7f.)

wurde der Zaun jedoch zu einem Gefängnis, da es den Bewohnern untersagt war, das Innere zu verlassen.

Damit wird der Zaun zum Symbol für die Rationalität. Das Rationale ist der Schutz vor dem Irrationalen, welches willkürlich sein kann. Es herrschen Sicherheit und Ordnung durch die *Rationalität*. Diese ist jedoch nicht kritisch und hinterfragt das System an sich nicht mehr; vielmehr führt die Rationalität dazu, dass sie sich selbst Selbstzweck wird und der Erhalt des Systems gegen alle äußeren Bedrohungen verteidigt werden muss. Das Irrationale kann eine Bedrohung darstellen, aber es bereitet dem kritischen Denken einen gute Boden, auf dem Kritik gedeihen kann. *Kritik hinterfragt allerdings das System und gefährdet die Sicherheit und Ordnung im Inneren. Ein Funken Kritik ist nützlich, eine Menge Kritik ist gefährlich – nichts gegen einen Funken, solange er unter Kontrolle ist.*

Damit erhält der Zaun eine doppelte Funktion, nämlich die des Gefängnisses, um die Kritik im Innern kontrollieren und die Insassen vor äußeren Gefahren schützen zu können.

In den Wäldern hat Katniss einen Bogen mit Pfeilen im Unterholz versteckt. Sie versteht das Jagen, sie kann die Windrichtung lesen und ihre Beute durch Erschrecken vor sich her treiben.

Gale, ein gut aussehender Jäger und zwei Jahre älter als Katniss, überrascht sie und würde gerne wissen, was sie mit einem ganzen Reh eigentlich machen wolle. Er ist der einzige, gegenüber dem sie offen sprechen kann.[*] Nur im Wald lächelt sie, sagt Gale. Natürlich wird Katniss das Reh an Friedenswächter verkaufen, die selbst nach Fleisch gieren.[†] Weil sein plötzliches Erscheinen das Reh vertrieben hat, wirft Gale einen Stein und scheucht damit Vögel auf. Katniss schießt ihren Pfeil ab und trifft einen Vogel. Dann bricht die technologische Übermacht wie aus einer anderen Welt vom Himmel herab.

---

[*] Auch das Bündnis mit Gale hat sich über längere Zeit erst entwickeln müssen. Katniss misstraut anderen Menschen grundsätzlich: »Also lernte ich, meine Zunge zu hüten und eine gleichgültige Maske aufzusetzen, damit niemand meine wahren Gedanken lesen konnte.« (Ebd.: 11)

[†] Der Handel mit den Bewohnern ist den Friedenswächtern eigentlich strikt untersagt, jedoch nutzen sie den »Hob« (Schwatzmarkt) selbst für ihre Einkäufe. (Ebd.: 10) Katniss vermutet, dass das Kapitol über dies hinwegschaut, weil Distrikt 12 sehr weit abgelegen ist. (Ebd.: 227f.)

Ein Hovercraft aus dem Kapitol erreicht Distrikt 12.

3.1.2 Die Maske und das Glück

Effie Trinket tritt kostümiert und mit Sonnenschirm auf. Ihr Gesicht ist weiß gepudert. Alles an ihr schreit geradezu: »Ich bin anders, ich bin besonders.« Ihr Kapitolakzent wirkt gekünstelt.[184] Sie wird beschrieben als »furchtbar gut gelaunt« und mit einem »furchteinflößenden weißen Grinsen« lässt sich über die »Ehre« aus, Distrikt 12 betreuen zu dürfen. Sie will aber eigentlich schnell aufsteigen und einen besseren Distrikt bekommen, ohne alkoholkranke Sieger wie Haymitch Abernathy.

Haymitch ist Sieger des Zweiten Jubel-Jubiläums im Alter von 17 Jahren geworden. Bei diesem gab es die besondere Regel, dass jeder Distrikt zwei männliche und weibliche Tribute opfert, also vier an der Zahl.

»Gegen Ende der 50. Hungerspiele (.) stößt Haymitch einen Kieselstein vom Rand einer Klippe, der auf seine Hand zurückprallt; er lacht. (.) Zwei Wochen, nachdem er zum Sieger des Zweiten Jubel-Jubiläums gekrönt wurde, wurden seine Mutter, sein jüngerer Bruder und seine Freundin alle von Präsident Snow wegen des Stunts getötet, den Haymitch mit dem Kraftfeld machte. In den nächsten 23 Jahren betreut Haymitch die Ehrungen für Distrikt 12 allein. Aufgrund des Schreckens der Spiele, seiner Trauer über den Tod seiner Familie und der Tatsache, dass jeder Tribut, den er trainierte, in der Arena getötet wurde, wendet sich Haymitch dem Trinken zu und isoliert sich von Distrikt 12. Er beginnt, mit einem Messer in der Hand zu schlafen und weigert sich, jemanden in sein Haus zu lassen. Katniss erwähnt später, dass es so war, als hätte er sich selbst zu Einzelhaft verurteilt.«[185]

Haymitchs Glück sollte ein Unglück sein. Anders als er lebt Effie nicht zurückgezogen, sondern trägt in der Öffentlichkeit eine Maske. Sie will betonen, wie besonders sie ist, um zu verdecken, dass sie selbst keine charakterstarke Persönlichkeit in sich trägt. Sie ist unzufrieden mit ihrem Status und mit sich selbst; darüber versucht sie mit ihrer Maske hinwegzutäuschen und nach Außen etwas anderes vorzugeben, als was sie wirklich ist.

»Es ist wahr, daß hinter dieser Maske eine andere sein kann. Nichts hindert den Darsteller, eine Maske unter der anderen zu tragen. (.) Die Wirkung der Maske ist hauptsächlich eine nach *außen*. Sie schafft eine *Figur*. Die Maske ist unantastbar und setzt eine Distanz zwischen den Beschauer und sich. (.) gleich hinter der Maske beginnt das Geheimnis.«[186]

Das *make up*, so Anders, sei eine Verdinglichung als »Selbstverding-lichung«.[187] Der Traum des technologiegläubigen Menschen sei es »natürlich, seinen Göttern: den Apparaten, gleich zu werden, rich-tiger: ihnen ganz und gar, gewissermaßen ko-substanziell zuzuge-hören.«[188]

»Ohne *make-up* unter Leute zu gehen, kommt für girls nicht in Betracht. Das bedeutet nicht etwa nur, daß sie sich, wie ihre Mütter und Großmütter, schämten, in ungepflegtem oder ungeschmücktem Zustande aufzutreten: ausschlaggebend ist, wann, d.h. in welchem Zustand, sie sich adrett fühlen, wann sie als ‹gepflegt› gelten, wann sie sich nicht schämen zu müssen glau-ben. Antwort: Dann, wenn sie sich (soweit der Rohstoff ihrer Glieder und ihrer Gesichter das zuläßt) in Dinge, in Kunstgewerbegegenstände, in Fer-tigwaren verwandelt haben. Sich mit ‹nackten Fingernägeln› zu zeigen, ist ‹unmöglich›: salonfähig, office-fähig, ja selbst küchenfähig sind ihre Nägel erst dann, wenn diese den Geräten, mit denen die Finger umzugehen haben, ‹ebenbürtig› geworden sind; wenn sie den gleichen toten und polierten Ding-‹finish› aufweisen wie diese; wenn sie ihr organisches Vorleben ver-leugnen können; also so wirken, als wären auch sie gemacht. – Der gleiche Standard gilt für Haare, Beine, den Gesichtsausdruck, eigentlich (nur ist die Natur eben doch ein wenig widerspenstig) für den Leib als Ganzen: denn als ‹nackt› gilt heute nicht der unbekleidete Leib, sondern der unbearbeitete; derjenige, der keine Ding-Elemente, keine Verweisungen auf Verdingli-chung, enthält. Und des in diesem neuen Sinne ‹nackten› Leibes schämt man sich, selbst wenn dieser bedeckt ist, weit eher als des im herkömmlichen Sinne ‹nackten›, sofern man diesen nur auf zufriedenstellende Weise ver-dinglicht. Jedes, nicht nur jedes fashionable Strandbad beweist das. Um ein berühmtes Nietzsche-Wort zu variieren: Der Leib ist etwas, was überwun-den werden muß. Oder vielmehr: Er *ist* bereits ‹überwunden›.«[189]

»Fröhliche Hungerspiele! Und möge das Glück stets mit euch sein« (»odds be ever in your favour«), ist der Fanalruf der Spiele. Dort, wo man einst sagte, »Gott schütze Amerika« oder »Gott schütze die Vereinigten Staaten«, hat man sich losgesagt von einem Glauben an einen Gott. Im Angesicht der Trümmer und des Leides dieses ge-zeichneten Kontinentes gab man den Glauben an Gott auf und traute mehr dem Glück.* Man traute dem Glück, denn in der Auslese der Stärksten und dem Zurücklassen der Schwachen konnte man Glück oder Pech haben. War man als ältere Frau nicht mehr gebärfähig, ist man wahrscheinlich aussortiert worden. War man als junger Mann zeugungsunfähig, aber gesund und gut gebaut, hatte man vielleicht Glück, und wurde doch den Starken zugeteilt, denen das Überleben zu Teil wurde und von denen man hoffte, dass sie die Population erhalten könnten.

Losgelöst von einer staatlich vorgenommen Selektion versteht sich dieses Glück auch ganz allgemein im Überlebenskampf und die damit einhergehende »natürliche Selektion«. Findet man Nahrung, Wasser, einen Unterschlupf? Kann man sich vor Kälte und wilden Tieren schützen? Tappt man in eine Falle oder gelingt einem die Flucht durch einen glücklichen Zufall? Das Glück wurde das Heil; das Glück wurde die höchste Macht; das Glück wurde zum Staatscredo.

3.1.3 *divide et impera*

Die Vorbereitungen für den »Tag der Ernte« beginnen. Unterdessen kommt es zwischen Gale und Katniss außerhalb von Distrikt 12 auf einer idyllischen Wiese, ihrem Rückzugsort, zu einer bemerkenswerten Unterhaltung. Gale hinterfragt die Spiele. Was wäre, wenn einfach niemand mehr zuschauen würde? Katniss hält das für unrealistisch. Gale denkt *kritisch*, Katniss denkt *rational*.

Er schlägt vor wegzulaufen und in den Wäldern zu leben. Sie bezweifelt, dass sie auch nur fünf Meilen weit kommen würden – außerdem müsse sie an ihre Schwester denken. Katniss will auf keinen Fall Kinder haben.

Diese Äußerung von Katniss ist bedeutsam. In lebensbedrohlichen Situationen ist für gewöhnlich die Libido stark erhöht. Das ergibt mit Blick auf den Arterhalt evolutionär durchaus Sinn. Hier jedoch kippt die Bedrohungslage derart um, als dass sie eben genau ein Grund ist, keine Kinder zu zeugen, weil man es ihnen nicht zumuten kann oder will, in einer solchen Welt leben zu müssen. Es sind keine natürlichen Übel, die das Leben schlecht machen; es sind von Menschen gemachte Übel, die Leid über die Menschen bringen.

---

* Das englische Wort »odds« meint explizit *Chancen* oder *Gewinnchancen*, wie bei einem Glück- oder Losungsspiel.

Gale fragt sich, wie es wäre, wenn er woanders leben würde. Katniss jedoch schlägt diesen Gedanken nieder mit den nüchternen Worten: »Aber du lebst hier.« Über dieses gesamte Gespräch hinweg ist es interessant zu beobachten, wie sich Gale ein Stück kindliches Fantasiedenken bewahrt hat, wohingegen Katniss vollkommen rational, also erwachsen denkt. Er fragt, ob es ein »Außerhalb« des Systems gibt; sie sagt, wie das Innen des Systems ist.

Als Gale ihr ein Stück frisches Brot gibt, strahlen auch Katniss Augen: »Oh mein Gott. Ist das Echtes?«* Er hat das Brot gegen ein Eichhörnchen getauscht. Es gibt also einen blühenden Schwarzmarkt, auf dem Naturalien ausgetauscht werden – ein Geldsystem gibt es in Distrikt 12 offenbar nicht. Stattdessen gibt es ein Zahlsystem von *Tesserasteinen.* Jeder Stein entspricht dabei einer kleinen Jahresration Getreide und Öl für eine Person, sodass das Minimum an existenziellen Überlebensbedürfnisse abgedeckt ist.[190] Eine ähnliche Idee beschrieb auch Thomas Morus in *Utopia,* in dem er die Menschen ein Grundeinkommen beziehen ließ. Darüber hinaus hatte ein jeder aber auch die Möglichkeit, durch Arbeit mehr Einkommen zu erwirtschaften.

Wer hingegen in den Distrikten mehr Rationen oder einen Zuschlag erhalten möchte, dessen Name wird öfter in der Lostrommel vermerkt. Wenn nun alle Distriktbewohner proportional mehr konsumieren würden, bliebe die Wahrscheinlichkeit bei der Ziehung unverändert. Kollektiv könnte man das System also umgehen, jedoch darf man die Furcht und Repressionen nicht übersehen. Wenn jemand zu viel konsumiert oder zu viele zu viel konsumieren, so sind Auspeitschungen und Hinrichtungen wirksame Methoden, um Exempel zur Abschreckung und Einschüchterung zu statuieren. Das alles bedeutet, dass Wohlhabende, wie etwa die Familie des Bürgermeisters, besser genährt sind als diejenigen, welche aus Angst vor dem Los darauf verzichten. Oder kurz: Dass ärmere Bewohner ein höheres Risiko haben, gezogen zu werden. Die Armen werden also systematisch benachteiligt.[191] Katniss stellt fest:

»Die Tesserasteine [sind] nur ein weiteres Mittel, um in unserem Distrikt Elend zu schaffen. Ein Weg, um Hass zu schüren zwischen den hungernden

---

* Dieser kleine Ausruf ist nicht ohne Belang. Das Wort Gott ist also erhalten geblieben. Auf die Frage der Religion in Panem stellt das einen wichtigen Hinweis dar. Gott ist in diesem Sinne nicht vollkommen abhandengekommen und vergessen worden.

Arbeitern des Saums* und denjenigen, die im Allgemeinen ein sicheres Mittagessen vorgesetzt bekommen, und dafür zu sorgen, dass wir einander nie trauen werden. Das Kapitol hat den Nutzen, wen wir untereinander gespalten sind.«[192]

Es ist die ursprünglichste Form der Herrschaftsmethode *divide et impera*: teile und herrsche. Das Kapitol unterdrückt also nicht nur die Kommunikation unter den Distrikten, sondern sorgt auch in diesen selbst für Spaltungen und Verwerfungen zwischen den Menschen.

3.1.4 Die Spotttölpelbrosche

Nach Collins&Co bekommt Katniss eine Spotttölpelbrosche von einer älteren Frau geschenkt, mit der sie auf einem Schwarzmarkt gehandelt hat. Colllins hingegen beschreibt, dass sie die Brosche nach der Ernte im Abschiedsraum des Justizgebäudes von ihrer Freundin Madge Undersee erhält, der Tochter des Bürgermeisters. Sie möchte, dass Katniss die Brosche als Andenken an in die Spiele mitnimmt. Diese gehörte einst ihrer verstorbenen Tante Maysilee Donner, die bei den 50. Hungerspielen umkam und die Verbündete des späteren Siegers Haymitch war. Das Symbol des Spotttölpels hat eine besondere Bedeutung

»Zu Zeiten der Rebellion hatte das Kapitol eine Reihe gentechnisch veränderter Tiere gezüchtet, um sie als Waffen einzusetzen. Eines davon war ein Vogel namens Schnattertölpel, der ganze Unterhaltungen zwischen Menschen im Gedächtnis speichern und wiedergeben konnte. Sie waren ausschließlich männlich und fanden wie Brieftauben den Weg nach

---

* Ein Teil von Distrikt 12

Hause. Sie wurden in den Gegenden ausgesetzt, wo sich die Feinde des Kapitols versteckt hielten. Wenn die Vögel die Worte aufgeschnappt hatten, sollten sie zu Sammelpunkten zurückfliegen, wo alles aufgezeichnet wurde. Es dauerte eine ganze Weile, bis die Leute herausfanden, was da vor sich ging und wie ihre privaten Unterhaltungen übertragen wurden. Dann allerdings fütterten die Rebellen die Vögel mit lauter Lügen und das Kapitol guckte dumm aus der Wäsche. Die Sammelpunkte wurden geschlossen und die Vögel zum Sterben in die Wildnis entlassen. Nur dass sie nicht starben. Stattdessen paarten sich die Schnattertölpel mit weiblichen Spottdrosseln und schufen eine ganz neue Art, die sowohl Vogelgezwitscher als auch menschliche Melodien wiedergeben konnte. Diese Tiere hatten die Fähigkeit verloren, Wörter zu artikulieren, doch sie konnten immer noch eine Reihe menschlicher Laute nachahmen, vom hohen Geträller eines Kindes bis zur tiefen Stimme eines Mannes. Und sie konnten Lieder wiedergeben. Nicht nur ein paar Töne, sondern ganze Lieder mit mehreren Strophen, man musste nur die Geduld aufbringen und sie ihnen vorsingen – und die Stimme musste ihnen gefallen.« [193]

Der Spotttölpel[194]

Als Prim für die Ernte angezogen wird, tritt die Spannung zwischen Katniss und ihrer Mutter offen zutage. Katniss spricht an ihr vorbei und versucht offensichtlich, sie zu ignorieren. Zu ihrer Schwester sagt sie: »Du bist wunderschön kleine Ente, aber dein Schwänzchen guckt noch raus.« Katniss schreibt über ihre Mutter: »Im Schlaf sieht meine Mutter jünger aus, immer noch erschöpft, aber nicht so resigniert.«[195] Dass sie sich um ihre Schwester kümmert, da ihre Mutter es nicht konnte, erklärt, weshalb Katniss oft erwachsen und rational denkt und wirkt, was nicht heißen soll, dass sie sich von ihrem kindlichen Trotz vollständig losgelöst hat. Nach dem Tod ihres Vaters bei einem Mienenunglück[196] wurde Katniss mit elf Jahren zum Familienoberhaupt, ihre Mutter dagegen wurde wieder Kind.[197] Weder begrüßt Katniss ihre Mutter in dieser Szene, noch geht sie später auf ein Kompliment von ihr ein, als diese zu ihr sagt, dass sie in ihrem eigenen Kleid jetzt auch wunderschön aussehe. Katniss gibt ihrer Schwester die Brosche als Talisman, der sie beschützen soll. Vor dem Justizgebäude werden die Kinder im Alter von zwölf bis 18 Jahren von Friedenswächtern zusammen getrieben, welche eine weiße Uniform und ein durchsichtiges Schutzvisier tragen.

Alle Bewohner des Distriktes müssen der Ernte beiwohnen, andernfalls drohen schwere Strafen. Katniss versucht auch hier wieder ihre Schwester zu beruhigen. Für die Registrierung ist eine DNA-Erkennung mittels Blutprobe notwendig. Hierfür wird ein kleiner Blutstropfen in ein Buch eingetragen durch einen digitalen Scannervorgang erfasst. Für Prim muss dies ein außergewöhnlicher Anblick gewesen sein, der sich nur schwer in Worte fassen lässt. Technologie war in den Distrikten bis auf Lampen oder Massenmedien wie das Fernsehen an sich vollkommen unbekannt geblieben.

3.1.5 Kinder und die Losungsregeln

Die Losungsregeln

»Am Erntetag versammeln sich überall in Panem die Bürger der verschiedenen Distrikte auf ihren Marktplätzen. Dort wird aus zwei großen Glaskugeln jeweils ein Name gezogen: der seines männlichen und der seines weiblichen Tributs. Vor dem Gerichtsgebäude mit dem Wappen Panems warten die Menschen auf die Verlesung dieser Namen. Alle Bürger im Alter zwischen zwölf und achtzehn können für die Hungerspiele ausgewählt werden. Mit zwölf wandert der Name einmal in die Glaskugel, mit dreizehn zweimal und so weiter, bis man schließlich im letzten Jahr mit achtzehn siebenmal vertreten ist. Es besteht auch die Möglichkeit, sich darüber hinaus noch zusätzlich nominieren zu lassen, um für sich selbst oder für Familienmitglieder einen Tesserastein zu erwerben. Der Wert eines Steins beträgt eine Jahresration an Getreide und Öl, darum nehmen viele das erhöhte Risiko auf sich. Jeder Bürger in nominierfähigem Alter muss sich bei einem Beamten des Kapitols registrieren lassen. (.) So kann das Kapitol darüber Buch führen, wer zum ersten Mal nominiert ist, wer zusätzliche Nominierungen hat und wer bereits zu alt für die Spiele ist.

In Distrikt 12 hat man für den Erntetag eine provisorische Bühne auf dem Marktplatz errichtet, ausgestattet mit einem Mikrofon und Sitzplätzen für die örtlichen Beamten sowie den einzigen hiesigen noch lebenden Sieger der Hungerspiele. Zu anderen Zeiten ist der Marktplatz ein anziehender Treffpunkt, aber am Erntetag ist er voll und laut. Für die Ernte haben die Bürger ihre besten Kleider angelegt. Gebannt warten sie auf den Beginn der Zeremonie. Nach Altersgruppen getrennt stehen die Nominierten in mit Seilen abgetrennten Arealen. Die Erwachsenen sind bloß Zuschauer und müssen dahinter bleiben.«[198]

Rekrutierungs-Propaganda[199]

Warum werden Kinder als Trübte gewählt?

Hier vermute ich einen symbolischen, wie auch politischen Hintergrund. In den Schrecken der Krisen, Katastrophen und Kriegen sind alle wieder Kind geworden, und sie bekämpften sich selbst gnadenlos bis aufs Blut gegenseitig. Das Kind-Sein ist für die Spiele eine wichtige Symbolik. Sie transportiert die Mahnung, wie grausam Kinder sich verhalten können, ohne dabei irgendein Gefühl von Schuld und Reue zu empfinden.

Nicht-metaphorisch verstanden sind die Kinder der Distrikte die Tribute für die in der Rebellion gestorbenen Kinder. Die Überlegung ist nicht nur symbolisch, sondern politisch, da so die Distrikte auf lange Sicht in der Population das Kapitol nicht übersteigen sollen. Auch viele Kinder der Distrikte sind gewiss im Krieg gestorben und die niedrige Zahl an Tributen ist kein objektiv wirksames Mittel, aber es ist eine politische Botschaft.

Warum werden Kinder im Alter von zwölf bis achtzehn Jahren gewählt?

Nach der obigen Überlegung dürfte sich die obere Altersschranke von selbst verstehen. Man muss sich die Entwicklungsstadien der Kindheit vor Augen führen, um den Sinn der unteren verstehen zu können. Im Alter von sechs bis elf Jahren denken Kinder organisierter und in Zusammenhängen. Sie denken deduktiv* und induktiv.†️ Außerdem entwickeln sie räumliches Denken und ihr Gedächtnis verbessert sich. Sie entwickeln eine Persönlichkeit und ein Selbstkonzept, welches aus Vergleichen mit anderen und zunehmend differenzierteren und umfassenderen Selbstbeschreibungen hervorgeht. Sie entwickeln ein Selbstwertgefühl und können soziale Bindungen wie Freundschaften ausbilden.

Was bedeutet das für die Losungsregel? Zum einen wären Kinder unter zwölf Jahren allein schon aufgrund des unterentwickelten räumlichen Denkens nicht in der Lage, sich in der Arena zurechtzufinden. Sie würden vermutlich schnell sterben und die Spiele würden dadurch *langweilig*. Zum anderen liegt es im Wesen der Spiele, wie ich später noch ausführen werde, Menschen zu zerstören, ehe sie tot sind. Es liegt auf der Hand, dass hierzu etwas existieren muss, was man zerstören kann – und da Kinder unter zwölf Jahren noch keine umfassende Persönlichkeit entwickelt haben,

---

* Eine Schlussfolgerung von einem allgemeinen Sachverhalt auf einen Spezialfall ziehen.
† Spezialfälle beobachten und Schlussfolgerungen über allgemeinen Sachverhalt ziehen.

würde es am Sinn der Spiele vorbeilaufen, Kleinkinder zu opfern; das wäre *langweilig*.

3.1.6 Staatspropaganda

Die Ernte muss im Frühjahr stattfinden, da die Tour der Sieger im Winter, die Ernte jedoch erst nach der Tour und nach dem Winter beginnt. Die Spiele an sich finden dann im Sommer statt.[200] Der Zeitpunkt ist nicht ohne Belang. Die Depressivität des Winters soll dadurch konserviert und die im Frühjahr und Sommer aufkeimende Energie unterdrückt werden, sodass die Depressivität alljährlich ganzjährig wird.

Effie Trinket nimmt die Auslosung vor. Den Text des vorgespielten Propagandafilmes spricht sie leise auswendig mit: »Ich liebe das.« Die erfolgreiche Indoktrination durch Propaganda kommt hier besonders gut zur Geltung. Der Propagandafilm befasst sich mit dem Hochverratsvertrag. Auf ein paar wesentliche Elemente möchte ich näher eingehen.

Zu Beginn des Filmes heißt es: »Krieg. Ein schrecklicher Krieg. Witwen, Waisen, ein mutterloses Kind.«[*] Witwen und Waisen sollten sich von selbst verstehen. Das Symbol oder die Metapher des mutterlosen Kindes stellt für mich eine besondere Bedeutung dar. Im Höhepunkt der Krise wird die Masse infantil, man kann also sagen, alle sind wieder Kind, insbesondere auch Erwachsene. Da deren Eltern aber schon aus Altersgründen nicht mehr am Leben sind, so sind Erwachsene mutterlose Kinder geworden. Um überleben zu können, muss ein mutterloses Kind erwachsen werden. Erwachsen werden bedeutet, rationales Denken zu lernen. Der Staatsmythos propagiert die neue Ordnung also als rational, vernünftig und sinnvoll, ja sogar als notwendig.

Fromm stellte einmal fest, dass Kinder anders als die meisten Erwachsenen kritisch denken könnten. Kritisch zu denken bedeutet, etwas streng prüfend zu betrachten. Dies kann unter wissenschaftlichen Gesichtspunkten geschehen, es kann aber auch bedeuten, etwas ganz grundsätzlich in Frage zu stellen. Erwachsene denken stattdessen oft rational, was bedeutet, dass sie logisch und vernünftig innerhalb eines Systems denken, dieses selbst jedoch nicht mehr

---

[*] Im schriftlich überlieferten Staatsmythos ist allgemeiner die Rede von einem »elternlosen Kind« – eine Erwähnung, die durch die »Waisen« im wörtlichen Sinne bereits enthalten wäre.

in Frage stellen. Erwachsene hinterfragen Dinge also keineswegs mehr so streng wie Kinder. Sie fragen nicht mehr, wieso etwas so ist, wie es sein soll – auch schon aus eigener Neugier heraus, die Welt zu erkennen, entdecken und zu verstehen. Erwachsene denken stattdessen innerhalb den Regeln und Vorgaben eines Systems. Was hat das mit dem Staatsmythos zu tun?

Die Metapher des mutterlosen Kindes stellt also die unabdingbare Notwendigkeit des schnellen Erwachsenwerdens dar, der Staatsmythos propagiert also, sowohl sinnvoll und vernünftig zu sein, als auch auf keinen Fall hinterfragt werden zu dürfen. Die Menschen sollen den Hochverratsvertrag einfach als zweckmäßig hinnehmen. Insbesondere aber fehlt mit der Mutter (oder beiden Eltern) auch die Liebe derselben. Mutterliebe bedeutet für Fromm:

»Ich werde geliebt, weil ich das bin, was ich bin, oder vielleicht noch präziser: Ich werde geliebt, weil ich bin. Diese Erfahrung, von der Mutter geliebt zu werden, ist ihrem Wesen nach passiv. Ich brauche nichts dazu zu tun, um geliebt zu werden, Mutterliebe ist keinen Bedingungen unterworfen. Alles, was ich tun muß, ist zu sein, ihr Kind zu sein. Die Liebe der Mutter bedeutet Seligkeit, sie bedeutet Frieden, man braucht sie nicht erst zu erwerben, man braucht sie sich nicht zu verdienen. Aber diese Bedingungslosigkeit der Mutterliebe hat auch ihre negative Seite. Sie braucht nicht nur nicht verdient zu werden – sie kann auch nicht erworben, erzeugt oder unter Kontrolle gehalten werden. Ist sie vorhanden, so ist sie ein Segen; ist sie nicht vorhanden, so ist es, als ob alle Schönheit aus dem Leben verschwunden wäre, und ich kann nichts tun, um sie hervorzurufen. (.)

Die Mutterliebe ist, wie bereits gesagt, die bedingungslose Bejahung des Lebens und der Bedürfnisse des Kindes. Aber hier ist noch etwas Wichtiges hinzuzufügen. Die Bejahung des Lebens des Kindes hat zwei Aspekte: der eine besteht in der Fürsorge und dem Verantwortungsgefühl, die zur Erhaltung und Entfaltung des Lebens des Kindes unbedingt notwendig sind. Der andere Aspekt geht über die bloße Lebenserhaltung hinaus. Es ist die Haltung, die dem Kind jene Liebe zum Leben vermittelt, die ihm das Gefühl gibt: Es ist gut zu leben, es ist gut, ein kleiner Junge oder ein kleines Mädchen zu sein; es ist gut, auf dieser Welt zu sein! Diese beiden Aspekte der mütterlichen Liebe kommen in der biblischen Schöpfungsgeschichte prägnant zum Ausdruck. Gott erschafft die Welt, und er erschafft den Menschen. Dies entspricht der einfachen Fürsorge für das Geschaffene und seiner Bejahung. Aber Gott geht über dieses notwendige Minimum hinaus. An jedem Tag der Schöpfung sagt Gott eigens zu dem, was er geschaffen hat: ‹Es ist gut!› Diese besondere Bestätigung gibt in der mütterlichen Liebe dem Kind das Gefühl: ‹Es ist gut, geboren worden zu sein.› Sie vermittelt dem Kind die Liebe zum Leben und nicht nur den Willen, am Leben zu bleiben.«[201]

Churchill beschrieb die Zeit der Bombenangriffe durch NS-Deutschland auf London einmal als eine Zeit, in der es gleich gewesen sei, ob man lebte oder tot war. Fehlt die Liebe der Mutter, so ist dies keine Quelle für die Liebe zum Leben. Wenn diese entstehen soll, muss sie anderswo gewonnen werden, etwa aus einem Gemeinschaftsgefühl, wie es auch der Film beschreiben will.

Aus einem Atompilz wird eine aufgehende Blüte: »Und dann kam der Frieden. Hart erkämpft, langsam gewonnen. Menschen erhoben sich aus der Asche.« Eine neue Ära begann. »Aber die Freiheit hat ihren Preis.« Man schwor sich als Nation, einen solchen Verrat nie mehr hinzunehmen. »Und so wurde verfügt, dass ...«

Das Reglement der Hungerspiele ist bereits besprochen worden; diese Form von Gemeinschaftsgefühl wird gewiss keine Liebe zum Leben erzeugen. Panems Gesellschaft verstehe ich als nekrophil, besonders im Hinblick auf das Kapitol. Die kultur-historischen Anlagen hierzu dürften bereits im neuen Staatsmythos zu finden sein. An dieser Stelle möchte ich aber noch etwas genauer auf diese Zeilen aus dem Propagandafilm zu sprechen kommen. Die Feststellung, der Friede sei einfach so gekommen und es sei etwas einfach so verfügt worden, ist abenteuerlich. Grundaussage oder vielmehr stille Grundannahme ist die, dass diese Regeln »vom Himmel gefallen«, »von Gott gegeben« oder wie Naturgesetze seien.

Die Tribute sollen in einem » Wettstreit der Ehre, des Mutes und der Aufopferung bis auf den Tod kämpfen.« Als Zeichen der Großzügigkeit soll der Sieger mit Reichtümern überhäuft werden, mehr noch: Ein ganzes Jahr lang wird der Siegerdistrikt mit Getreide, Öl und Leckereien überhäuft – alle anderen Distrikte werden außen vorgelassen.[202] »Mutigen Tributen« werde die »Ehre« zuteil, Distrikt 12 bei den Hungerspielen zu vertreten.

Die gegenseitige Selbstvernichtung als »ehrwürdig« und »mutig« zu propagieren, ist starker Tobak. Möglichen freiwilligen Tributen den Eindruck zu vermitteln, das blinde Rennen in den Tod sei besonders »mutig« und »ehrwürdig«, worauf zweimal hingewiesen wird, erscheint uns so absurd und bizarr, dass wir gerade zu unfähig sind, uns in diese Tradition und Kultur eindenken und einfühlen zu können.

Effie Trinket zieht den ersten Namen und gibt mit der Äußerung: »Wie üblich: Ladies first«, einen kleinen Hinweis auf die Stellung der Frau in Panem, wurden die Rettungsboote eines untergehenden Schiffes doch immer mit Frauen und Kindern zuerst besetzt.

Als Prims Name ausgerufen wird, ist sie geschockt, aber tapfer zugleich. Sie steckt sich ihr kleines Schwänzchen ein, ist aber wie betäubt. Auch Katniss ist geschockt, schreitet nach einem kurzen Moment der Sammlung aber ein und meldet sich freiwillig. Prims verzweifelter Protest läuft ins Leere, sie wird von Gale weggebracht. Allmählich realisiert Katniss die Tragweite ihrer Entscheidung für sich selbst. Für ihren Mut und ihre Aufopferung für ihre Schwester erhält sie keinen Applaus; es ist die einzige mögliche Weise des Widerspruchs: *Das Schweigen*,[203] das sonst für gewöhnlich als Zustimmung gewertet wird. So hat es auch Carl Schmitt in seiner faschistischen Demokratietheorie aufgegriffen.[204]

Stattdessen sehen wir zum ersten Mal das Handzeichen, welches wir als den Pfadfindergruß kennen. »Das Zeichen der rechten Hand hat folgende Bedeutung: Die drei aufrechten Finger stehen für die drei Punkte des Pfadfinderversprechens (Verpflichtung gegenüber Gott, Verpflichtung gegenüber Anderen und Verpflichtung gegenüber sich selbst/dem Pfadfindergesetz) und für die drei Blätter der Lilie beziehungsweise des Kleeblatts (welche jeweils für dieselbe Bedeutung stehen). In einigen Pfadfinderbünden existiert auch die Interpretation treu, ehrlich und hilfsbereit. Der Daumen (*der Starke*) schützt den kleinen Finger (*der Schwache*).«[205] Der Gruß drückt also den Solidargedanken aus. Der Starke unterwirft nicht den Schwachen, er quält ihn nicht oder frisst ihn sogar; er beschützt ihn – so wie Katniss ihre Schwester beschützt, indem sie sich »freiwillig« als Tribut anbietet.

Im Anschluss wird Peeta Mellark gezogen, ein Junge im Alter von 16 Jahren. Der Moment der Ziehung ist psychologisch sehr schwierig zu begreifen. Die Wahrscheinlichkeit ist für alle Betroffenen ausreichend hoch, um sich selbst oder eine nahestehende Bezugsperson in Gefahr zu wissen. Alle versuchen nur die Fassung zu bewahren und sich selbst zusammenzureißen, und nicht vor Angst zusammenzubrechen. Im Moment der Auslosung steigert sich dies bis zum Höhepunkt. Mit der Verlesung des Namens bricht dies in sich zusammen. Die meisten sind von ihrer Furcht befreit. Von ihnen fällt eine Last, es ist ein großes Befreiungsgefühl. Erleichterung macht sich breit. Für einen jedoch ist im Grunde gerade das Todesurteil gefallen. Es ist ein Schock, ein Abgleiten wie in ein Vakuum, wie fremdgesteuert schreitet Peeta zur Tribüne.

Katniss erinnert sich an Peeta, kann ihn aber noch nicht richtig zuordnen. Die Tribute werden abgeführt und können engste Bezugsperson noch ein allerletztes Mal treffen, bevor sie ins Kapitol gebracht werden. Dabei gibt Prim Katniss die Brosche als Talisman zurück. Sie selbst gibt ihrer Mutter den Auftrag, sich um Prim zu kümmern, sie könne sich nicht wieder verkriechen wie nach Dads Tod. Das macht sie ihr eindringlich klar, schenkt ihr zum Abschied aber noch eine Umarmung.

Der Besuch von Gale ist interessant, da sich das Verhältnis zwischen beiden, wie wir es in den Wäldern beobachten konnten, geändert hat. Er sagt zu Katniss, sie sei stärker als andere und wisse, wie man jagt. Sie solle sich einen Bogen suchen. Pessimistisch wendet Katniss ein, was sei, wenn es keinen gibt. Darauf entgegnet Gale schlicht: »Bau dir selbst einen.« Gale denkt also rational, er ändert seine Denkweise: »Die wollen nur eine gute Show.« Und in der Logik dieser Show beginnt Gale zu denken. Er wird erwachsen und Katniss bittet ihn, sich um ihre Schwester und Mutter zu sorgen und sie auf keinen Fall verhungern zu lassen.

3.2 Die Macht des Determinismus

3.2.1 Der Zug

Effi schwärmt vom Kapitol, doch weder Kenntnis noch Peeta hören ihr richtig zu, während sie zum Zug gefahren werden. Der Zug ist ein Symbol und hat eine Bedeutung in der amerikanischen Geschichte. Er steht für die Eroberung des Westens durch neue Technologien. Die Deportation der Tribute erinnert entfernt an die Deportationen durch die Nazis, unterscheidet sich jedoch grundlegend davon. Es ist im Grunde eine Fahrt in den sicheren Tod, es ist der Determinismus der Technologie. Die Ausstattung des Zuges ist überwältigend und Katniss muss alles anfassen, um sich der Echtheit zu vergewissern. Die bunten Farben, die verschiedenen Formen und die süßen Speisen, fein dekoriert, bieten vollkommen neue Eindrücke. Der Zug ist also auch wie die Eintrittskarte in eine andere Welt.

Die leuchtenden bunten Farben bilden einen starken Kontrast zu der Tristesse von Distrikt 12, aber auch zu der früheren Praxis, die Tribute wie Tiere zusammengepfercht herumzufahren und zur Schau zu stellen. Es ist wie in einer Zauberwelt für kleine Kinder.

Und wie ein kleines Kind wirkt auch Effie: »200 Meilen pro Stunde und man spürt es kaum.«

Diese Aussage erscheint einem Laien als unwichtig. Für einen Physiker ist sie jedoch bemerkenswert, weil sie überhaupt keinen Sinn ergibt. Geschwindigkeiten sind stets relativ zueinander. Was zentraler Gegenstand der allgemeinen Relativitätstheorie ist, sollte man jedoch auch im Fahrschulunterricht gelernt haben. Es gibt keine Sinne, mit denen man Geschwindigkeit wahrnehmen kann. Bestenfalls kann man sich an visuellen oder auditiven Reizen orientieren, aber man kann unmöglich eine genaue Aussage über die Geschwindigkeit seines Fahrzeuges treffen. Es ist die Aussage eines unwissenden Kindes, welches schlicht fasziniert ist. Und genauso fasziniert schwärmt Effie auch für die »großartige Chance«, das Schöne genießen zu können, auch wenn es nur von kurzer Dauer für Peeta und Katniss sei.

Für Effie ist das alles sehr aufregend, doch von Haymitchs Alkoholabhängigkeit ist sie leicht genervt, als sie ihn aus dem Barwagen holen muss. Peeta versucht mit Katniss in ein Gespräch zu kommen. Sie geht darauf jedoch nicht ein und verfolgt ein stures Einzelgängertum. »Ich verstehe, wenn du nicht reden willst, aber ich denke, es wäre nicht falsch, etwas Hilfe zu haben«, spricht Peeta sie an. Das Wort *Hilfe* erinnere Katniss einerseits daran, woher sie Peeta kennt, zum anderen ist es aber für sie ein Alarmwort. Als Haymitch auftritt, möchte Peeta wissen, wann sie anfangen würden. Der angetrunkene Haymitch jedoch folgt der Philosophie *festina lente*: »Eile mit Weile«, und meint: »Die Meisten von euch sind nicht so … in Eile.«

Peeta will, das Haymitch als Mentor aktiv ist und ihnen Ratschläge gibt. Dieser entgegnet fatalistisch, man solle die Perspektive des unmittelbar bevorstehenden Todes akzeptieren. Er könne für die beiden »rein gar nichts« tun, um sie zu retten. Als Haymitch sich verärgert wieder seinen Drinks zuwendet, läuft ihm Peeta nach, um mit ihm zu reden. Er ist ein unbedingter Teamplayer. Katniss hält das alles für zwecklos.

3.2.2 Über das Böse

Katniss sieht die TV-Bilder aus den Vorjahren. Die Moderatoren fallen mit bunten und auffälligen Frisuren auf. Caesar Flickerman spricht über seine Lieblings-Arena, die zerstörte Stadt, was als Anspielung auf Karthago verstanden werden kann. Interessant ist die Betonung der »zerstörten« Stadt, nicht etwa einer »prächtigen«. Es wird ein Filmausschnitt gezeigt, in dem zwei Tribute miteinander kämpfen. Der eine zertrümmert mit einem Backstein den Schädel des anderen. »Ein Augenblick, den man nie mehr vergisst. Der Augenblick, in dem aus einen Tribut ein Opfer wird,« schwärmt Flickerman.

Diese Feststellung ist nach Fromms Deutung des Milgram-Experiment doppeldeutig: Sowohl der Täter als auch der Tote werden beide Opfer. Die Frage, warum Menschen töten, gehört zweifelsohne in die Kategorie »Grenzfälle des Menschseins«,[206] doch es ist eine sehr zentrale Frage, denn Gewalt und Mord sind etwas, das der Geschichte des Menschen tief innewohnt. Man könnte sagen, das Töten liege in der Natur des Menschen. Laut der UNODC* gibt es weltweit etwa eine halbe Million Tötungsdelikte, laut der Weltgesundheitsorganisation WHO knapp eine Million Selbstmorde – jährlich. Amerikanische Sozialforscher haben herausgefunden, dass die Mehrheit der Erwachsenen schon einmal ernsthafte Mordfantasien gegen eine andere Person hegte. Ist Töten mehr als »nur« unmoralisch, mehr als »nur« ein perverses Kapitalverbrechen?

Ist der Mensch nicht unterschwellig, im Geheimen dem Töten zugeneigt? Wenn nicht, warum sind Krimiserien, Thriller, Kriminalromane so beliebt? Warum wird Gewalt, gar das Töten, in etlichen Märchen beinahe verherrlicht? Schon Odysseus scheute sich dem antiken Mythos nach nicht davor, nach seiner jahrelangen Irrfahrt

---

* United Nations Office on Drugs and Crime – Büro der Vereinten Nationen für Drogen- und Verbrechensbekämpfung

auf See, als er zurückkehrte, die Freier, die seine Frau Penelope um-
warben, da alle dachten, er sei ganz sicher verstorben, nicht einfach
nur zu vertreiben. Sondern er schlachtete sie gemeinsam mit seinem
Sohn lustvoll ab und hängte sie an einer Leine kopfüber auf. In anderen Märchen muss die Hexe im Ofen verbrannt, der böse Wolf im
Brunnen versenkt und dem Drachen der Kopf abgeschlagen werden. Mythen sind eine spannende Angelegenheit. Die Frage zu er-
örtern, warum sie dies sind, ist es ebenfalls.

Der Erklärungsansatz ist, dass das menschliche Individuum sich
in der Steinzeit mit dem nackten Überlebenskampf konfrontiert sah,
sodass es notwendig war, Artgenossen zu »beseitigen«, um Beute
zu erlangen und sein eigenes Überleben sicherzustellen. Auch
wenn wir Tötungsdelikten selbst nicht beiwohnen, so erleben wir
sie nicht nur in Videospielen, sondern auch die Nachrichten und die
Filmindustrie bringt uns das Töten stets sehr nahe, wenngleich auch
nur fiktional.

Auch wenn wir unsere Spezies für hochentwickelt und intelligent
halten, dürfen wir nicht vergessen, dass der Mensch besonders eines ist: Ein Primat auf einem kleinen Planeten im Universum. Intelligenz ist keine Garantie für ein langes Bestehen einer Spezies. Bak-
terien sind die vielleicht primitivste Lebensform, die es geben kann
– sie existieren schon seit fast vier Milliarden Jahren und sind damit
kaum jünger als die Erde selbst.

Die Auffassung, Mörder seien geisteskrank, mag sicherlich in einigen Fällen zutreffen, in vielen Fällen aber auch nicht. Unter dem
NS-Regime wurden im *Dritten Reich* als psychisch-krank geltende,
geistig und körperlich behinderte Menschen massenhaft umgebracht. Es gibt sogar einen Begriff dafür: *Euthanasie*, der »gute« Tod.
Doch die meisten der Ärzte, Psychiater, Pfleger und Kranken-
schwestern, die diese Morde begingen, lebten nach dem Krieg gut
in die Gesellschaft integriert weiter, als ganz normale Bürger. US-
Soldaten, die im Irak- oder Vietnam-Krieg ihrem Vaterland »dien-
ten«, erhielten für die von ihnen begangenen Morde sogar Orden
und Auszeichnungen.

Dazu passt auch sehr gut eine Szene aus der Serie *Columbo*, als
eine junge Frau Zeugin wurde, wie ein Mann jemanden erschoss.
Ihre Mutter glaubte ihr nicht und als bekannt wurde, dass es sich
bei dem Beschuldigten um den hochdekorierten General Hollister
handelt, sagte sie zu ihrer Tochter: »Glaubst du wirklich, dass die-

ser Mensch jemanden einfach so erschießt? Der Mann ist ein Denkmal.« – Man scheint vergessen zu haben, dass er im Krieg eben genau dies tat.[207]

Erich Fromm hat in seiner *Anatomie der menschlichen Destruktivität* der These Lorenzens, die Aggression sei dem Menschen von Natur aus angeboren, vehement widersprochen. Dass Menschen im einzelnen Gewalt ausüben und auch töten, um ein anderes Wesen vollständig beherrschen zu können, dieser Sadismus findet seinen Ursprung in einer eigenen psychischen Verarmung eines Menschen. Wie steht es jedoch mit Kollektiven? Angesichts Millionen Toter durch den Holocaust der Nationalsozialisten kann man unmöglich behaupten, Hitler sei einfach nur ein böser Mensch gewesen – denn selbst war er bei keiner Hinrichtung zugegen und hat logischerweise auch selbst niemanden umgebracht, zumindest abgesehen von seinem Dienst im Ersten Weltkrieg. Worum es geht, ist ein kollektives Böses, was im Einzelnen niemand zu verantworten hat oder haben möchte. Vor dem Hintergrund der NS-Vernichtungsmaschinerie beschrieb Arendt ein Konzept der »Banalität des Bösen«:

»Ihr zufolge besteht es in seiner Anonymität, darin, dass es keine Personen mehr gibt, die als Subjekte des Bösen hervorstechen und sichtbar werden. Es handelt sich hierbei also um ein Phänomen des Bösen, welches durch den kantischen Willensbegriff nicht gefasst werden kann, da es selbst als wesentlich unwillentlich erscheint. Das totalitäre Böse des 20. Jahrhunderts zeigt sich wesentlich apersonal, ohne bestimmende Motive und definitive Gründe, die verständlich machen: ‹Das größte Böse ist nicht radikal, es hat keine Wurzeln, und weil es keine Wurzeln hat, hat es keine Grenzen, kann sich ins unvorstellbar Extreme entwickeln und über die ganze Welt ausbreiten.› ‹Das größte begangene Böse›, so Arendt, ‹ist das Böse, das von Niemanden getan wurde, das heißt, von menschlichen Wesen, die sich weigern, Personen zu sein.›

Die ‹Banalität des Bösen› besteht nach Arendt darin, dass Eichmann anders als typische Vertreter des Bösen wie etwa Shakespeares Figur des Bösewichts Jago keine personalen Konturen erkennen lässt. Es entzieht sich daher dem moralischen Zugriff. Eichmann ist in den Augen Hannah Arendts nur ein banaler Schreibtischtäter, der gerade keine personalen Merkmale aufweist: ‹Außer einer ganz ungewöhnlichen Beflissenheit, alles zu tun, was seinem Fortkommen dienlich sein konnte, hatte er überhaupt keine Motive›, so dass man ihm ‹beim besten Willen keine teuflisch-dämonische Tiefe abgewinnen kanns.

Die Gefahr dieser ‹Banalität des Bösen› besteht nach Arendt jedoch darin, dass ‹eine solche Realitätsferne und Gedankenlosigkeit in einem mehr Unheil anrichten können als alle die dem Menschen vielleicht innewohnenden bösen Triebe zusammengenommen›. Nach Arendt bildet den Grund dieser Banalität die ‹schiere Gedankenlosigkeit – etwas, was mit Dummheit keineswegs identisch ist –, die ihn [Eichmann] dafür prädisponierte, zu einem der größten Verbrecher jener Zeit zu werden.› Diese Gedankenlosigkeit darf jedoch nicht im Sinne einer Privationstheorie des Bösen verstanden werden. Das apersonal agierende Böse ist viel gefährlicher als das Personal gebundene, eben weil es sich jeglicher Greifbarkeit entzieht:

‹Das größte begangene Böse ist das Böse, das von Niemanden getan wurde, das heißt, von menschlichen Wesen, die sich weigern, Personen zu sein. Im konzeptionellen Rahmen dieser Betrachtungen könnten wir feststellen, daß Übeltäter, die sich weigern, selbst darüber nachzudenken, was sie tun, und die sich auch im Nachhinein gegen das Denken wehren – also sich weigern, zurückzugehen und sich an das zu erinnern, was sie taten (.), eigentlich versäumt haben, sich als ein Jemand zu konstituieren. Indem sie sturköpfig ein Niemand bleiben, erweisen sie sich als unfähig, mit anderen zu kommunizieren, die, ob nun gut, böse oder in dieser Hinsicht unbestimmbar, zumindest aber Personen sind.›

Die Wendung von der ‹Banalität des Bösen› sollte also nicht so verstanden werden, dass dieses Böse banal, d.h. harmlos und unterkomplex wäre. Vielmehr besteht seine Gefährlichkeit im bewusst erzeugten Schein der Banalität, der in totalitären Systemen umso leichter erzeugt werden kann, als es auf den Einzelnen scheinbar nicht ankommt. Gerade Eichmann hatte im Rahmen seines Gerichtsprozesses behauptet, er sei nur ein kleines Rädchen in der Vernichtungsmaschinerie des Nationalsozialismus gewesen. Das banale Böse ist also gerade nichts theoretisch Unterkomplexes oder Defizitäres, sondern böse in zweiter Potenz: Es widersetzt sich nicht nur dem Gesetz der Moral, sondern darin zugleich dem Gesetz der personalen Identität, insofern es sich im Akt des Bösen der Möglichkeit der Zuschreibung entzieht. Die Perversion des banalen Bösen besteht darin, einen Schein zu erzeugen, der sich den Anstrich der Normalität oder gar Banalität gibt. Die Banalität des Bösen ist demnach eine Perversion, die sich als Privation tarnt.«[208]

Auch das Milgram-Experiment gibt einen Aufschluss darüber, wie Menschen zu Taten bereit sind, die sie eigentlich niemals von selbst begehen würden wollen. Bei diesem Versuch wurde gewöhnlichen Menschen die Anweisung gegeben, jemanden Stromschläge zuzufügen, auf Befehl und im »Namen der Wissenschaft«. So schreibt Milgram:

»Derselbe Mensch, der aus innerster Überzeugung Diebstahl, Tötung und Körperverletzung verabscheut, wird sich vielleicht doch in Akte des Raubens, Tötens und Folterns verstricken, und zwar ohne nennenswerten inneren Widerstand, sofern eine Autorität ihm den Befehl dazu gibt. Ein Verhalten, das bei einem Menschen, der aus eigener Verantwortung handelt, undenkbar ist, wird vielleicht ohne die geringste Hemmung praktiziert, wenn ein Befehl es verlangt.[209] (.) Gehorsam ist der psychologische Mechanismus, durch den individuelles Handeln an politische Zwecke gebunden wird. Er ist der Zement, der die Menschen schon von ihrer Anlage her an Autoritätssysteme bindet. (.) C. P. Snow weist darauf hin (1961), wenn er über die Bedeutung des Gehorsams schreibt: ‹Wenn man sich die lange und düstere Geschichte der Menschheit ansieht, entdeckt man, daß mehr scheußliche Verbrechen im Namen des Gehorsams begangen worden sind als jemals im Namen der Rebellion›.[210] (.)

[Das] Problem des Gehorsams [ist] nicht ausschließlich psychologisch, die Form und Gestalt der Gesellschaft und ihre Entwicklungstendenzen spielen ebenfalls eine große Rolle. Vielleicht hat es einmal eine Zeit gegeben, in der der Mensch dazu fähig war, umfassend als Mensch auf jede Situation zu reagieren, weil er als menschliches Wesen umfassend von ihr in Anspruch genommen war. Doch sobald sich unter den Menschen die Arbeitsteilung einbürgerte, änderte sich dies. Von einem bestimmten Punkt an vermindert die Aufteilung der Gesellschaft in Individuen, die engbegrenzte und sehr spezialisierte Aufgaben erfüllen, die Humanqualität in Arbeit und Leben. Der Einzelne überblickt nicht mehr die Gesamtsituation, sondern nur einen kleinen Bereich von ihr und ist – deshalb ohne eine Art übergeordneter Lenkung handlungsunfähig. Er beugt sich der Autorität, doch wird er eben dadurch seinen eigenen Handlungen entfremdet.«[211]

Milgram beschreibt, dass eine unbewusste Leugnung und Verdrängung der eigenen Taten durch Distanz zu denen, die durch die Taten schwerem Leid ausgesetzt sind, die Bereitschaft zum Ausüben unmenschlicher Taten gesteigert wird.[212] Ähnliches kann man auch im Kriegseinsetzen mit ferngesteuerten Drohnen beobachten:

Es ist ein Töten mit dem Joystick wie bei einem Computerspiel. Dagegen ist durch eine mögliche Gruppenbildung bei einer Nähe zu den Betroffenen eher möglich, sodass es vorkommen kann, dass sich eine Allianz gegen Versuchsleiter formiert.[213] »In einem Artikel mit dem Titel ‹Die Gefahren des Gehorsams› schrieb Harold J. Laski:

Zivilisation heißt vor allem, daß eine Nichtbereitschaft besteht, unnötige Schmerzen zuzufügen. Gemäß dieser Definition können jene unter uns, die gedankenlos den Befehlen einer Autorität Folge leisten, noch nicht für sich in Anspruch nehmen, als zivilisierte Menschen betrachtet zu werden... Wenn wir also ein Leben leben wollen, das nicht völlig ohne Sinn und Bedeutung ist, dann ist unsere Aufgabe die, nichts zu akzeptieren, was unserer Grunderfahrung widerspricht, auch wenn es von Seiten der Tradition, der Übereinkunft oder der Autorität auf uns zukommt. Es ist leicht möglich, daß wir uns dabei irren; doch unsere Selbstverwirklichung wird fundamental vereitelt, wenn die Gewißheiten, die wir akzeptieren sollen, nicht mit den Gewißheiten übereinstimmen, die wir selbst erfahren haben. Das ist. der Grund dafür, daß die Grundvoraussetzung für Freiheit in jeder Lage stets eine weitgestreute und konsequente Skepsis ist gegen die Kanons und Vorschriften, auf denen die Machthaber bestehen.«[214]

Nur in den seltensten Fällen sind Menschen wirklich *radikal böse*. Oft lassen sie das Böse geschehen, weil sie charakterschwach sind und sich dem nicht entgegenstellen; oder verzweifelt, und Dinge tun, die sie eigentlich nicht tun würden, wären sie nicht in einer großen Not.

Columbo sagte einmal über die Mörder, die er als Kriminalinspektor kennenlernte:

»Ich glaube nicht, dass die Welt voller Krimineller und Mörder ist, denn sie ist voller netter Menschen (.) Auch die Mörder, mit denen ich zusammenkomme, auch die mag ich sogar, manchmal. Ich mag und respektiere sie. Nicht für das, was sie getan haben. Dafür ganz bestimmt nicht. Aber zum Beispiel für das, was an ihnen intelligent ist und komisch oder einfach nur, weil nämlich etwas Nettes an jedem ist.«[215]

3.2.3 Die Kunst, Menschen zu zerstören

Die primitivste Art, jemanden einzuschüchtern, ist, ihn direkt zu bedrohen. Weil der Urheber, nämlich der Erpresser, konkret ist, handelt es sich hierbei um *Furcht*. Man kann zu jemandem sagen: »Wenn du mir morgen kein Geld gibst, schlage ich dich.« Das ist bereits bei Grundschulkindern auf dem Pausenhof so zu beobachten. Man kann dem Erpresser entkommen, indem man zum Beispiel Meldung an eine Lehrkraft oder in anderen Fällen bei der Polizei abgibt. Der Erpresser wird hier *unschädlich* gemacht.

Eine perfidere Art ist schon die indirekte Bedrohung. Man kann sagen: »Wenn du mir kein Geld gibst, schlage ich deine Tochter.« Hier gerät der Erpresste stärker unter Druck. Im Alltag lässt sich auch hier der Erpresser leicht unschädlich machen. Nicht so jedoch, wenn er die Tochter bereits in seiner Gewalt hat. Oft gehen Menschen nicht zur Polizei, weil sie fürchten, gerade deshalb werde der Erpresser die Geißel verletzten oder sogar töten.

In totalitären Regimen kann ein Diktator auch die Familie bedrohen, um zu erwirken, dass man ihm hörig ist. Das ist eine extremere Form der indirekten Bedrohung, weil der Urheber nicht unschädlich gemacht werden kann. Der Diktator kann jeder Zeit seine Schergen losschicken, er muss seine Geißel gar nicht in seiner Gewalt haben, weil er jederzeit Gewalt über diese erlangen und dann ausüben kann. Hier ist das einzige Entkommen durch die Flucht möglich, etwa als politischer Flüchtling. Im Exil hat der Diktator keinen Zugriff mehr auf die Bedrohten.

Daher ist es eine effektivere Strategie der *Angst*, den Urheber verschwinden zu lassen. Man sagt dann: »Wenn du nicht bezahlst, wird deine Familie sterben.« Und kann dies krönen mit: »Willst du das?... Ich nicht.« Hier stilisiert sich der Urheber der Bedrohung selbst als Opfer, er unterwirft sich dem Bedrohten, scheinbar begibt er sich in dessen Hände. Aber eben nur scheinbar. Dennoch wird der Urheber hier unsichtbar, sodass man weder gegen ihn rebellieren noch ihm entkommen kann, denn die Angst steht ja außerhalb der Macht desjenigen, der die Bedrohung angesprochen hat.

Weil die Angst nun aber unsichtbar, diffus ist, entfaltet sie leicht eine omnipräsente Wirkung, wie es auch die Angst tut, die dem Inneren eines Menschen entspringt. Die Angst, deren Urheber unsichtbar ist, aber dennoch einen Urheber hat, wird immer dann omnipräsent, wenn sie omnipräsent wahrgenommen werden kann, bewusst oder unbewusst. Dies kann durch eine mediale Dauerberichterstattung der Fall sein, oder dadurch, dass man einem totalitären Regime nicht entkommen kann. *Man kann vor dem Krieg ebenso wenig weglaufen wie vor den Spielen.*

Weil die Flucht vor der Angst nun also unmöglich ist, kann der Einzelne nur noch fliehen, etwa ins Autoritäre: Er macht das und nur das, was man ihm sagt. Aber auch ins Konformistische, was in gewisser Weise eine Flucht ins Autoritäre im Kollektiv ist. Aber auch eine Flucht ins Destruktive ist möglich.

In revolutionären Zeiten gab es viele Menschen, die bereit waren, ihr Leben für die Freiheit zu opfern, und sich nur allzu bereitwillig auf Selbstmordeinsätze begaben. In weniger revolutionären Zeiten kommt es dann meist durch – im Verhältnis zur Gesamtbevölkerung – kleine Gruppen zu Randalen oder kollektiven Selbstmorden. Aber auch in ganz üblichen Lebensphasen, etwa nach einer gescheiterten Beziehung.

Oft ist es jedoch so, dass man eine andere Person nicht wirklich vernichtet, sondern vielmehr versucht, die gemeinsamen Erinnerungen auszulöschen. Dies ist eine ambige Destruktivität: Das Bild des anderen will man vernichten, aber durch das Auslöschen, Vergessen, Verdrängen und Unterdrücken der eigenen Lebensgeschichte wird auch ein Teil des eigenen seelischen Lebens und somit des eigenen Selbst verletzt und in extremen Fällen sogar vernichtet.

In der Rückschau empfinden wir oft Scham, weil uns etwas peinlich ist oder es unangenehmen wäre, auf eigene Fehler zu schauen. Oft wollen wir nicht zugeben oder dass in einem neuen Lebensabschnitt jemand um die alte Vergangenheit weiß. Ohne eine ordentliche Bewältigung und Aufarbeitung der eigenen Lebensgeschichte aber, kann kein neuer Lebensabschnitt möglich sein.

Der seelisch Tote bleibt seelisch tot, weil er die Reanimation, das Wiederbeleben des Geistes verhindert. Im Einzelnen wird er unglücklich bleiben und vielleicht versuchen, dieses unglückliche Empfinden zu unterdrücken. Er wird sagen, es soll einfach so bleiben, wie es jetzt ist, weil er Angst vor dem Aufbrechen der Vergangenheit hat, die er *tief unter einem Haufen Schutt und Asche begraben hat, so als hätte sie nie existiert.*

Im Kollektiv übersieht man über die Aufarbeitung von Kriegszeiten nur allzu leicht die eigene Verantwortung an dem Leid, welches sich ereignet hat. Es braucht charakterstarke Menschen, die trotz der Angst vor der Konfrontation mit sich selbst den Mut zur Reflexion haben. In charakterschwachen Gesellschaften jedoch findet sich dieser Mut nicht.

»Echte Reue und die damit verbundene Scham ist die einzige menschliche Erfahrung, die zu verhindern vermag, das dasselbe Verbrechen immer wieder begangen wird. Wenn sie fehlt, entsteht der Eindruck, das Verbrechen sei nie verübt worden ... Seit Jahrtausenden lebt der Mensch in einem System, in der der Sieger nicht zu bereuen braucht, weil Macht mit Recht gleichgesetzt wird.«

– Erich Fromm

3.3 Das Kapitol

Canetti: *Die offene Masse*

»Der Drang zu wachsen ist die erste und oberste Eigenschaft der Masse. Sie will jeden erfassen, der ihr erreichbar ist. Wer immer wie ein Mensch gestaltet ist, kann zu ihr stoßen. Die natürliche Masse ist die offene Masse: ihrem Wachstum ist überhaupt keine Grenze gesetzt. Häuser, Türen und Schlösser erkennt sie nicht an; die sich vor ihr versperren, sind ihr verdächtig. ‹Offen› ist hier in jedem Sinn zu verstehen, sie ist es überall und in jeder Richtung. Die offene Masse besteht, solange sie wächst. Ihr Zerfall setzt ein, sobald sie zu wachsen aufhört. Denn so plötzlich, wie sie entstanden ist, zerfällt die Masse. In dieser spontanen Form ist sie ein empfindliches Gebilde. Ihre Offenheit, die ihr das Wachstum ermöglicht, ist zugleich ihre Gefahr. Eine Ahnung vom Zerfall, der ihr droht, ist immer in ihr lebendig. Durch rapide Zunahme sucht sie ihm zu entgehen. Solange sie kann, nimmt sie alles auf; aber da sie alles aufnimmt, muß sie zerfallen.[216] (.)

Die *offene* Masse ist die eigentliche Masse, die sich ihrem natürlichen Drang zu wachsen frei überläßt. Eine offene Masse hat kein klares Gefühl oder Bild davon, wie groß sie werden könnte. Sie hält sich an kein Gebäude, das ihr bekannt ist und das sie zu er-füllen hätte. Ihr Maß ist nicht festgelegt;

sie will ins Unendliche wachsen, und was sie dazu braucht, sind mehr und mehr Menschen. In diesem nackten Zustand fällt die Masse am meisten auf. Doch behält sie etwas Außergewöhnliches und wird, da sie immer zerfällt, nicht ganz voll genommen. Sie wäre vielleicht auch weiterhin nicht mit dem Ernste betrachtet worden, der ihr gebührt, hätte nicht die ungeheuerliche Zunahme der Bevölkerungszahl überall und das rapide Wachstum der Städte, die unser modernes Zeitalter kennzeichnen, zu ihrer Bildung immer häufiger Gelegenheit gegeben.«[217]

Die offene Masse ist eine totalitäre Masse, sie ist eine infantile Masse, sie *schafft* ihre eigene Wirklichkeit. Der Lebensalltag in der NS-Diktatur etwa war für die meisten Menschen keinesfalls so *schrecklich* und *dunkel*, wie wir heute gemeinhin annehmen mögen.

Die meisten Menschen wurden nicht verfolgt. Dafür gab es Feiertage, Feste, eine anlaufende Wirtschaft und das Gefühl, als Volk wieder »groß« zu sein. Ebendarum haben dieses System ja die meisten Menschen mitgetragen und es sich darin *bequem* gemacht. So waren auch etwa 80% der damaligen deutschen Bevölkerungen Mitglied in NS-Organisationen. Man darf nicht vergessen, »dass der Mensch die Fähigkeit besitzt, das nicht wahrzunehmen, was er nicht wahrnehmen will, und dass er daher durchaus ehrlich bestreiten kann, etwas gewusst zu haben, was er sehr wohl hätte wissen können, wenn er dies nur gewollt hätte.«[218]

Dass die Menschen sich mit ihren Lebenswirklichkeiten arrangieren konnten, war die Grundvoraussetzung dafür, dass sich das NS-Regime über ein Jahrzehnt hat an der Macht halten können. Nichts anderes finden wir im Kapitol vor. Finnick wird die Elite später als *verdorben* und *verhätschelt* bezeichnen.

3.3.1 Tradition und Moderne

Während Katniss die TV-Bilder verfolgt, zahlt sich Peetas Beharrlichkeit gegenüber Haymitch aus. Auch Katniss möchte Ratschläge von Haymitch bekommen, versucht dies aber mehr mit Gewalt zu erzwingen, so rammt sie ein Messer in den Tisch, genau zwischen Haymitchts Finger. Dieser zollt ihr Respekt für ein totes Platzdeckchen und erklärt ihr die einzige Strategie, um am Leben zu bleiben: »Du bringst die Menschen dazu, dich gern zu haben.« – Nur so könne man Sponsoren gewinnen, deren kleine Geschenke in der Arena über Leben und Tod den Ausschlag geben können.

Der Zug erreicht das Kapitol, welches in den *Rockies* liegt,[219] und wird von einer bunten Menschenmasse jubelnd empfangen. Peeta winkt und lächelt und möchte, das auch Katniss ans Fenster des Zuges kommt. Haymitch meint nur spöttisch: »Behalte du mal das Messer. Er weiß, was er tut.« Die Menschen im Kapitol tragen bunte Kleider und sind aufwändig geschminkt. Sie schmücken sich mit Federn, tragen Sonnenschirme als Accessoires und auch ihre Haustiere sind gefärbt. Ihre eloquente und gestelzte Art zu sprechen unterscheidet sich von dem Sprachgebrauch in den Distrikten. Die Menschen im Kapitol würden höher sprechen, dabei jedoch kaum den Mund aufmachen. Sie nutzten komische Vokale und ein zischendes »S«.[220] Die Schlangenmetaphorik ist allgegenwärtig. Alles in allem kann das Kapitol als diametraler Gegenentwurf zum puritanisch-calvinistischen Gottesstaat verstanden werden, über den Schwanitz schreibt:

»Calvin aber wurde zum protestantischen Ajatollah und schuf einen Gottesstaat. Wenn je irgendwo eine Utopie verwirklicht worden ist, dann in Genf unter der Leitung Calvins in der Zeit zwischen 1541 und 1564. Sie wurde zum Vorbild fast aller fundamentalistischen und puritanischen Gemeinden in Holland, England und Amerika. Das oberste Prinzip des Gottesstaates hieß: Recht und Gesetz der Gemeinde stehen in der Bibel. Die Interpretation dieses Gesetzes ist Aufgabe der Pastoren und Ältesten (Presbyter). Ihrem obersten Organ (in Genf dem Konsistorium) ist auch die weltliche Obrigkeit unterworfen.

Das bedeutete die Errichtung einer Theokratie (Herrschaft Gottes) wie im alten Israel. Der Besuch des Gottesdienstes wurde zur Pflicht, und Tugend wurde zum Gesetz. Das Vergnügen oder, je nach Perspektive, das Laster wurde verboten. Im einzelnen wurden untersagt: unanständige Lieder, Tanzen, Würfeln, der Vollrausch, Kneipenbesuch, kulinarische Übertreibungen, Luxuskonsum, Theater, auffällige Frisuren und unsittliche Kleidung. Die Zahl der Gänge, die eine Mahlzeit haben durfte, wurde vorgeschrieben. Schmuck und Spitzen waren ebenso unerwünscht wie die Vornamen von Heiligen. Erwünscht waren biblische Vornamen wie Habakuk oder Samuel. Auf Unzucht, Ehebruch, Gotteslästerung und Götzendienst stand die Todesstrafe. (.) Das Regime Calvins in Genf war totalitär.«[221]

Gott ist im Kapitol nicht nur ein obsoletes Relikt, sondern gänzlich verschwunden. Dass es in diesem Jahr eine Freiwillige aus Distrikt 12 gibt, ist für die Medien ein großes Spektakel. Auch Seneca Crane will das nicht ignorieren. Die Tribute wollen und sollen den Menschen gefallen – und die Menschen sollen Gefallen an den Tributen finden.

So entstand mit den Jahren ein beliebtes TV-Event; es ist Tradition, es ist Kult, es ist eine Religion, es ist Marketing, es ist eine fast perfekte Propagandamaschinerie geworden, die quasi eine Art Selbstläufer ab der Namensziehung der Tribute wurde. Cranes Auffassung der Spiele als »Bindeglied« in ganz Panem mag für das Selbstverständnis des Kapitols zutreffend sein, jedoch keineswegs für alle Distrikte.

Das Kapitol selbst erinnert entfernt an die Anlagen Washingtons mit einem See und Obelisken. Die Feststätte für die Parade der Hungerspiele erinnert an den Circus Maximus, in dem im Alten Rom Wagenrennen stattgefunden haben – neben den Gladiatorenkämpfen in der Arena des Colosseums die beliebtesten Festspiele.

Panem wird durch die Verbindung von Antike und Moderne, Tradition und Fortschritt zu einem Ort, der zu jeder *Zeit* bestehen könnte. Die traditionell römischen Namen im Gegensatz zu den modernen Namen der westlichen Gesellschaften haben überdies auch noch eine weitere Funktion, nämlich sind sie Ausdruck der kulturellen Spaltung in Panem zwischen Kapitol und Distrikten. Jedoch ist diese Spaltung keinesfalls scharf, sondern fließend. So stammt Cato* etwa aus Distrikt 2, was die Nähe zum Kapitol dieses Distrikts zum Ausdruck bringt.

Anders als in Shakespeares *Coriolanus* beschreibt Collins keinen »Ort, der sich selbst Rom nennt« und daher *überall* sein könnte, sondern einen Ort, der zu (fast) jeder Zeit existieren könnte. Dies ist

---

* *Marcus Porcius Cato der Jüngere* war ein Politiker in der Endzeit der römischen Republik. Sein Tod lieferte viel Bühnenstoff für zahlreiche Stücke. Er versuchte sich selbst mit einem Schwert zu töten, was ihm misslang. Er erlag erst langsam seinem Blutverlust. Im Film wird Katniss Cato mit einem Pfeil vom Füllhorn schießen, sodass er verwundet den Mutationen in der Arena einem qualvollen Tod ausgesetzt ist.

nicht untypisch für den Wandel im Utopiengenre: »Die Raumutopie hat sich zu einer Zeitutopie gewandelt, in der das Ziel nicht mehr eine zu erreichende Insel, sondern eine in der Zukunft erreichbare Einwirkungsmöglichkeit der bestehenden Zustände ist.«[222]

Utopien kennen also einen *Raum-Zeit-Dualismus*.* Dies ist durchaus plausibel: Würde man den Ort und die Zeit zugleich kennen, wäre der Ort erreichbar; würde man weder das eine, noch das andere kennen, wäre er zwar unerreichbar, allerdings verlangt es auch sehr viel Imaginationskraft ab, etwas zu *finden*, worüber man dann *berichten* könnte, weil man weder weiß an welchem Ort, noch zu welcher Zeit man suchen sollte. Es liegt wegen des Vollkommenheitsanspruchs der Utopie also in ihrem Wesen begründet, entschieden dualistisch Raum und Zeit zu trennen.†

3.3.2 Eine Biopolitik der Normen und der Tod der Werte

Die Tribute werden nach ihrer Ankunft gewaschen, gepflegt, rasiert, enthaart und entlaust. Hygiene spielt also eine große Rolle, auch weil man nicht möchte, dass Krankheiten und Erreger aus den Distrikten ins Kapitol eingeschleppt werden. Sollten sich bereits vor den Hungerspielen Infektionen unter den Tributen ausbreiten, so wäre auch dies nicht im Sinne der Spiele. Die »vollkommen mechanisierte Bearbeitung« der Tribute erinnert an die Behandlung der KZ-Häftlinge, die ebenfalls ein rein mechanischer Akt war,[223] und ist dieser doch vollkommen entgegengerichtet. So schreibt Arendt über die NS-Verbrechen:

---

* Das erinnert mich stark an die Heisenbergsche Unschärferelation im Welle-Teilchen-Dualismus der Quantenphysik. Diese besagt, dass man den Ort und die Geschwindigkeit eines Photons, welche sowohl als Welle wie auch als Teilchen beschrieben werden kann, niemals exakt bestimmen kann. Kennt man den Ort genau, ist die Unsicherheit über die Aussage der Geschwindigkeit unendlich groß – umgekehrt gilt dies ebenfalls. Das lässt sich mit einem kleinen Witz veranschaulichen: Heisenberg fährt mit seinem neuen Sportwagen auf der Schnellstraße und wird dabei von einem Polizisten angehalten. »Sagen Sie, haben Sie eine Ahnung, wie schnell Sie gerade gefahren sind?« Daraufhin entgegnet Heisenberg: »Nein, aber dafür weiß ich ganz genau, wo ich war.«

† Die Heisenbergsche Unschärferelation ist weniger streng. Sie lässt es zu, dass eine Aussage über das eine, die genauer wird, zu einer größeren Ungenauigkeit der Aussage über das andere wird. Sie ist aber nicht entschieden dualistisch geprägt.

»Die Mittel, mit dieser Eigentümlichkeit der menschlichen Person fertig zu werden, sind vielfache (.) Sie beginnen mit den ungeheuerlichen Verhältnissen bei Transporten in die Lager, wenn Hunderte von Menschen in einem Viehwagen splitternackt, buchstäblich aneinandergeklebt, tagelang zum Vergnügen auf der Landkarte umhergefahren werden; sie setzen ihr Werk fort mit der Einlieferung in die Lager, dem wohlorganisierten Schock der ersten Stunden, dem Kahlscheren des Schädels, der grotesken Einkleidung; und sie enden in all den völlig unvorstellbaren, genau berechneten Torturen, denen der menschliche Körper keineswegs und sicher nicht schnell zu erliegen braucht. Sie laufen jedenfalls darauf hinaus, den Körper des Menschen in seinen unendlichen Leidensmöglichkeiten so auszuwerten und zu handhaben, daß er die menschliche Person nicht anders und mit nicht geringerer Folgerichtigkeit zerstört als gewisse organisch bedingte Geisteskrankheiten.«[224]

Dagegen ist die Körperpflege der Tribute eine Praxis der Biopolitik. Es geht hier um die *Vermessung* des Körpers durch eine Normierung. Das Menschenbild ist ein vermessen-normiertes. Die Norm beherrscht den Wert. Das Menschenbild im Kapitol ist eines, welches Werte wie Moral, Aufrichtigkeit, Zuverlässigkeit, Treue, eine Achtung vor der Schöpfung der Natur oder auch die Natur selbst, Solidarität, Freiheit und Toleranz nicht kennt. Diese qualitativen Werte lassen sich nicht quantitativ vermessen und so normieren; sie werden also kulturell ausgeschlossen und in den Hintergrund gedrängt; sie werden in einer solchen Gesellschaft verdrängt und schließlich aus dieser verbannt.

Das Kapitol ist einem omnipräsenten, kosmetischen Schönheitswahn verfallen. Was *Schönheit* ist (oder als solche gilt), unterscheidet sich von Kultur zu Kultur.* Im Mittelalter war ein dicker Bauch ein Zeichen von Wohlstand; heute wird er als Faulheit und körperliche Unsportlichkeit gesehen. In China gilt es als schön, eine besonders weiße Hautfarbe zu haben – vor der Sonne schützt man sich mit Sonnenschirmen. In Deutschland ist eine dunkle Hautfarbe keineswegs mehr etwas Niederes im Allgemeinen eine leichte Bräunung gilt als attraktiv; sie zeigt: Jemand war in der Sonne. Er war vielleicht im Urlaub; er kommt rum, er ist ein Reisender; oder er hat

---

* Wenn ein Reisender in eine andere Kultur hineingelangt, kann es so zu ungewöhnlichen Ereignissen kommen. So war *van Beethoven* ein gewöhnlicher Name in Belgien, woher seine Eltern stammten – in Deutschland missverstand man das »van« jedoch als Abwandlung von »von« und deutete den Namen als Adelsgeschlecht. Zweifelsohne öffnete dieses Missverständnis Beethoven viele Türen auf seiner großartigen musikalischen Karriereleiter.

viel Freizeit und muss nicht viele Stunden in Innenräumen »ver-
schimmelt«; er ist vielleicht wohlhabend – das alles macht ihn interessant. So schreibt auch Katniss:

»In Distrikt 12 ist es in gewisser Hinsicht eine Leistung, alt auszusehen, denn
dort sterben die Menschen früh. Wenn man dort einem älteren Menschen
begegnet, möchte man ihn zu seiner Langlebigkeit beglückwünschen und
nach seinem Geheimnis seines Überlebens fragen. Ein dicker Mann wird be-
neidet, weil er im Gegensatz zu den meisten von uns mehr als genug hat.
Hier [im Kapitol] ist das anders. Falten sind unerwünscht. Ein runder Bauch
ist kein Zeichen von Erfolg.«[225]

Das Trainingscenter erhält vor dem Hintergrund der Biomacht eine
ganz eigene, wichtige Bedeutung. Zunächst möchte ich aber noch
intensiver auf die Frage eingehen: Was ist Biopolitik oder Biomacht
und welche Bedeutung kommt ihr im Kontext von Panems Geschichte zu? Hierzu findet sich eine ausführliche und sehr gelun-
gene Darstellung bei Lemke:

»Foucault nimmt (.) eine analytische und historische Abgrenzung unter-
schiedlicher Machtmechanismen vor und stellt der Souveränitätsmacht die
‹Biomacht› gegenüber. Die Souveränität zeichnet sich ihm zufolge dadurch
aus, dass sie Machtbeziehungen vor allem in Form der ‹Abschöpfung› organisiert: als Entzug von Gütern, Produkten, Diensten etc. Die Eigenart dieser
Machttechnologie bestand darin, dass sie im äußersten Fall sogar über das
Leben der Untertanen verfügen konnte. Zwar galt das souveräne ‹Recht
über Leben und Tod› der Untertanen seit langem nur in eingeschränkter
Form und mit erheblichen Qualifizierungen; es symbolisiert jedoch den Ex-
trempunkt einer Macht, die im Wesentlichen als Zugriffsrecht funktionierte.
Die ‹Macht über den Tod› werde – so Foucault – seit dem 17. Jahrhundert
zunehmend von einer neuen Machtform überlagert, deren Ziel es sei, das
Leben zu verwalten, zu sichern, zu entwickeln und zu bewirtschaften:

   Die Abschöpfung tendiert dazu, nicht mehr ihre Hauptform zu sein, sondern nur noch ein Element unter anderen Elementen, die an der Anrei-
   zung, Verstärkung, Kontrolle, Überwachung, Steigerung und Organisation der unterworfenen Kräfte arbeiten: diese Macht ist dazu bestimmt,
   Kräfte hervorzubringen, wachsen zu lassen und zuordnen, Anstatt sie zu
   hemmen, zu beugen oder zu vernichten.

Die Eingliederung der Souveränitäts- in die Biomacht und ihre Unterord-
nung unter deren Ziele sind jedoch keine politikimmanente Transformation,
sondern beruhen ihrerseits auf einer Reihe wichtiger historischer Vorausset-
zungen. Entscheidend für den ‹Eintritt des Lebens in die Geschichte› ist die
Steigerung der industriellen und landwirtschaftlichen Produktion im 18.

Jahrhundert sowie das wachsende medizinische und wissenschaftliche Wissen über den menschlichen Körper. War der ‹Druck des Biologischen auf das Historische› in Form von Hungersnöten, Seuchen und Krankheiten bis dahin äußerst hoch gewesen, erlaubten die technologischen, wissenschaftlichen, sozialen und medizinischen Innovationen nun eine ‹relative Herrschaft über das Leben› (.) In dem von ihnen gewonnenen und ‹ausgeweiteten Spielraum nehmen Macht- und Wissensverfahren die Prozesse des Lebens in ihre Hand, um sie zu kontrollieren und zu modifizieren.›

Foucault bestimmt die Eigenart der Biomacht darin, dass sie sterben ‹lässt› und leben ‹macht› – im Gegensatz zur Souveränitätsmacht, die *sterben macht* oder *leben lässt*. Die repressive Macht über den Tod wird einer Macht über das Leben unterstellt, die es weniger mit Rechtssubjekten als mit Lebewesen zu tun hat. Foucault unterscheidet zwei ‹Entwicklungsachsen der politischen Technologie des Lebens›: die Disziplinierung der Individualkörpers einerseits und die Regulierung der Bevölkerung andererseits. Die Disziplinartechnologie, die bereits im 17. Jahrhundert auftaucht, zielt auf die Dressur und Überwachung des individuellen Körpers. Diese ‹politische Anatomie des menschlichen Körpers› betrachtet den Menschen als eine komplexe Maschine. Sie unterdrückt und verschleiert weniger, als dass sie Wahrnehmungsformen und Gewohnheiten konstituiert und strukturiert. Im Gegensatz zu traditionellen Herrschaftsformen wie Sklaverei und Leibeigenschaft gelingt es der Disziplin, die Kräfte des Körpers zugleich zum Zwecke ihrer wirtschaftlichen Nutzung zu steigern und zum Zwecke ihrer politischen Unterwerfung zu schwächen. (.)

In der zweiten Hälfte des 18. Jahrhunderts entsteht eine andere Machttechnologie, die sich nicht auf den Körper der Individuen, sondern auf den kollektiven Körper einer Bevölkerung richtet. Unter Bevölkerung begreift Foucault keine rechtlich-politische Einheit (etwa die Summe der vertragschließenden Individuen, sondern eine eigenständige biologische Entität: ein ‹Gesellschaftskörper›, der sich durch die ihm eigenen Prozesse und Phänomene wie Geburten- und Sterblichkeitsrate, Gesundheitsniveau, Lebensdauer der Individuen, die Produktion der Reichtümer und ihre Zirkulation etc. definiert. Die Gesamtheit der konkreten Lebensäußerungen einer Bevölkerung ist Gegenstand einer ‹Sicherheitstechnologie›. Diese zielt auf die einer Bevölkerung eigenen Massenphänomene und die Bedingungen ihrer Variation, um die Gefahren abzuwenden oder auszugleichen, die sich aus dem Zusammenleben einer Bevölkerung als biologischer Gesamtheit ergeben. Nicht Disziplinierung und Dressur, sondern Regulierung und Kontrolle sind die zentralen Instrumente, die hier zum Einsatz kommen. (.)

Disziplinartechnologie und Sicherheitstechnologie unterscheiden sich jedoch nicht nur in ihren Zielen und Instrumenten oder dem Zeitpunkt ihres Auftretens, sondern auch in ihrer institutionellen Lokalisierung. Während sich die Disziplinen zunächst im Rahmen einzelner Institutionen und gesellschaftlicher Handlungsfelder wie Armee, Gefängnis, Schule, Krankenhaus entwickelten, wurde die Regulierung der Bevölkerung um die Mitte des 18.

Jahrhunderts durch die Zentralinstanz des Staates organisiert. Wichtig waren in diesem Zusammenhang etwa die Sammlung demografischer Daten über die Bevölkerung, die Tabellierung der Reichtümer sowie statistische Erhebungen zu Lebensdauer und Krankheitsfallen. (.)

Die Unterscheidung zwischen den beiden Entwicklungssträngen der Biopolitik ist jedoch nur mit Vorsicht zu verwenden. Foucault betont, dass Disziplinierung und Regulierung ‹zwei durch ein Bündel von Zwischenbeziehungen verbundene Pole› bilden, die nicht unabhängig voneinander zu betrachten sind, sondern sich wechselseitig definieren. Die Disziplin ist nicht eine Form der Individualisierung, die auf gegebene Individuen ausgeübt wird, sondern setzt immer schon eine Vielheit voraus; ebenso stellt Bevölkerung die Vereinigung und Zusammenfassung und individualisierter Existenzen zu einer neuen politischen Form dar. ‹Individuum› und ‹Masse› sind also weniger Gegensätze als zwei Seiten einer umfassenden politischen Technologie, die zugleich auf die Kontrolle des Körper-Menschen wie des Gattungs-Menschen zielt. Darüber hinaus ist die Differenzierung zwischen den beiden politischen Technologien aber auch aus historischen Gründen kaum aufrechtzuerhalten. Beispielsweise war die ‹Polizey› im 18. Jahrhundert zugleich Disziplinar- und Staatsapparat, und die staatliche Regulierung stützte sich im 19. Jahrhundert auf eine Reihe von substaatlichen Institutionen (Versicherungen, Hilfskassen, Fürsorgevereine, medizinisch-hygienische Institutionen etc.). (.)

In diesem Zusammenhang kommt dem Begriff der Norm eine Schlüsselrolle zu. Arbeitete die alte ‹Macht über Leben und Tod› auf der Grundlage des binären Codes des Rechts, tritt im Kontext der Biopolitik das Recht immer mehr hinter die Norm zurück, wobei das absolute Gesetz des Souveräns durch eine relative Logik des Abwägens, Messens und Vergleichens ersetzt wird. An die Stelle einer (natur-)rechtlich definierten Gesellschaft tritt eine ‹Normalisierungsgesellschaft›:

> Es geht nicht mehr darum, auf dem Feld der Souveränität den Tod auszuspielen, sondern das Lebende in einem Bereich von Wert und Nutzen zu organisieren. Eine solche Macht muß eher qualifizieren, messen, abschätzen, abstufen, als sich in einem Ausbruch manifestieren. Statt die Grenzlinie zu ziehen, die die gehorsamen Untertanen von den Feinden des Souveräns scheidet, richtet sie die Subjekte an der Norm aus, indem sie sie um diese herum anordnet.

Aus Foucaults These, dass die moderne Politik mehr und mehr zur Biopolitik wird, folgt allerdings nicht, dass Souveränität und Todesmacht nun keine Rolle mehr spielten. Das Gegenteil ist der Fall. Das souveräne Recht über den Tod verschwindet nicht, sondern wird einer Macht untergeordnet, die sich die Sicherung, Entwicklung und Verwaltung des Lebens auf die Fahnen geschrieben hat. In der Folge wird die Todesmacht entgrenzt und von allen Schranken befreit, da sie nun dem Leben selbst dienen soll, Auf dem Spiel steht nicht mehr die juridische Existenz eines Souveräns, sondern das biologische Überleben einer Bevölkerung. Die Paradoxie der Biopolitik besteht darin, dass in dem Maße, in dem das Leben und dessen Sicherung und Verbesserung zu einer Angelegenheit politischer Autoritäten wird, es durch bislang unvorstellbare technische und politische Vernichtungspotenziale bedroht ist: ‹Nie waren die Kriege blutiger als seit dem 19. Jahrhundert und niemals richteten die Regime (.) vergleichbare Schlachtfeste unter ihren eigenen Bevölkerungen an. (.) Man stellt ganze Völker auf, damit sie sich im Namen der Notwendigkeit ihres Lebens gegenseitig umbringen. Die Massaker sind vital geworden. Gerade als Verwalter des Lebens und Überlebens, der Körper und der Rasse, haben so viele Regierungen in so vielen Kriegen so viele Menschen töten lassen.› Den Grund dafür sieht Foucault im modernen Rassismus, der die ‹Funktion des Todes in der Ökonomie der Bio-Macht› sichert.«[226]

Vor dem Hintergrund des Staatsvertrages sind die Tribute »der Preis für die Freiheit« der Distrikte, die in den Spielen geopfert werden. Als Mahnung sollen diese so Sicherheit und die Zukunft Panems schützen. Der Tod der Tribute sichert so das Leben und Überleben in Panem und besonders im Kapitol. Dahinter verbirgt sich ein äußerst latenter Rassismus. Die »Barbaren« in den Distrikten werden als Ungeheuer, als Monster, als Abartige begriffen, nicht jedoch als Menschen.

»Der Rassismus erfüllt zwei wichtige Funktionen innerhalb einer Ökonomie der Biomacht. Seine Bedeutung besteht erstens darin, Einschnitte innerhalb des Sozialen vorzunehmen, die die Aufspaltung einer als prinzipiell homogen vorgestellten biologischen Ganzheit (z.B. einer Bevölkerung oder der menschlichen Spezies insgesamt) erlauben. Auf diese Weise wird eine Differenzierung in gute und schlechte, höhere und niedere, aufstrebende oder absinkende ‹Rassen› ermöglicht und eine Trennungslinie etabliert ‹zwischen dem, was leben, und dem, was sterben muß›. (.) Die zweite Funktion des Rassismus geht noch darüber hinaus. Sie beschränkt sich nicht darin, eine Trennungslinie zwischen ‹gesund› und ‹krank›, ‹lebenswert› und ‹lebensunwert› zu etablieren, sondern sucht ‹eine positive Beziehung vom Typ *je mehr du töten wirst, umso mehr wirst du sterben machen*, oder *je mehr du sterben lässt, umso mehr wirst du deswegen leben*, aufzubauen›. Der Rassismus ermöglicht also eine dynamische Beziehung zwischen dem Leben der einen und dem Sterben der anderen. Er erlaubt nicht nur eine Hierarchisierung von ‹Lebenswertigkeiten›, sondern stellt die Gesundheit der einen in ein direktes Verhältnis zum Verschwinden der anderen. Er liefert die ideologische Grundlage, um andere zu identifizieren, sie auszugrenzen, zu bekämpfen oder gar zu ermorden – im Namen der Lebensverbesserung: Der Tod der Anderen bedeutet nicht einfach mein Überleben in der Weise, daß er meine persönliche Sicherheit erhöht; der Tod des Anderen, der Tod der bösen

Rasse, der niederen (oder degenerierten oder anormalen) Rassen wird das Leben im allgemeinen gesünder machen.«[227]

Als Machttechniken, zu deren Objekte die Tribute werden, sind zugleich neben der Lebensmacht also auch die Todesmacht beschrieben, da das faktische Todesurteil der Tribute gefällt ist, während sie in allen Aspekten lebensgestalterischen Fragen gesundheitlich versorgt, ernährt und trainiert werden.

3.3.3 Geschlechterrollen, Mode und Singularitäten

In Panem gibt es recht wenig Unterschiede zwischen den Geschlechterrollen:[*] Sowohl Männer als auch Frauen arbeiten im Bergwerk, können Spielemacher werden und Tribute unterliegen denselben Normen und Bedingungen. Nur einige wenige Stellen beziehen sich explizit auf die Geschlechtlichkeit; das beliebteste »Sexsymbol« ist Finnick, welcher von Präsident Snow zur Prostitution gezwungen wird. Eine weibliche Figur, die dem traditionellen Rollenverständnis entspricht, ist Prim. Sie ist nach einer Blume benannt, sie kichert und plaudert, ist einfühlsam und auch Tieren gegenüber zugewandt.

Katniss wird als androgyn, kämpferisch, verantwortungsvoll und schmerzunempfindlich beschrieben. Sie verdient als Familienoberhaupt nach dem Tod ihres Vaters den Lebensunterhalt für ihre Familie. Sie hat ausdrücklich keinen Kinderwunsch. Es fällt auf, dass Katniss keine ebenbürtige weibliche Vertrauensperson und bis auf Rue in den 74. Spielen keine Freundin hat. Alle ihre Bezugspersonen, mit denen sie mehr oder weniger in eine Beziehung tritt, sind männlich: Gale, Peeta, Haymitch, Cinna, Finnick, Plutarch. Der

---

[*] »Die Geschlechterrolle oder Geschlechtsrolle ist im engeren Sinne die Summe von Verhaltensweisen, die in einer Kultur für ein bestimmtes Geschlecht als typisch oder akzeptabel gelten und Personen zugewiesen werden. Im weiteren Sinne umfasst die Geschlechterrolle die individuellen Verhaltensweisen einer Person, die sie mit ihrer Geschlechtsidentität in Verbindung bringt oder mit denen sie die eigene Identität zum Ausdruck bringen will. Heute wird soziologisch und psychologisch zunehmend Geschlecht und Gender nicht mehr gleichgesetzt, um die kulturell und gesellschaftlich vorgegebenen Geschlechterrollen von den biologischen Gegebenheiten (weiblich/männlich) zu unterscheiden.« (Wikipedia: Geschlechterrolle. Zul.abg.: 17.10.2021; 01:15 MEZ)

androgyne Stylist Cinna arbeitet die weiblichen Merkmale von Katniss heraus und macht so die Rebellin sichtbar.

In allen drei Büchern findet sich weder Sex noch sexuelle Gewalt. »An den Stylisten Venia und Octavia zeigt sich die fließende Einstellung des Kapitols zu den Geschlechterrollen: Venia hat tätowierte Augenbrauen, Octavias Körper ist gefärbt.«[228] Modetrends wurden in »Körpertrends« überführt. Es handelt sich hier nicht um oberflächliche und temporäre Verschönerungen, sondern um Schönheitsoperationen, die nichts Außergewöhnliches sind. Caesar Flickermann sehe schon seit 40 Jahren gleich aus. Katniss beschreibt die Menschen im Kapitol als »oberflächlich« und »künstlich«. Im Kapitol werden körperliche Transformationen als Mittel zur Identitätsformung begriffen. Männer und Frauen unterwerfen sich hier denselben Regeln.

Die evolutionären Unterschiede zwischen Mann und Frau werden insbesondere im Kapitol nahezu aufgehoben. Birkenbihl wies einmal darauf hin, dass Männer primär visuell und Frauen primär auditiv veranlagt seien. Aus evolutionärer Sicht erscheint dies durchaus plausibel.

Die Aufgabe des Mannes in vorgeschichtlichen Gemeinschaften war die Jagd, er musste also »draußen« um Leben und Tod ringen, um die Familie ernähren zu können. Bei der Jagd spielt Tarnung eine wichtige Rolle. Es ist leichter, sich lautlos zu verhalten, als in seiner Umgebung unsichtbar zu werden. Der Mann musste also besonders visuelle Fähigkeiten entwickeln, um Beute entdecken, aber auch Gefahren rechtzeitig erkennen zu können.

Die Rolle der Frau hingegen lag im »Inneren«. Sie schützte die Neugeborenen im Versteck einer Höhle. Von dort aus konnte sie das »Draußen« nicht sehen. Um sich auf potentielle Gefahren vorbereiten und die Kinder verteidigen zu können, musste sie also besonders auditive Fähigkeiten entwickeln. Herannahende Gefahren vor der Höhle konnte man von innen nicht sehen, aber möglicherweise hören.

Dies zeigt, dass die »binären Geschlechterkonstruktionen« von Mann und Frau in ihrer Rollenverteilung durchaus von umweltfaktoriellen und daher millieutheoretischen Einflüssen geprägt sind. In einer fortgeschrittenen Zivilisation erscheinen diese notwenigen Unterschiede als obsolet. Jedoch stelle ich mir die Frage, ob der Wunsch einiger Teile der Gesellschaft, sich von »binären Geschlechterkonstruktionen« zu lösen, nicht einem gewissen Wunsch entspringt, wieder Kind sein zu können. Als Kind unterliegt man den gesellschaftlichen Einflüssen, welche einen »Mann« oder »Frau« werden lassen, noch nicht so sehr. Ein Fötus entwickelt erst nach fünf Wochen geschlechtsspezifische Merkmale. Über die Gleichberechtigung der Geschlechter schreibt Fromm:

»Die positiven Seiten dieser Gleichheitstendenz dürfen uns nicht darüber hinwegtäuschen, daß es sich hier auch um die Tendenz zur Ausmerzung von Unterschieden handelt. Man erkauft sich die Gleichheit eben zu dem Preis, daß die Frauen gleichgestellt werden, weil sie sich nicht mehr von den Männern unterscheiden. Die These der Aufklärungsphilosophie: ‹Die Seele hat kein Geschlecht›, gilt heute ganz allgemein. Die Polarität der Geschlechter ist im Verschwinden begriffen, und damit verschwindet auch die erotische Liebe, die auf dieser Polarität beruht. Männer und Frauen werden sich gleich und sind nicht mehr gleichberechtigt als entgegengesetzte Pole. Die heutige Gesellschaft predigt das Ideal einer nicht-individualisierten Gleichheit, weil sie menschliche Atome braucht, die sich untereinander völlig gleichen, damit sie im Massenbetrieb glatt und reibungslos funktionieren, damit alle den gleichen Anweisungen folgen und jeder trotzdem überzeugt ist, das zu tun, was er will. Genauso wie die moderne Massenproduktion die Standardisierung der Erzeugnisse verlangt, so verlangt auch der gesellschaftliche Prozeß die Standardisierung des Menschen, und diese Standardisierung nennt man dann ‹Gleichheit›.«[229]

Dieser Wunsch sieht jedoch über die unumstößlichen Unterschiede von Mann und Frau hinweg. Und da die Zivilisation ein sehr fragiles Konstrukt ist, würde ich es sogar für fahrlässig halten, *naiv* in eine Gesellschaft zu laufen, in der Menschen ihr »empfundenes« Geschlecht je nach Tageslaune frei wählen können. In der Tat wird in westlichen Gesellschaften das »Recht auf Gleichberechtigung« zunehmend ad absurdum geführt. So klagte eine Familie tatsächlich vor Gericht ein, dass ihre Tochter in einem Knabenchor mitsingen könne, obwohl eine tatsächliche Gesangsprobe gezeigt hat, dass ihre Stimmlage sich nicht in das Klangbild einfügen lässt. Das Gericht wies die Klage konsequenterweise ab.[230]

Vermutlich wäre eine Gesellschaft, in der die spezifischen Identitäten der Geschlechter verschwindet, mit dem Zusammenbruch ihrer Zivilisation unweigerlich und zwangsläufig dem Untergang geweiht.* Die Gesellschaft im Kapitol ist jedenfalls für diese »neue Art

---

* Diese Dimension geht weit über individuelle Einzelfälle hinaus. Ich beziehe mich hier auf ein kollektives Massenphänomen. Da es in der extremsten Form keine Gruppenbildung gibt, wie ich noch ausführen werde, gibt es

zu leben« sehr empfänglich, sodass sich dies als nützliche Herrschaftsmethode erweist. Gefühle und enge Bindungen sind unerwünscht.

In einer Gesellschaft, in der die unterschiedlichen Geschlechter-
funktionen verschwinden, braucht es zum Arterhalt in der höchsten
Steigerung nämlich keine Paarung und auch zur Sicherung des
Nachwuchses keine Familienstrukturen mehr. Soziale Strukturen
würden in der Folge überflüssig werden; Herden, soziale Gruppen
und Gemeinwesen wären obsolet. Das androgyne Menschenbild
entstammt also dem Baukasten *divide et impera*, innerhalb des Kapitols selbst in bemerkenswerter Weise durch eine Teilung durch Uni-
formität. Die Distrikte werden untereinander gespalten und Kommunikation unterdrückt; innerhalb der Distrikte gibt es durch die
Tesserasteine Vereinzelung. Im Kapitol herrschen kapitalistische
Abhängigkeiten und die eigentlich evolutionär bedingten und notwendigen Sozialstrukturen werden aufgelöst, sodass eine Gesellschaft entsteht, die eigentlich keine mehr ist, sondern nur eine
Masse an *beziehungsunfähigen Selbstdarstellern*. Es gibt weder Konkurrenz noch Gemeinschaft, man ist weder gegeneinander, noch
miteinander und erst recht nicht füreinander. Es ist eine Gesellschaft aus *Singularitäten*, das Leben verkommt zur einfachen Existenz, zu einem Vegetieren, einem Überleben.

Erst das Herausarbeiten von Katniss als Frau und Peeta als Mann,
das Trennen dieser beiden Pole, lässt ein magnetähnliches Feld entstehen, in dem eine Liebe zwischenmenschlicher Art aufkeimen
kann.* Die aufgesetzte Liebe zu sich selbst im Kapitol ist langweilig

---

keine Macht, weder politisch noch soziologisch. An ihre Stelle tritt die Gewalt des Überlebenskampfes in der Dimension *einer gegen alle*.
* Diese konsequente Aussage versteht sich im Hinblick auf die gesellschaftlichen Rahmenbedingungen im Kapitol und naher Distrikte wie auch ent-
fernter Distrikte. Fromm etwa vertrat 1956, das Entstehungsjahr der *Kunst
des Liebens*, die Auffassung, der Homosexuelle wäre ebenso zur Liebe unfähig wie der durchschnittliche heterosexuelle Mann, welcher nicht lieben
könne, und der Homosexuelle unter dieser nicht aufgehobenen Getrennt-
heit leide. (Fromm, Die Kunst des Liebens: 45) Fromm übersieht hier, jedoch
zu dieser Zeit nicht unüblich, dass auch Frauen homosexuell sein können
und zum anderen, dass es unterschiedliche Arten der Vereinigung und re-
ziproken Ergänzung geben kann. Charakterlich, intellektuell, humoristisch,
organisatorisch. Immerhin gibt Fromm später zu: »Damit es sich um echte
Liebe handelt, muß die *erotische Liebe* einer Voraussetzung genügen: Ich muß
aus meinem innersten Wesen heraus lieben und den anderen im innersten

geworden und besonders macht sie die Liebe zu anderen überflüssig, weil man selbst ja »andere sein« kann. Gleichzeitig entsteht ein Gefühl von Unsicherheit und Hilflosigkeit in einem Dasein der Einsamkeit.[*] In den Distrikten hingegen unterdrückt omnipräsente Angst jede Grundlage für das Entstehen echter zwischenmenschlicher Vereinigungsbedürfnisse.

Sexualität ist kein Akt der Liebe, sondern dient ausschließlich der Fortpflanzung. Der Einzelne fühlt sich schwach und ist gezwungen, auf den Staat Panem zu vertrauen. Diesem ist er voll und ganz ausgeliefert, auf Gedeih und Verderb. Der Staat, der seine Bürger schützen sollte und aus dieser Überlegung heraus gegründet wurde, wird zu ihrem größten Feind, den viele jedoch immer noch als Rettung ansehen, und die neuen Bedrohungen durch den totalitären Staat unter dem Snow-Regime nicht erkennen, nicht erkennen können oder nicht erkennen wollen, oder nicht erkennen können und nicht erkennen wollen *gemacht werden*.

Der tiefe Wunsch des »Einswerdens« ist auch in einer anderen Weise zu erkennen, nämlich im Hinblick auf das »Einswerden mit der Natur«. Wir erkennen einerseits, dass die Gesellschaft des Kapitols sich vom Leben losgesagt hat und das Tote verehrt, was sich besonders in den Betonbauten und oft unbepflanzten Straßen zeigt. Zugleich ist aber die Kleidung eine Gegenreaktion darauf, so tragen viele Menschen Federn oder schmücken sich mit Blumen. All diese »natürlichen« Objekte sind jedoch »künstlich« und unlebendig; es sind tote Imitationen einer lebendigen Natur, die beherrschbar ist, die echte lebendige Natur dagegen unbeherrschbar. Besonders Effies Kostüme sind hier sehr beachtenswert und eindringlich.

»Fromm beschrieb die Ausgangssituation des Naturwesens Mensch, das die Natur übersteigt, indem es reflektierend seine eigene Leiblichkeit und die Umwelt als von ihm geschiedene Größe erlebt, als höchst problematisch und gefährdet. Der Mensch befindet sich in einer psychischen Situation der Heimatlosigkeit, Isolation und Zerrissenheit, die er nicht ertragen kann. Der brennende Wunsch, die Subjekt-Objekt-Spaltung zu überwinden, treibt ihn vorwärts, hin auf das Ziel: wieder mit sich und der Umwelt eins sein zu können.«[231]

Wesen seines Seins erfahren. Ihrem Wesen nach sind alle Menschen gleich. Wir alle sind Teil des Einen; wir alle sind das Eine. Deshalb sollte es eigentlich keinen Unterschied machen, wen ich liebe.« (Ebd.: 69)

[*] Eine schöne Herausarbeitung der Geschlechterrollen in Panem findet sich bei Dunn&Michaud: 148-152.

Effie Trinket bei der Ernte der 74. Hungerspiele

Effie Trinket bei der Ernte der 75. Hungerspiele

Effie Trinket nach der Mockingjay-Revolution

3.3.4 Das Feuer

Katniss zittert. Sie trifft im Nebenraum des Trainingscenters das erste Mal auf Cinna, der ihren Mut bewundert und sie unterstützen will. Katniss respektiert ihn, weil er ihr nicht gratulierte; er beruhigt sie. Cinna will, dass Katniss die Menschen beeindruckt, wenn sie der Welt gezeigt wird. Die Kostüme der Tribute bei der Parade sind in der Regel typisch für den jeweiligen Distrikt, aber will ich das nicht machen«, sagt Cinna: »Ich will etwas machen, woran man sich erinnert. Jemand, der so tapfer ist, darf man nicht einfach in ein dummes Kostüm stecken.«

Dies kann als Anspielung auf die »Welt als Bühne« verstanden werden, in der jeder eine bestimmte Rolle spielt. Diese spielt er aber nicht notwendigerweise frei, sondern oft wie eine Marionette fremdgesteuert von äußeren Umständen. Cinna bewundert Katniss Tapferkeit und ihre Charakterstärke. Einen Mensch mit einem starken Charakter kann man nicht durch eine Schablone pressen oder ihm eine »dumme« Rolle auferlegen, die durch sein Kostüm vergeben wird. Katniss Kleid ist von Cinna so gemacht, dass es sich während der Parade entzündet, jedoch ist es (noch) »kein echtes Feuer«.

Es ist das erste Mal, dass das Symbol des Feuers auftaucht. Es finden sich zahlreiche Anspielungen in diesem Sinne und die Frage nach der Bedeutung des Feuers ist gerechtfertigt. So schreibt Canetti:

»Das eindrucksvollste von allen Mitteln der Zerstörung ist das Feuer. Es ist weithin sichtbar und zieht andere an. Es zerstört auf unwiderrufliche Weise. Nichts ist nach einem Feuer, wie es vorher war. Die Masse, die Feuer legt, hält sich für unwiderstehlich. Alles wird zu ihr stoßen, während es um sich greift. Alles Feindliche wird von ihm vernichtet werden. Es ist, wie man noch sehen wird, das kräftigste Symbol, das es für die Masse gibt. Nach aller Zerstörung muß es wie sie erlöschen.[232] (.) Über das Feuer wäre vorerst zu sagen, daß es sich überall gleicht: ob es klein oder groß ist, hier oder dort entsteht, ob es lang oder kurz dauert, für unsere Vorstellung hat es immer etwas Gleiches, das unabhängig von seinen Gelegenheiten ist. Das Bild des Feuers ist uns wie ein Brandmal, kräftig, unauslöschlich und bestimmt. Das Feuer greift um sich; es ist ansteckend und unersättlich. Die Heftigkeit, mit der es ganze Wälder und Steppen, ganze Städte erfaßt, gehört zu seinen eindrucksvollsten Eigenschaften. Bevor es ausbrach, stand Baum neben Baum, Haus neben Haus, jedes vom anderen getrennt, einzeln für sich da. Was aber gesondert war, wird vom Feuer in kürzester Zeit verbunden. (.) Seine rapide Rücksichtslosigkeit kennt keine Grenzen. Es will alles enthalten, es hat nie genug. Das Feuer kann überall entstehen: seine Plötzlichkeit. Es überrascht niemand, daß da und dort ein Brand ausgebrochen ist, auf ein Feuer ist man überall gefaßt. Die Plötzlichkeit daran ist aber immer eindrucksvoll, und man wird nach den Ursachen forschen. Daß sie oft nicht zu finden sind, trägt bei zum ehrfürchtigen Gefühl, das sich mit der Vorstellung vom Feuer verbindet. Es hat eine geheime Allgegenwärtigkeit, jederzeit und überall kann sie sichtbar werden. (.)

Das Feuer ist zerstörend; es kann bekämpft und gezähmt werden; es erlischt. Es hat einen elementaren Gegner, das Wasser, das sich ihm in Gestalt von Flüssen und Wolken-brüchen entgegenstellt. Dieser Gegner war immer da, mit all seinen mannigfachen Eigenschaften ist er dem Feuer ebenbürtig. Ihre Feindschaft ist sprichwörtlich, ‹Feuer und Wasser› ist der Ausdruck für Feindschaft der extremsten und unversöhnlichsten Art. In den alten Vorstellungen vom Ende der Welt ist entweder das eine oder das andere siegreich. Die Sintflut läßt alles Leben in Wasser enden. Der Weltbrand zerstört die Weltdurch Feuer. Manchmal erscheinen sie beide, aneinander gemäßigt, in ein und derselben Mythologie. Doch der Mensch in dieser zeitlichen Existenz hat das Feuer zu beherrschen gelernt. Nicht nur vermag er immer wieder Wasser dagegen ins Treffen zu führen, es ist ihm auch gelungen, das Feuer zerspalten aufzubewahren. In Herden und Öfen hält er es gefangen. Er nährt es, wie man ein Tier nährt; er kann es verhungern lassen; er kann es ersticken. Damit ist die letzte wichtige Eigenschaft des Feuers schon angedeutet: es wird so behandelt, als ob es lebte. Es hat ein unruhiges Leben, und es erlischt. Wenn es hier ganz erstickt wird – an anderen Orten lebt es weiter. Faßt man diese einzelnen Züge des Feuers zusammen, so ergibt sich ein überraschendes Bild:

Es ist sich überall gleich; es greift rapid um sich; es ist ansteckend und unersättlich; es kann überall entstehen, sehr plötzlich; es ist vielfach; es ist zerstörend; es hat einen Feind; es erlischt: es wirkt, als ob es lebte, und wird so behandelt. Alle diese Eigenschaften sind die der Masse, eine genauere Zusammenfassung ihrer Attribute ließe sich schwer geben. Man gehe sie der Reihe nach durch: Die Masse ist sich überall gleich; in den verschiedensten Zeitaltern und Kulturen, unter Menschen aller Herkunft, Sprache und Erziehung ist sie im wesentlichen dieselbe. Wo sie einmal entstanden ist, greift sie mit der größten Heftigkeit um sich. Ihrer Ansteckung können wenige widerstehen, sie will immer weiterwachsen, von innen sind ihr keine Grenzen gesetzt. Sie kann überall entstehen, wo Menschen beisammen sind, ihre Spontaneität und Plötzlichkeit sind unheimlich. Sie ist vielfach und hängt doch zusammen, unzählige Menschen machen sie aus, und man weiß nie genau wie viele. Die Masse kann zerstörend sein. Sie wird gedämpft und gezähmt. Sie sucht sich einen Feind. Sie erlischt so plötzlich, wie sie entsteht, oft ebenso unerklärlich; und selbstverständlich hat sie ihr eigenes unruhigheftiges Leben. Diese Ähnlichkeiten zwischen Feuer und Masse haben zu ihrer engen Verquickung geführt. Sie gehen ineinander über, sie können füreinander stehen. Unter den Massensymbolen, die in der Geschichte der Menschheit immer wirksam waren, ist das Feuereines der wichtigsten und wandelbarsten.

Es ist notwendig, auf einige dieser Beziehungen zwischen Feuer und Masse einzugehen. Unter den gefährlichen Zügen der Masse, die immer wieder hervorgehoben werden, ist am auffallendsten die Neigung zu Brandstiftungen. Diese Neigung hat eine wichtige Wurzel im Waldbrand. Der Wald, selber ein uraltes Massensymbol, wird von den Menschen oft angezündet, um Platz für Siedlungen zu schaffen. Es läßt sich mit gutem Grund annehmen, daß die Menschen durch Waldbrände mit dem Feuer umzugehen lernten. Zwischen Wald und Feuer besteht eine einleuchtende, urgeschichtliche Verbindung. Die Äcker stehen später auf den Plätzen niedergebrannter Wälder, und wenn die Äcker vergrößert werden sollten, mußte immer wieder Wald gerodet werden. Die Tiere fliehen aus dem brennenden Wald. Massenangst ist die natürliche, man möchte sagen ewige Reaktion der Tiere auf große Feuer, und es war einmal auch die Reaktion des Menschen. Dieser aber hat sich des Feuers bemächtigt, er hält den Brand in seiner Hand, und er muß ihn nicht fürchten. Über die alte Angst hat sich seine neue Macht gelagert, und beide sind ein erstaunliches Bündnis eingegangen. Die Masse, die vor dem Feuer früher davonjagte, fühlt sich jetzt auf das stärkste von ihm angezogen.«[233]

Der Gegensatz zum Feuer ist das Eis. Der Gegensatz zum Verbrennen ist das Gefrieren. Der Gegensatz zu Flammen ist der Schnee. Collins Werk ist nicht zuletzt deshalb so monumental, weil es eine Erzählung ist, die die Symbolik des ewigen Kampfes dieser beiden Urnaturgewalten zum Gegenstand hat.

3.3.5 Die Parade

Während der großen Parade sehen wir zum ersten Mal Präsident Snow in der Öffentlichkeit. Er sitzt auf der oberen Tribüne, auf der alle auch so aufgeregt sind und tuscheln, wie auf den unteren Rängen. Snow jedoch sitzt bis zum Auftritt der Tribute ruhig die Zeit ab und beteiligt sich nicht an wilden Spekulationen. Er wartet geduldig auf den Auftritt der Tribute. Das verleiht ihm einen Alleinstellungsmerkmal. Lediglich sein Fingertippen auf der rechten Armlehne verrät eine gewisse Nachdenklichkeit.

Vor Ort sind 100.000 Menschen zusammengekommen und Crane koordiniert aus der Medienzentrale heraus das Geschehen. Es wird nichts dem Zufall überlassen. Auch heute gilt der Grundsatz in der Medienwirtschaft: »Keine Kamera ohne Drehbuch!« In Panem wird dies auf die Spitze getrieben.

Flavius zu Caesars Linken heißt genauso, wie er aussieht: der Blonde.

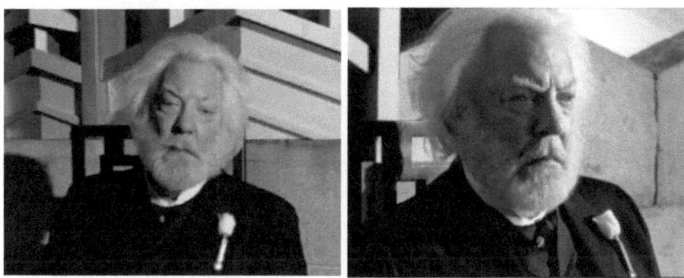

Snow ist der Erste, der eine Besonderheit bemerkt. Die Flammen an Katniss und Peetas Kleidern fesseln seine Aufmerksamkeit, erregen aber zugleich auch sein Misstrauen und seine Skepsis. Das Publikum ist begeistert. Katniss wollte eigentlich nicht mit Peeta die Triumphgeste demonstrieren; er überzeugt sie jedoch, dass es den Menschen gefallen wird. Und tatsächlich wird man sich an den Auftritt der Tribute aus Distrikt 12 noch lange danach erinnern.

Dabei erhascht Katniss einen Blick auf eine große Leinwand. Sie erkennt, wie der kybernetische Übermensch auf den naturverbundenen Untermenschen herabblickt. Dass die Tribute in Wagen einfahren, die von Pferden gezogen werden, erfüllt eine ganz bestimmte Funktion: Nämlich den Ausdruck der Unterlegenheit der Distrikte unter das Kapitol, welche eine technologisch-fortgeschrittene Zivilisation ist, die daher das »Recht zu herrschen« für sich beansprucht und dieses unnachgiebig einfordert.

Währenddessen gibt Crane Anweisungen auch an Präsident Snow. Die kleine Geste, die verrät, wie er den Anweisungen folgt, zeigt, wie sich Snow selbst unter das Medienspektakel unterwirft. Um die Machtmechanismen und -strukturen in Panem verstehen zu können, ist es wichtig, sich diese Abhängigkeiten vor Augen zu führen.

Die Tribüne, von der herab Snow spricht, lässt ihn übermächtig und gottgleich erscheinen, wohingegen der Einzelne, der zu ihm hinaufblicken muss, sich klein und unbedeutend fühlt. Das gleiche architektonische Prinzip wandten die Nazis in ihrem Kult an. Das Zeppelinfeld auf den Reichsparteitagen der NSDAP in Nürnberg hatte genau die gleiche Funktion. Die Anlage erinnert an einen Altar; alles ist auf die Sprechkanzel ausgerichtet. Hitler und sein Rüstungsminister Albert Speer haben ein Szenario entworfen, dass den Diktator übermächtig erscheinen lässt. Der *Cäsarenwahn*, der sich durch Gräuel, Gigantomanie und Größenwahn kennzeichnet, beginnt mit dem Glauben an die eigene Allmacht und endet geradezu unausweichlich in der Katastrophe. *Ave Caesar, morituri te salutant:* Heil Cäsar, die Totgeweihten grüßen dich!

Snow lässt die Masse zur Ruhe kommen und begrüßt die Tribute im Kapitol: »Wir verneigen uns vor eurem Mut und dem Opfer, dass ihr bringt.« Alles ist in diesem Moment auf den Präsidenten ausgerichtet. Snow tritt dabei als der Übervater der Nation auf, als gutmütiger und sanfter Großvater. Man muss fast sagen, er sieht aus wie das Ebenbild des Weihnachtsmannes. Er spricht ruhig und gediegen, seinen bewusst gewählten, aber doch wenigen Worten wohnt geradezu eine göttliche Weisheit inne.

3.4 Die Hungerspiele

Unmittelbar nach dem Fanalspruch der *fröhlichen Hungerspiele* beginnen die Rivalitäten unter den Tributen, besonders aus Distrikt 1 und 2, die aufgrund ihrer Nähe zum Kapitol in der Vergangenheit mit vielen Sponsoren beglückt waren, sodass sie die Spiele oft gewinnen konnten, ist das Aufbegehren aus Distrikt 12 nicht unbemerkt geblieben.

Die Tribute dieser beiden Distrikte werden auch *Karrieros* genannt. Da sie oft Sieger hervorgebracht haben, sind sie sehr vermögend und können sich eine besondere Kampfausbildung leisten. Mit 18 Jahren melden sie sich dann freiwillig als Tribute und gewinnen durch ihre Überlegenheit die Spiele fast jedes Jahr. Das macht ihre Distrikte noch reicher und erfolgreicher. Es sind die perversen Auswüchse eines entfesselten Humankapitalismus, der die Starken noch stärker, die Schwachen noch schwächer werden lässt. In den jeweiligen Distrikten ist man stolz auf die Karriero-Tribute. Für sie selbst sind die Spiele die Chance zu Ruhm, Ehre und Wohlstand, die Chance zur Befreiung aus dem Elend und der Bedeutungslosigkeit. Nichts anderes waren die Gladiatorenkämpfe im Alten Rom. Viele Sklaven wurden zu Gladiatoren ausgebildet, ähnlich wie auch die Tribute im Trainingscenter ausgebildet werden, zum Kampf und Überlebenskampf.

Viele hatten eine Todesangst, wenn sie aus den Provinzen Roms eingetrieben und verschleppt worden sind. Für einige war es jedoch auch die Chance ihres Lebens, vom Sklaven im Steinbruch, für den jeder Tag gleich mühselig ist und für den sich jeder Peitschenhieb gleich anfühlte, sich selbst durch eigene Tatkraft aus diesem Elend zu befreien. Einige von ihnen wurden im ganzen Römischen Reich berühmt, erlangten einen Kultstatus und wurden sogar sehr reich und auch mächtig. Die Tribute, von denen eininge auch davon träumten, ein Sieger zu werden und im Kapitol ein- und ausgehen zu können, verweilen vor den Spielen in einem eigenen Gebäudekomplex.

Im Penthouse angekommen, fühlt sich für Katniss alles anders an. Sie findet eine Fernbedienung, mit der sie zunächst nicht wirklich etwas anfangen kann und nur auf gut Glück ein paar Knöpfe drückt. Auf der Fensterfront erscheinen Bilder von Landschaften aus Panem. Der Anblick des Waldes macht ihr Angst. Sie sieht genau hin, weil es sich anfühlt, wie ihre gewohnte Umgebung. Doch da ist etwas, was sie stört und sie innerlich erschrecken lässt. Kommt ihr der Wald *unecht* vor? Wünschte sie sich, doch mit Gale in die Wälder geflohen zu sein?

Canetti: *Der Wald als Massensymbol*

»Das Hinaufschauen an vielen Stämmen wird zu einem Aufschauen überhaupt. Der Wald baut dem Kirchengefühl vor, dem Stehen vor Gott unter Säulen und Pfeilern. Sein gleichmäßigster und darum vollkommenster Ausdruck ist die Wölbung des Doms, alle Stämme in eine höchste und untrennbare Einheit verflochten. Ein anderer und nicht weniger wichtiger Aspekt des Waldes ist seine vielfache Unverrückbarkeit. Jeder einzelne Stamm ist festgewurzelt und gibt keiner Drohung von außen nach. Sein Widerstand ist absolut, er weicht nicht von der Stelle. Er kann gefällt, aber nicht verrückt werden. So ist er zum Symbol des Heeres geworden: ein Heer in Aufstellung, ein Heer, das unter keinen Umständen flieht; das sich bis zum letzten Mann in Stücke hauen läßt, bevor es einen Fußbreit Boden aufgibt.«[234]

Canettis Überlegung könnte eine Erklärung sein, weshalb aus massenpsychologischer Sicht Deutschland bis zum Ersten Weltkrieg (und vielleicht auch später bis zum Zweiten Weltkrieg) ein Land war, welches dem Militär einen besonderen Stolz zukommen ließ, ungeachtet von der Preußischen Disziplin und Staatsräson: Die alten Germanen verteidigten ihr Land – oft erfolgreich – gegen die einfallende Römische Übermacht. Ihr Habitus war der Wald, dort konnten sie kämpfen. Die römischen Soldaten waren nicht auf diese Kämpfe im Wald, wo hinter jedem Baum ein Versteck sich bietet, ausgebildet. Der Wald ist in der germanischen Kultur nicht ohne Bedeutung. So schreibt Canetti über das Massensymbol der Deutschen:

»Das Massensymbol der Deutschen war das Heer. Aber das Heer war mehr als das Heeres war der marschierende Wald. In keinem modernen Lande der Welt ist das Waldgefühl so lebendig geblieben wie in Deutschland. Das Rigide und Parallele der aufrecht stehenden Bäume, ihre Dichte und ihre Zahl erfüllt das Herz des Deutschen mit tiefer und geheimnisvoller Freude. Er sucht den Wald, in dem seine Vorfahren gelebt haben, noch heute gern auf und fühlt sich eins mit den Bäumen. (.) Die Rinden, die einem erst wie Panzer erscheinen möchten, gleichen im Walde, wo so viele Bäume derselben Art beisammen sind, mehr den Uniformen einer Heeresabteilung. Heer und Wald waren für den Deutschen, ohne daß er sich darüber im klaren war, auf jede Weise zusammengeflossen. Was anderen am Heere kahl und öde erscheinen mochte, hatte für den Deutschen das Leben und Leuchten des Waldes. Er fürchtete sich da nicht; er fühlte sich beschützt, einer von diesen allen.«[235]

Canetti sieht in der Aufhebung der Wehrpflicht nach dem Ersten Weltkrieg einen Mitursprung für den Aufstieg der Nationalsozialisten unter Hitler. So schreibt er:

»Aber nie hätte Hitler sein Ziel erreicht, wenn der Versailler Vertrag die Armee der Deutschen nicht aufgelöst hätte. Das Verbot der allgemeinen Wehrpflicht brachte die Deutschen um ihre wesentlichste geschlossene Masse. Die Übungen, die ihnen nun versagt waren, das Exerzieren, das Empfangen und das Weitergeben von Befehlen wurden zu etwas, das sie sich mit allen Mitteln wieder zu verschaffen hatten. Das Verbot der allgemeinen Wehrpflicht ist die Geburt des Nationalsozialismus. Jede geschlossene Masse, die gewaltsam aufgelöst wird, setzt sich um in eine offene, der sie alle ihre Kennzeichen mitteilt. Die Partei springt ein für das Heer, und ihr sind innerhalb der Nation keine Grenzen gesetzt. (.)

Für den Deutschen bedeutete das Wort ‹Versailles› nicht so sehr die Niederlage, die er nie wirklich anerkannt hat, es bedeutete das Verbot der Armee; das Verbot einer bestimmten, sakrosankten Übung, ohne die er sich das Leben schwer vorstellen konnte. Das Verbot der Armee war wie das Verbot einer Religion. Der Glaube der Väter war unterbunden, ihn wiederherzustellen war jedes Mannes heilige Pflicht. (.) Wer das Wort vom ‹Versailler Diktat› hörte oder las, empfand auf das tiefste, was ihm weggenommen war: die deutsche Armee. Ihre Wiederherstellung erschien als das einzige, wirklich wichtige Ziel. Mit ihr würde alles wieder werden, wie es früher war. Die Bedeutung der Armee als nationales Massensymbol war überhaupt nicht erschüttert worden; der tiefere und ältere Teil von ihr stand noch unberührt da: als *Wald*.«[236]

3.4.1 Das Trainingscenter und Humankapitalismus

Bevor die Spiele beginnen, durchlaufen die Tribute eine zweiwöchige Ausbildungszeit im Trainingscenter (tribune center). Alle erfahren vier Tage lang die gleiche Grundausbildung. Darüber hinaus können spezielle Fähigkeiten individuell trainiert werden. Dies darf jedoch nicht als individuelle Bildung missverstanden werden. Das Ziel sind individuelle Tötungstechniken. Es geht darum, den Tod zu gestalten. Gladiatorenschulen gab es auch im Alten Rom. Über diese schreibt Vegetius:

»Von den einzelnen Rekruten wurde aber je ein Pfahl so in die Erde gerammt, dass er nicht wackeln konnte und sechs Fuß hochragte. An diesem Pfahl übte sich dann der Rekrut wie gegen einen Gegner (.), sodass er mal den Angriff wie gegen Kopf und Gesicht richtete, mal von der Flanke her drohte, bisweilen sich bemühte, die Kniekehlen oder Beine zu verwunden (.) In dieser Übung achtete man auf die Vorsichtsmaßregel, dass der Rekrut zum Anbringen einer Wunde herzusprang, ohne dabei sich selbst irgendwo eine Blöße zur Verwundung zu geben. Außerdem lernten sie, nicht schlagend, sondern stechend zuzustoßen… Eine geschlagene Wunde, mit welcher Wucht sie auch angebracht werden mag, ist doch nicht oft tödlich, da die lebenswichtigen Organe durch die Schutzwaffen und durch die Knochen geschützt sind. Hingegen ein Stich, der nur zwei Zoll tief geht, ist tödlich.«[237]

Bei dieser Körperbildung und Kampfgeist Bildung verstehen sich alle Tribute als Konkurrenten. Sie werden für den Überlebenskampf »fit« gemacht. Diese Bildung kennt keine feineren Tätigkeiten des menschlichen Daseins, um mit Fromm zu sprechen. Es geht darum, sich selbst als Körper zu bilden, der Körper ist sozusagen das Kapital, welches einem das Überleben in der Arena »finanziert«; er ist Humankapital.

Als Humankapitaltheorie werden »Untersuchungen der Ressource Bildung (Humankapital) unter wirtschaftlichen Aspekten [bezeichnet]. Insbesondere geht es dabei um die Messung gesamtwirtschaftlicher Auswirkungen einer verbesserten Bildung. Dieser Zusammenhang wird in der Regel über einen Vergleich von Kosten und Nutzen der Bildungsausgaben gemessen.«[238]

Die Kapitalisierung der Bildung und des Menschseins ist auch Gegenstand der gleichnamigen Neuverfilmung Ödön von Horvaths *Jugend ohne Gott*. Der Film aus dem Jahr 2017 ist eine Überspitzung, wie der Humankapitalismus vermeintliche Gewinner auf der oberen Bildungsseite, und Verlierer auf der Unterseite erzeugt. Dabei sind die Verlierer nicht einmal diejenigen, welche ganz grundsätzlich unfähig oder unterdurchschnittlich qualifiziert sind. Es genügt, aus einem Elternhaus zu entstammen, welches nicht weit genug über dem Einkommensdurchschnitt liegt, oder es genügt eine gewisse Lern- oder Leistungsstörung, welche selbst nicht einmal eine eigentliche Schwäche sein muss.

Viele autistische Schülerinnen und Schüler, die eigentlich sehr fähig und klug sind, fallen schlichtweg durch alle Raster, weil sie in einem Konkurrenzsystem sich – zumindest in einem bestimmten Alter – noch nicht behaupten können. Die eigentlich positiven Charaktereigenschaften wie Ehrlichkeit paaren sich hier mit einem großen Harmoniebedürfnis, welches eine Konfliktscheu bewirkt. Das alles führt zum permanenten Unterliegen unter Raufbolde und Blender, welche sich durch eine Maske tarnen und nur vorgeben, fähig zu sein – aber eigentlich nur intellektuelle wie charakterliche Schwächen zu überdecken versuchen.

Es entsteht eine Bildungselite, welche jedoch die Bildung des Charakters und des Menschseins nicht kennt, also eigentlich auch auf der Verliererseite steht. Der Film zeigt den moralischen Verfall der Menschen. Ein herausragender Schüler tötet einen anderen, einfach nur, weil er wissen möchte, wie es ist, einen anderen Menschen sterben zu sehen – es geht darum, ihn zu beherrschen, über sein Leben und Tod richten zu können. Die Schule des Humankapitalismus ist eine *Sadistenschmiede*.

Besonders im angloamerikanischen Raum ist dies weit verbreitet. An Eliteuniversitäten oder höheren Schulen, welche solch hohe Gebühren kosten, dass nur wenige sich ein Studium dort leisten können, gelten mitunter strenge Internatsregeln. Werden diese gebrochen, so gibt es eine Schelte – jedoch nicht deswegen, weil eine Regel missachtet wurde, sondern weil man sich beim Brechen einer Regel hat erwischen lassen.

In diesem Sinne wünschte ich mir fast schon einen Politiker wie Frank Underwood aus *House of Cards*. Anders als die meisten elitären Elemente in der politischen Führung, ist er sich der Bedeutung seines Amtes bewusst: »Ich treffe jeden Tag hunderte kleine Entscheidungen, von denen ich nicht mal mehr erfahre, ob sie richtig waren oder falsch. Ich kann nur hoffen, dass sie richtig waren.«

Denn was hier erzeugt und produziert wird, ist eine Elite, welche später wichtige Führungsrollen in Wirtschaft und Politik einnehmen wird. Für sie ist Macht das Instrument zum Herrschen, und das Beherrschen ist für sie ein Spiel. Es geht um Netzwerke, Intrigen und Machtmissbrauch. Der gesellschaftliche und soziale Schaden, welchen sie damit anrichten, ist ihnen gleichgültig. Insbesondere sind sie oft bereit, alles zu tun, um ihre eigene Macht zu erhalten und zu sichern. Das schließt den politischen Mord ausdrücklich mit ein. (Inwiefern es auch den politisch motivierten, also den physischen Mord betreffen kann, ist nur zu hoffen, dass dies noch keinen Eingang in die alltägliche Praxis gefunden hat.)

Dabei verstehe ich als *politischen Mord* den Mord, der einen Menschen am Leben lässt, er jedoch aus der aktiven Politik ausgeschlossen wird, dazu zählen auch Amtsenthebungen, Abwahl und Ämtersperren. Ein *politisch motivierter Mord* jedoch ist ein Mord, der das Opfer tötet und der aufgrund einer politisch-ideologischen Motivation stattfindet. Diese Begriffe möchte ich sauber und klar voneinander unterschieden wissen.

In Panem ist das Konstrukt der Zivilisation besonders fragil. Es verwundert daher wenig, dass die Grenzen zwischen dem politischen und physischen Töten oft nur allzu leicht verschwimmen. Das Ziel des Trainingscenters ist es, *Tötungsmaschinen* zu formen. Es gibt keine Bildungsgewinner, nur Sklaven durch die Bildung, welche in einer Ausbildung zum Töten besteht. Das ist die Bedeutung des Trainingscenters.

3.4.2 Die Arena: Gefängnis und Laboratorium

>»Die Spielemacher manipulieren die Temperatur.«
>– Katniss[239]

Das Kämpfen ist im Trainingscenter verboten und erst in der Arena erlaubt. Kämpfe beginnen jedoch bereits im Trainingscenter, in Form von *Psychoterror*. Catos starrer Blick ist Haymitch bereits unmittelbar nach der Parade aufgefallen. Die Tribute werden grundlegend unterrichtet, wie sie in der Arena überleben können. Die Meisten sterben an »natürlichen Ursachen«, 10% sterben an Infektionen, 20% an Dehydrierung: »Schutzlosigkeit kann so tödlich sein wie ein Messer.« Die Arena dient also auch als Beobachtungsraum für das Untersuchen menschlichen Verhaltens in Extremsituationen. Auf diese Bedeutung möchte ich in drei Aspekten näher eingehen: Die Produktion normierter *Individuen*, die Zerstörung menschlicher Existenz unter Laborbedingungen und die Laborexperimente an den stets in weiß gekleideten Spielemachern in *einem* Milgram-Experiment.

3.4.2.1 Totale Überwachung des Selbst durch das Selbst

Foucault beschäftigte sich mit der »Geburt des Gefängnisses« und erarbeitete anhand dessen den *Macht-Wissen-Komplex*: Durch das Gefälle besteht eine Macht über die Inhaftierten, welche beobachtbar sind und so Wissen über sie angehäuft werden kann. Macht produziert also Wissen. Das Wissen wiederum macht ihr Verhalten berechenbar, sodass es beeinflusst werden kann. Wissen führt also auch zur Möglichkeit einer Ausübung von Macht durch Verhaltensbeeinflussung und -steuerung.

»Die Individuen in den Gefängnissen nicht gewaltsam in einen ökonomischen Prozess mit dem Ziel der Mehrwertproduktion eingegliedert, jedoch schreibt sich das Ökonomische unmittelbar auf dem Körper der Individuen ein. Der ‹Mehrwert› des Gefängnisses besteht in der ‹Fabrikation› von ‹ökonomischen› Individuen. Das Ziel der Gefängnisarbeit ist nicht die Produktion von Waren, sondern die Produktion von gelehrigen und nützlichen Subjekten; das Gefängnis nicht die Anwendung einer Maschinerie, sondern selbst eine gewaltige Transformationsapparatur. Der industriellen Maschinerie mit dem Zweck der Warenproduktion korrespondiert die Gefängnismaschinerie, die nützliche Individuen ‹fertigt›: ‹... letzten Endes zeitigt die Gefängnisarbeit doch einen ökonomischen Effekt, indem sie Individuen produziert, die nach den allgemeinen Normen einer industriellen Gesellschaft mechanisiert sind.› (.) Foucaults Analyse konzentriert sich deshalb auf die Beschreibung einer Form der Macht, die sich auf den Körper stützt, ihn in Elemente zerlegt, seine Gesten kalkuliert und Verhaltensweisen manipuliert. Sie operiert über eine Reihe von Techniken, deren Ziel es ist, die Körper so abzurichten, dass ihre Kräfte zugleich effektiv genutzt und optimal kontrolliert werden können. Die Gesamtheit dieser Techniken, die im 17. und 18. Jahrhundert zunehmend den gesamten ‹Gesellschaftskörper› durchziehen, nennt Foucault *Disziplinen*.

Die Veränderung der Strafmethoden unter dem Gesichtspunkt der Disziplinierung zu betrachten, macht es erforderlich, Bestrafung als eine ‹komplexe gesellschaftliche Funktion› zu analysieren und hat einige heuristische Prinzipien zur Voraussetzung. Die Disziplin lässt sich weder mit Institutionen noch mit Apparaten identifizieren, sie ist nicht allein auf rechtliche oder ökonomische Begründungen zurückzuführen noch ist sie auf repressive oder ideologische Wirkungen beschränkt: ‹Sie ist ein Typ von Macht; eine Modalität der Ausübung von Gewalt; ein Komplex von Instrumenten, Techniken, Prozeduren, Einsatzebenen, Zielscheiben; sie ist eine *Physik* oder eine *Anatomie* der Macht, eine Technologie›. Die Disziplinartechnologie zielt auf einen ‹Körper, der unterworfen werden kann, der ausgenutzt werden kann, der umgeformt und vervollkommnet werden kann›, ihre ‹Leistung› besteht in einem ‹Umcodieren der Existenz›, das von der physischen Repression so verschieden ist wie von der ideologischen Manipulation. Sie unterdrückt und verschleiert weniger als dass sie Wahrnehmungsformen und Gewohnheiten konstituiert und strukturiert. Im Gegensatz zu traditionellen Herrschaftsformen wie Sklaverei und Leibeigenschaft gelingt es der Disziplin, die Kräfte des Körpers zugleich zum Zwecke ihrer wirtschaftlichen Nutzung zu steigern und zum Zwecke ihrer politischen Unterwerfung zu schwächen. Die Disziplin kombiniert jedoch nicht nur Nützlichkeit und Unterwerfung, sondern bindet beide in einen produktiven und sich verstärkenden Kreislauf zusammen: Sie begründet eine spezifische Machttechnologie, die die ökonomische Nützlichkeit des Körpers in dem Maße steigert, wie sie ihn politisch unterwirft. Es ist diese Kopplung von ökonomischen und politischen Imperativen, die die Eigenart der Disziplin und ihren Status einer Technologie begründet:

> Der historische Augenblick der Disziplinen ist der Augenblick, in dem eine Kunst des menschlichen Körpers das Licht der Welt erblickt, die nicht nur die Vermehrung seiner Fähigkeiten und auch nicht bloß die Vertiefung seiner Unterwerfung im Auge hat, sondern die Schaffung eines Verhältnisses, das in einem einzigen Mechanismus den Körper umso gefügiger macht, je nützlicher er ist, und umgekehrt.

(.) Die Disziplinen reagieren auf das gleichzeitige Anwachsen der Bevölkerung und des Produktionsapparates im 18. Jahrhundert und stellen Techniken bereit, die die Akkumulation des Kapitals mit der Akkumulation von Menschen ‹in Übereinstimmung bringen›. Diese Aufgabe erfordert eine Veränderung der feudalen Machtmechanismen, die über die ‹Abschöpfung› von Gütern und Leistungen funktionieren, hin zu Machtformen, die sich an ‹Wertschöpfung› orientieren. Die neuen demographischen und ökonomischen Imperative machen den Wechsel hin zu Machttechniken notwendig, die einen geringen (ökonomischen und politischen) Kostenaufwand mit einer intensiven gesellschaftlichen Wirksamkeit kombinieren: Eine neue ‹Ökonomie der Macht› entwickelt sich, deren ‹Methoden zur Bewältigung der Akkumulation von Menschen die politische Überholung der traditionellen, rituellen, kostspieligen, gewaltsamen Machtformen ermöglicht haben›. Diese ökonomischen Machtmechanismen gehorchen weniger dem Prinzip von Gewalt/Beraubung als dem von Produktion/Profit und erlauben eine ‹Verkörperung der Macht›, die die Individuen bis in ihre Gesten, ihre Einstellungen, Verhaltensweisen und Gewohnheiten bestimmt.«[240]

Schließlich wirft Foucault die Frage auf:

»Ist nicht ganz allgemein das Strafsystem die Form, in der die Macht sich am deutlichsten als Macht zeigt? Jemanden in ein Gefängnis stecken, ihn im Gefängnis bewachen, ihm Nahrung, Heizung vorenthalten, ihn daran zu hindern hinauszugehen, mit jemandem zu schlafen usw., das ist die wahnwitzigste Machtbekundung, die man sich vorstellen kann. (.) Das Gefängnis ist der einzige Ort, an dem die Macht sich in ihrer Nacktheit in ihren exzessivsten Ausmaßen zeigen und sich als moralische Macht rechtfertigen kann. ‹Ich habe sehr wohl das Recht zu strafen, denn ihr wisst, dass es gemein ist zu stehlen, zu töten…›

Das ist das Faszinierende an den Gefängnissen, dass sich die Macht auf einmal nicht versteckt, dass sie sich nicht maskiert, dass sie sich als bis in die winzigsten Details vorangetriebene Tyrannei, selbst als zynisch zeigt und zugleich rein ist, völlig ‹gerechtfertigt›, da sie sich ganz und gar innerhalb einer Moral formulieren kann, die ihrer Ausübung als rahmen dient: Ihre rohe Tyrannei erscheint damit als leidenschaftslose Herrschaft des Guten über das Böse, der Ordnung über die Unordnung.«[241]

Das Gefängnis ist ein besonderer Ort des Machtkomplexes. Macht entsteht, wenn Individuen sich zu einer Gruppe zusammentun. Macht unterscheidet sich klar von Gewalt, aber mit Gewalt schützt sie sich selbst nach außen. Macht und Gewalt hängen untrennbar miteinander zusammen. Dadurch, dass die Gefängnisinsassen, die außerhalb der Gesellschaft stehen in ein »Innen« eingesperrt werden, zeigt sich die Macht so offen wie sonst nirgendwo. Die Macht selbst *ist* das »Außen«. Das *Innen wird Außen, das Außen wird Innen.*

3.4.2.2 Experimente am Menschen und die Konzentrationslager

Die Arenen werden häufig mit den Konzentrationslagern der Nationalsozialisten verglichen. Nun geht es aber nicht um eine »industrielle Massenvernichtung«, sondern um eine »außer-zivilisierte Selbstvernichtung« der Menschen untereinander, die hier einen symbolisch-mahnenden Charakter hat. Es geht nicht um eine »Fabrikation von Leichen«, wie Arendt es einmal benannte.

Propaganda, die in den Konzentrationslagern ausdrücklich verboten war, endet nicht in der Arena, sondern wird ganz gezielt in diese hinein getragen. So ertönen Kanonenschüsse bei »gefallenen« Tributen und durch Einblendungen am Dach der Arena, welche wie der Himmel selbst erscheint, wird den »Gefallenen« gedacht, als handle es sich um Soldaten, die im Krieg ihr Leben geopfert haben. Jedoch muss man auch unter dem ersten Aspekt feststellen, dass es sehr wohl Ähnlichkeiten zu den Konzentrationslagern gibt. Die Humanmedizin hat einen

»ständigen und unumgänglichen Bedarf an Versuchspersonen u. a. für chirurgische und pharmazeutische Zwecke. International verbreitet war vor und während des Nationalsozialismus neben freiwilligen Probanden der Rückgriff auf Strafgefangene mit deren freiwilliger oder abgenötigter Zustimmung, behinderte Menschen in geschlossenen Anstalten und entrechtete Randgruppen. In Deutschland gewannen 1930 aufgrund des Lübecker Impfunglücks ethische Fragen eine größere Bedeutung, so dass der Reichsgesundheitsrat sich mit der Zulässigkeit von experimentellen Untersuchungen am Menschen befasste und 1931 die Richtlinien für neuartige Heilbehandlung und die Vornahme wissenschaftlicher Versuche verabschiedete. Der Nationalsozialismus verhinderte deren Wirksamkeit. Im Mai 1941 initiierte der KZ-Arzt Sigmund Rascher mittels eines Briefes an Heinrich Himmler die Herstellung ‹optimaler Forschungsbedingungen› im KZ Dachau. In seiner Forderung an den Reichsführer SS stellte er ‹mit großem Bedauern› fest, ‹daß leider noch keinerlei Versuche mit Menschenmaterial bei uns angestellt werden konnten›, und betonte die Wichtigkeit solcher Menschenversuche für die Höhenflugforschung. Knapp neun Monate später konnte Rascher in Dachau mit seinen Versuchen beginnen. Tatsächlich fanden spätestens seit 1941 die meisten KZ-Ärzte solche ‹optimalen Forschungsbedingungen› in den Konzentrationslagern vor: Josef Mengele etwa testete – unter anderem – die Schmerzempfindlichkeit von Zwillingen, indem er sie ohne Narkose operierte. Andere Versuche der Lagerärzte bezogen sich auf die Auswirkung der Droge Meskalin und weiterer halluzinogener Substanzen auf den menschlichen Willen, auf die Überlebenschancen der KZ-Häftlinge in gekühlten

Wasserbecken sowie in Druckkammern, auf das Finden geeigneter Impfstoffe, indem die Häftlinge gezielt mit Fleckfieber (.) oder Malariasporozoiten infiziert wurden, sowie auf die Auswirkungen von Gasbrand. Im Auftrag der Reichsluftwaffe und der Kriegsmarine wurden ab Ende 1944 Versuche mit Sinti und Roma aus Konzentrationslagern durchgeführt, um zu ermitteln, wie Menschen in Seenot am besten überleben können. Die Opfer wurden in vier verschiedene Gruppen eingeteilt, die entweder gar kein Wasser, reines Salzwasser, Salzwasser mit Süßwassergeschmack oder Salzwasser mit reduziertem Salzgehalt zu trinken bekamen. Das führte bei den Versuchspersonen zu extremem Durst, Krämpfen und Delirium. Auf der Anklagebank des Nürnberger Ärzteprozesses sagte Lagerarzt Karl Gebhardt 1947: ‹So hat mir, wie ich mich bemühte zu zeigen, das Dritte Reich (.) auf ärztlichem Gebiete eine große Chance gegeben. Ich habe die Chance genutzt.›«[242]

Das Verhalten der Tribute in der Arena kann durch das Kontrollzentrum sehr genau gesteuert werden. Das zeigt sich zum Beispiel in Katniss Flucht vor dem Waldbrand, als nach Belieben Schüsse auf sie abgegeben werden oder einzelne Bäume in bestimmten Winkeln umgestürzt werden können. Ihr Fluchtverhalten kann gelenkt werden wie *eine Kugel in einem Flipperautomaten*. Zugleich wird das Verhalten der Tribute und das Geschehen sehr genau analysiert und darüber Statistiken geführt, etwa wie viele an Infektionen sterben usw. Die Tribute selbst werden auf eine simple Zahl reduziert: Die ihres Distriktes und die Bewertungszahl nach dem Trainingscenter. Diese umfangreiche Herrschaft über die Tribute wirkt – das ist das Besondere an der Konzeption der Arena als »Gefängnis« – von außen auf diese, während im Innern kein erziehendes und formendes Reglement für Ordnung sorgt, sondern die »Herrschaft des Naturzustandes« ein Vakuum innerhalb der seelisch toten Zivilisation erzeugt, welche von außen in die Arena hinein glotzt. *Der Wahnsinn ist in die Arenen eingesperrt, und doch zugleich über ganz Panem verteilt.* Hier erfüllen die Arenen als »Institutionen der totalen Herrschaft« die Gleiche Funktion wie die Konzentrationslager, über die Arendt schreibt:

»Die Lager dienen nicht nur der Ausrottung von Menschen und der Erniedrigung von Individuen, sondern auch dem ungeheuerlichen Experiment, unter wissenschaftlich exakten Bedingungen Spontaneität als menschliche Verhaltungsweise abzuschaffen und Menschen in ein Ding zu verwandeln, das unter gleichen Bedingungen sich immer gleich verhalten wird, also etwas, was selbst Tiere nicht sind; denn der Pawlowsche Hund, den man be kanntlich darauf dressiert hatte, nicht zu essen, wenn er hungrig war, sondern wenn eine Glocke ertönte, war ein pervertiertes Tier. Unter normalen Umständen ist dies niemals zu erreichen, weil Spontaneität nie ganz auszuschalten ist, sofern mit ihr nicht nur menschliche Freiheit, sondern Leben überhaupt im Sinne des einfach Lebendigbleibens zusammenhängt.

Nur in den Konzentrationslagern ist dieses Experiment überhaupt möglich, und sie sind daher (.) das richtunggebende Gesellschaftsideal für die totale Herrschaft überhaupt. So wie die Stabilität des totalitären Regimes von der Isolierung der fiktiven Welt der Bewegung von der Außenwelt abhängt, so hängt das Experiment der totalen Herrschaft in den Konzentrationslagern daran, daß sie auch innerhalb eines totalitär regierten Landes sicher gegen die Welt aller anderen, die Welt der Lebenden überhaupt, abgedichtet sind. Mit dieser Abdichtung hängt die eigentümliche Unwirklichkeit und Unglaubwürdigkeit zusammen, die allen Berichten aus den Lagern innewohnt und eine der Hauptschwierigkeiten für das wirkliche Verständnis der totalen Herrschaftsformen bildet, deren Existenz mit der Existenz der Konzentrations- und Vernichtungslager steht und fällt; denn diese Lager sind, so unwahrscheinlich dies klingen mag, die eigentliche zentrale Institution des totalen Macht- und Organisationsapparats.[243] (.)

Das eigentliche Ziel der totalitären Ideologie ist nicht die Umformung der äußeren Bedingungen menschlicher Existenz und nicht die revolutionäre Neuordnung der gesellschaftlicher Ordnung, sondern die Transformation der menschlichen Natur selbst; die, so wie sie ist, sich dauernd dem totalitären Prozeß entgegenstellt. Um diese Transformation handelt es sich in den Konzentrationslagern und nicht um das dort verursachte Leiden, von dem es immer zu viel auf der Erde gegeben hat, und nicht darum, wie viele Menschen dort zugrunde gehen. Die totalitäre Expansion im Unterschied zu der imperialistischen ist vor allem darauf bedacht, diesen Laboratorien neues Menschenmaterial zur Verfügung zu stellen, ohne die bereits beherrschten Gebiete allzu sehr zu entvölkern. Was in der totalen Herrschaft auf dem Spiele steht, ist wirklich das Wesen des Menschen, und wenngleich es scheint, als könnten ihre Experimente dies Wesen zwar zerstören, aber nicht verändern, so sollte man nicht vergessen, daß dieses Experiment bisher noch immer in beschränktem Maßstab ausgeführt worden ist und daß es zwingende Ergebnisse nicht zeitigen kann, bevor nicht die ganze Welt unter seiner Kontrolle steht. Bis jetzt scheint der totalitäre Glaube, daß alles möglich ist, nur bewiesen zu haben, daß alles zerstörbar ist, auch das Wesen des Menschen. Aber in ihrem Bestreben, unter Beweis zu stellen, daß alles möglich ist, hat die totale Herrschaft, ohne es eigentlich zu wollen, entdeckt, daß es ein radikal Böses wirklich gibt und daß es in dem besteht, was Menschen weder bestrafen noch vergeben können.«[244]

In diesem Sinne sind die Arenen also nicht nur mit den Konzentrationslagern vergleichbar, sondern können in der Dimension der Experimente an menschlichem Leben ohne jede Moral und Ethik sogar gleichgesetzt werden; sie dienen beide der Ungeheuerlichkeit »unter wissenschaftlich exakten Bedingungen Spontaneität als menschliche Verhaltungsweise abzuschaffen und Menschen in ein Ding zu verwandeln, das unter gleichen Bedingungen sich immer gleich verhalten wird, also etwas, was selbst Tiere nicht sind«.

Die ungeheuerlichen Experimente dienen der Transformation und der Formung von »Menschenmaterial«, so wie es auch Dr. Gaul in den Laboratorien praktizierte; ja sogar Tribute selbst lassen sich wie Enobaria formen, sodass sie effektive Tötungsmaschinen werden. Nicht nur die Arenen bilden die zentrale Institution der totalen Herrschaft, sondern das Regime der Hungerspiele im Allgemeinen und im Besonderen auch außerhalb der Lager. Die Zuschauer opfern all ihre Moral, Ethik und Wertvorstellungen für die bedingungslose Unterwerfung unter ein Medienspektakel, durch das sie ihrer Langeweile und Bedeutungslosigkeit zu entrinnen versuchen. Die Tribute selbst werden bereits vor den eigentlichen Spielen in der Arena zerstört, denn

»[das, was] man gemeinhin ‹Seele› nennt (oder Charakter), [kann zerstört werden], ohne daß dabei der körperliche Mensch notwendig mit zerstört werden muß, ja, daß Seele, Charakter, Individualität sich offenbar unter bestimmten Bedingungen nur in der Schnelligkeit oder Langsamkeit manifestieren, mit der sie zugrunde gehen. Das Endresultat sind jedenfalls entseelte und das heißt psychologisch nicht mehr zu begreifende Menschen, deren Rückkehr in die psychologisch oder anders zu begreifende Menschenwelt in der Tat der Wiederauferstehung des Lazarus auf das genaueste gleicht. (.) Das einzige, was nach Tötung der moralischen Person noch übrigbleibt, um zu verhindern, daß Menschen lebende Leichname sind, ist die Tatsache der individuellen Differenziertheit, der eigentümlichen Identität. (.) Es ist auch keine Frage, daß dieser Bestandteil der menschlichen Person, gerade weil er so wesentlich von Natur und willensmäßig unkontrollierbaren Mächten abhängt, am schwersten zu zerstören ist (wie er nach der Zerstörung auch am schnellsten wieder auflebt).«[245]

Auch die Auschwitz-Überlebende Margot Friedländer berichtete, dass man in den Lagern lebende von toten Körpern nicht unterscheiden konnte.[246] Im Gespräch mit Lanz erzählte sie auch von amüsanten Anekdoten aus ihrem späteren Eheleben mit einem Mann, den sie eigentlich für eitel und eingebildet hielt. Es zeigt, dass sie nicht nur verbittert war, sondern dass es ihr gelungen ist, sich etwas zu bewahren; was dieses etwas ist, ist eigentlich unerheblich, denn entschieden ist nur, dass es der totalen Herrschaft, in

deren zentraler Institution sie war: das Lager Auschwitz - nicht gelungen ist, es für immer zu zerstören, und dass es ihr hilft, ihr Leben
zu leben.

Das deutsche Grundgesetz mit dem unveräußerlichen »Grundrecht auf Leben« oder »Grundrecht auf körperliche Unversehrtheit«
war eine Reaktion auf den Notstand der NS-Zeit, die ein sehr extre-
mes Beispiel an staatlich-organisierter Übergriffigkeit auf das Individuum darstellte. Doch Das Problem ist sehr viel älter; man denke
nur an die Inquisition des Mittelalters oder die Opferritualer ver-
gangener Hochkulturen wie die Mayas. Der Staat schützt das Individuum vor *natürlichen* Gefahren, aber er schafft ganz neue Gefahren, welche *nicht natürlich* sind. Der Staat soll Gesundheit schützen,
aber er darf sie nicht schädigen. Dass eine Klausel für die »seelische
Unversehrtheit« nicht benannt wurde, ist ein Stück weit ein Ver-
säumnis.

3.4.2.3 Die Täter als Opfer der Wissenschaft

Die Spielemacher im Kontrollzentrum sind im Grunde die Versuchspersonen des Milgram-Experiments. Dadurch, dass sie die
Tribute über Kameras beobachten und ohnehin alles ja ein großes
Medienspektakel ist, entsteht eine hinreichend große Distanz, sodass sie auch im »Namen der Wissenschaft« diese grausamen Experimente an Menschen vornehmen, um ihr Verhalten studieren zu
können. Über die Versuche und Experimente an den Spielemachern
jedoch darf man ebenso wenig hinwegsehen. Fromm schreibt zu
dem berühmten Milgram-Experiment:

»Die Versuchspersonen hatten von Kindheit an gelernt, dass es ein fundamentales moralisches Vergehen ist, wenn man einen anderen Menschen gegen seinen Willen verletzt. Trotzdem wichen 26 Versuchspersonen von diesem Grundsatz ab und folgten den Anweisungen einer Autoritätsperson,
die über keine spezielle Macht verfügte, ihren Befehlen Geltung zu verschaffen (.) In Anbetracht der Tatsache, dass die Wissenschaft in der heutigen In-
dustriegesellschaft weitgehend als der höchste Wert angesehen wird, ist es
für den Durchschnittsbürger schwer zu glauben, dass das, was die Wissenschaft befiehlt, falsch oder unmoralisch sein könnte. (.) Liegt die Besonderheit – und das Tragische – des menschlichen Handelns nicht gerade darin,
dass der Mensch versucht, sich seinen Konflikten nicht zustellen; das heißt,
dass er nicht bewusst die Wahl trifft zwischen dem, was er – aus Habgier
oder Angst – tun möchte, und dem, was ihm sein Gewissen verbietet? Tatsache ist, dass er mit Hilfe von Rationalisierungen das Bewusstwerden des

Konfliktes von sich wegschiebt und dass sich der Konflikt lediglich im Unbewussten in Form von verstärktem Stress, neurotischen Symptomen oder von Schuldgefühlen aus falschen Gründen manifestiert. In dieser Hinsicht verhielten sich Milgrams Versuchspersonen durchaus normal. (.)

Das wichtigste Ergebnis aus Milgrams Untersuchung dürfte ein Resultat sein, auf das er selbst nicht besonders hinwies: Das Vorhandensein eines Gewissens bei den meisten Versuchspersonen und ihr Schmerz darüber, dass der Gehorsam sie zwang, gegen ihr Gewissen zu handeln. Während man daher das Experiment als neuen Beweis dafür interpretieren kann, wie leicht der Mensch zu entmenschlichen ist, weisen die Reaktionen der Versuchspersonen eher auf das Gegenteil hin – auf das Vorhandensein starker innerer Kräfte, die ein grausames Verhalten unerträglich finden. Das legt nahe, dass es bei der Untersuchung der Grausamkeit im realen Leben wichtig ist, nicht nur das grausame Verhalten, sondern auch das – oft unbewusste – schlechte Gewissen derer, die der Autorität gehorchen, zu berücksichtigen. (Die Nazis mussten ein ausgeklügeltes Verschleierungssystem für ihre Gräueltaten anwenden, um mit dem Gewissen des Durchschnittsbürgers fertig zu werden.) Milgrams Experiment veranschaulicht gut den Unterschied zwischen den bewussten und den unbewussten Aspekten des Verhaltens, selbst wenn er ihn nicht bei der Untersuchung berücksichtigte.«[247]

3.4.3 Das Rating

Die Karrieros mögen gut ausgebildet sein, jedoch sind sie laut Haymitch oft arrogant. Arroganz kann ein gewaltiges Problem sein, versucht er auch Katniss klarzumachen. Beim Abendessen offenbart Pita, dass er der festen Überzeugung ist – wie auch seine Mutter – dass er keine Chance hat, die Spiele zu überleben. Das rückt sein Verhalten in der Offenheit gegenüber den Hungerspielen und dem Kapitol in ein anderes Licht. Er lässt sich nicht als Halbgott bejubeln, sondern genießt die wahrscheinlich letzten Tage seines Lebens. Er hat, wie er sagt, »keinen Hunger mehr«. Peetas Charaktereigenschaften zeigen sich auch im körperlichen Sinne im Trainingscenter. Er kann schwere Dinge werfen, ist also stark, aber er verfügt auch über sensible Fertigkeiten wie das Zeichnen. Er ist sowohl ein starker als auch sensibler Charakter.

Während der zwei Wochen im Trainingscenter werden zahlreiche Wetten auf die Spiele abgeschlossen: auf Alter, den sozialen Stand und die Reaktionen von Tributen während der Spiele oder auf ihre Siegchancen. Dabei beobachtet Haymitch, wie Kinder mit Schwertern gegeneinander kämpfen. Es ist nicht sonderlich schwer, in dieser Situation seine Gedanken lesen zu können. Dass Kinder bereits an die Hungerspiele herangeführt werden, ist gezielte Strategie der Staatspropaganda. Wie im Alten Rom träumen die Kinder geradezu davon, ein großer erfolgreicher Sieger zu werden, wie einst als Gladiator, so nun als Tribut. Die eigentliche Perversität der Spiele wird dabei vollständig verdrängt.

Am Ende der Trainings- und Ausbildungszeit erhalten die Tribute eine Bewertung von einem Gremium. Diesem müssen sie eine besondere Fähigkeit vorführen, sie wurden aber schon die ganze Zeit über genau beobachtet. Zunächst muss man bei der Bewertung der Tribute zwischen einem *Ranking* und einem *Rating* unterscheiden. Bei einem Ranking geht es um die Rangfolge von Kettengliedern. Ein Listenplatz kann dabei auch mehrfach vergeben werden. Es muss immer einen ersten Platz und einen letzten Platz geben, was einen starken Konkurrenzdruck erzeugt. Alles ist relativ zu einander und nicht absolut. Es bedeutet, dass es immer einen ersten und einen letzten Platz gibt, was ein Stück weit auch langweilig wird. Außerdem kann man so die Erntejahrgänge nicht untereinander vergleichen. Daher empfiehlt sich die Bewertung durch das Rating, bei dem eine absolute Bewertung vergeben wird. Jeder kämpft allein für sich um eine hohe Punktzahl. Es geht nicht um ein Konkurrieren untereinander und gegeneinander.

Da man einen direkten Konkurrenzkampf vor Beginn der eigentlichen Spiele und ganz allgemein außerhalb der Arena ausschließen will, erscheint es als logische Konsequenz, dass die Bewertung der Tribute durch ein Rating stattfindet. Das Rating hat eine höhere Stabilität als das Ranking, welches sich dynamisch fortentwickeln kann. Mehr Punkte, mehr Kategorien – als das kennen wir aus unseren heutigen Sportarten, es fördert den Wettbewerb und damit den Konkurrenzkampf im *höher, schneller, weiter*. In Panem möchte man dies jedoch nicht, die Menschen sollen sich nicht als Konkurrenten verstehen.

Der Kampf bis aufs Blut, welcher zur Selbstvernichtung führt, ist ausschließlich begrenzt auf die Arena und soll als »Mahnung der Geschichte« verhindern, dass sich im Gegenzug die Menschen zusammen gegen das Kapitol erheben. Jedoch darf man nicht übersehen, dass auch das Rating Elemente des Rankings beinhaltet. Das Rating lässt sich nämlich tabellarisch zu einem Ranking umschreiben; außerdem werden Noten oft auch im Sinne einer Gaußschen Normalverteilung vergeben. Diese vergleicht die beste Leistung mit der schlechtesten und umarmt so einen Mittelbauch. Wer oberhalb dieser Mitte ist, bekommt vielleicht 8-11 Punkte, wer darunter ist nur 4-7 Punkte.

Die Bewertung eines Menschen anhand von Punkten nimmt im neoliberal-realsozialistischen China unvorstellbare Ausmaße an; die Vermessung des Menschen anhand von Zahlen und Statistiken ist aber auch in neoliberalen demokratischen Gesellschaften nicht zu vernachlässigen. Die Bewertung erscheint wie eine satirische Übertreibung der Soziometrie, fällt jedoch nur wenige Jahre nach Collins Abschluss der Trilogie immer weiter hinter diese zurück.

Bei der Bewertung der Tribute in Panem spielt zum einen eine Rolle, welche »besondere Fähigkeit« sie vorführen können, und wie erfolgreich diese ihnen gelingt. Zum anderen wurden sie während der ganzen zwei Wochen im Trainingscenter immer beobachtet. Es geht also nicht nur um ihre eigenen Stärken, sondern auch darum, wie gut sie ihre Schwächen ausgleichen konnten. Alle Tribute können und sollten auch an allen zur Verfügung stehenden Trainingseinheiten exerziert haben.

Sowohl die Bewertung als auch die Ausbildung an sich stellen eine Norm dar. Die Norm ist die Maßvorgabe, nach der man sich anzupassen hat. Und es ist gut zu beobachten, welche unsichtbare Gravitationswirkung diese Norm hat. Wer als Tribut in Panem eine niedrigste Punktzahl erreicht, der wird es schwer haben Sponsoren zu finden[*] – außer besonders wettfreudige Zocker, die zum Spaß auf die Tribute wetten, welche die niedrigsten Quoten haben. Eine hohe Punktzahl bringt für gewöhnlich viele Sponsoren. Die Punktzahl bestimmt also über *Tod* und die *Chance zu überleben* wesentlich mit.

Distrikt 12 ist als letztes an der Reihe der Vorführung. Haymitch betont, dass man Katniss und Peeta auf keinen Fall vergessen dürfe. Problem liegt auf der Hand. Nachdem bereits 22 Tribute zuvor ihre Fähigkeiten präsentiert haben, herrscht eine rege Diskussion im Gremium und das Interesse an den letzten Tributen ist eher gering.

Katniss ist offensichtlich nervös und sorgt mit ihrem vorbeigeschossen Pfeil für viel Gelächter. Mit dem zweiten Pfeil trifft sie zwar ihr Ziel exakt, jedoch interessiert sich niemand mehr für sie. Dann erblickt sie einen Apfel im Maul eines gegrillten Schweines. Sie zögert nicht lange und nagelt diesen an die Wand dahinter. Ihr Pfeil flog durch die Mitte der Menge auf der Tribüne, die nun geschockt auf sie herab liegt. Mit der eleganten Geste eines balzenden Vogels bedankt sie sich für die Aufmerksamkeit.

---

[*] Es ist weder belegbar noch widerlegbar, ob auch die Menschen im Kapitol wie in den Distrikten allgemein ähnlich bewertet wurden. Es ist aber vorstellbar. Die Vergabe von Tesserasteinen in den Distrikten stellt in gewisser Weise eine »Grundeinkommen« dar. Seine Höhe kann sich an der Treue zum Kapitol bemessen haben. In den näherstehenden Distrikten 1 bis 3 könnten die Grundversorgungen also höher ausgefallen sein – zumindest allein schon deshalb, weil dort für gewöhnlich die Sieger der alljährlichen Spiele in den Karriero-Schulen geschmiedet wurden.

Der Apfel, der in den Hungerspielen erneut das Ziel von Katniss Pfeil wird und so zum zweiten Mal als Symbol auftaucht, ist mit einer Symbolik verbunden wie kaum eine andere Frucht, eine Symbolik zwischen *Sündenfall* und *Weltherrschaft*. Der lateinisch Name des Apfels lautet *malus*, was »schlecht, schlimm, böse« bedeutet. In der Bibel ist neben der Erbsünde, da Adam und Eva einen Apfel vom Baum der erkenntnis aasen, aber auch eine positive Bedeutung zu finden: »Ein gutes, zur rechten Zeit gesprochenes Wort ist ein goldener Apfel.« Auch soll Gott gesagt haben: »Wie ein Apfelbaum unter den Bäumen des Waldes, so ist mein Geliebter unter den Söhnen ... und seine Früchte sind süß meinem Gaumen.«

»Bereits in der Antike wurden Apfelbäume kultiviert und veredelt. Schon früh verbanden die Menschen mit den Äpfeln eine Symbolik des Lebens, der weiblichen Kraft und Fruchtbarkeit. Liebesgöttinnen wurden mit einem Korb voller Äpfel dargestellt, die Göttin Nemesis hielt einen Apfelzweig in der Hand. In Griechenland galt der Fruchtbarkeitsgott Dyonysos als Schöpfer des Apfelbaumes. Er widmete Aphrodite den Apfel als Sinnbild der Liebe und Schönheit. Aus den Bibelerwähnungen entsteht eine Symbolik, die neben der Versuchung und dem Sündenfall auch die Erlösung beinhaltet. [Auch] im antiken Persien galt der Apfel als Symbol herrschaftlicher Macht, eine Symbolik, die von den mittelalterlichen Kaisern weitergeführt wurde. Sie trugen als Insignie eine Kugel als Sinnbild für die Erde und die Weltherrschaft. Im Mittelalter wurde diese Kugel in den Reichsapfel umgewandelt, der durch die Form Vollkommenheit, Ganzheit und Einheit vermittelte. In China steht der Apfel ebenfalls für Frieden und Eintracht, wird aber auch mit der weiblichen Schönheit assoziiert.«[248]

Der Apfel als Ziel steht für den Angriff auf die Macht, der Widerstand gegen die bestehende Ordnung. Effie regt sich darüber furchtbar auf, dass sie fürchtet, dies könne auch negativ auf sie zurückfallen. Haymitchs Reaktion spricht für sich.

Zum ersten Mal kann Katniss im Kapitol lächeln. Sie findet auf ihre bockige Art einen Weg, um hervorzustechen. Haymitch sieht das alles pragmatisch, schlimmer kann der Ärger der Spielemacher auf die Tribute ohnehin nicht mehr werden. Er hätte alles dafür gegeben, um in diesem Moment im Trainingscenter dabei gewesen sein zu können.

Die rebellische Art von Katniss kam auch bei den Spielemachern besser an als erwartet. Mit einer Punktzahl von 11 erhält sie die höchste Bewertung, und erreicht somit mehr als Cato aus Distrikt 2, der als Karriero nur 10 Punkte erhält. Peeta wird mit einer 8 beurteilt.

3.4.4 Die Außenseiter

Canetti: *Das Sitzen*

»Im Sitzen holt sich der Mensch fremde Beine zu Hilfe, an Stelle jener zwei, die er seiner Aufrichtung zuliebe aufgegeben hat. Der Stuhl in der Form, wie wir ihn heute kennen, leitet sich vom Thron ab; dieser aber setzt unterworfene Tiere oder Menschen voraus, die den Herrscher zu tragen haben. Die vier Beine eines Stuhles stehen für die Beine eines Tieres (.) Das Untere, das nicht einmal lebt, wird wie für immer festgesetzt. Es hat überhaupt keinen Willen mehr, weniger noch als der Sklave, es ist Sklaverei in äußerster Konsequenz. Das Obere kann in aller Freiheit und Willkür handeln. Es kann kommen, sich setzen, bleiben, solange es will. Es kann weggehen, ohne das Zurückgelassene eines Gedankens zu würdigen. Es besteht eine unverkennbare Neigung, bei dieser Symbolik zu verharren.«[249]

Dies ist Anlass fürs Snow, Crane zum Gespräch zu laden: »Sie hat einen Pfeil auf ihren Kopf geschossen.« Crane relativiert, sie haben ja nur auf einen Apfel gezielt. »In Kopfnähe ...«, spöttelt Snow. Er beobachtet Katniss Abneigung und Respektlosigkeit gegenüber dem Kapitol mit Argusaugen.* Snow missfällt Cranes Art, die Spiele in diesem Jahr zu leiten. »Wozu brauchen wir einen Gewinner?«, fragt er Crane: »Wenn wir die Distrikte nur einschüchtern wollten, könnten wir auch einfach 24 Tribute zusammentragen und hinrichten. Das ginge viel schneller.« Crane versteht nicht, worauf Snow hinaus möchte. »Hoffnung«, erklärt dieser: »Hoffnung ist das Einzige, was stärker ist als Furcht. Ein bisschen Hoffnung ist nützlich, eine Menge Hoffnung ist gefährlich. Nichts gegen einen Funken, solange er unter Kontrolle ist ... Also kontrolliert sie ihn.« Dies macht er Crane eindrücklich klar; er ist sichtlich genervt von dessen mangelnder Auffassungsgabe von der Bedeutung der Spiele. Crane wird bereits jetzt zunehmend zu einer Belastung.

---

* *Argos*, auch *Argos Panoptes* war der antiken Sage nach ein riesiges Ungeheuer mit hundert Augen am ganzen Leib, so dass er in alle Richtungen schauen konnte, zumal immer nur ein Augenpaar zu einer gegebenen Zeit schlief.

»Hoffnung ist paradox. Sie ist weder ein untätiges Warten noch ein unrealistisches Herbeizwingenwollen von Umständen, die nicht eintreffen können. Sie gleicht einem kauernden Tiger, der erst losspringt, wenn der Augenblick zum Springen gekommen ist. Weder ein müder Reformismus noch ein pseudo-radikales Abenteurertum ist ein Ausdruck von Hoffnung. Hoffen heißt, jeden Augenblick bereit sein für das, was noch nicht geboren ist, und trotzdem nicht verzweifeln, wenn es zu unseren Lebzeiten nicht zur Geburt kommt. Es hat keinen Sinn, auf etwas zu hoffen, was bereits existiert oder was nicht sein kann. Wer nur eine schwache Hoffnung hat, entscheidet sich für das Bequeme oder für die Gewalt. Wer eine starke Hoffnung hat, erkennt und liebt alle Zeichen neuen Lebens und ist jeden Augenblick bereit, dem, was bereit ist geboren zu werden, ans Licht zu helfen.«

– Erich Fromm[250]

3.5 Die TV-Show

3.5.1 Peeta und die Medien

Nach der Ausbildung im Trainingscenter möchte Peeta alleine weiter trainiert werden. Haymitch erklärt Katniss: »Das kommt an diesem Punkt schon mal vor. Es kann nur einen Gewinner geben.« Wird Peeta zum Einzelkämpfer? Katniss ist überrascht. Langsam hat sie sich offenbar doch an den Gedanken des Teamplays gewöhnt.

Am Vorabend der Spiele haben die Tribute ihren großen Fernsehauftritt bei Caesar Flickerman. Katniss ist von der Masse und ihrem Getöse betäubt, sodass sie Caesars Frage überhört. Auch bei diesem Auftritt will Cinna mit Feuer arbeiten. Katniss soll den Menschen in Erinnerung bleiben als »das Mädchen, das in Flammen steht«. Sie gesteht jedoch, dass sie sich bei der Parade nur fürchtete, lebendig zu verbrennen, was zu ihrem Unverständnis jedoch nur Gelächter im Publikum auslöst.

»Der Feuertod läßt sich damit vergleichen: Das Feuer agiert für die Menge, die dem Verurteilten den Tod gewünscht hat. Auf allen Seiten wird das Opfer von Flammen erreicht, von überall, möchte man sagen, wird es ergriffen und getötet.«[251]

Peeta beherrscht das Spiel mit den Medien besser als Katniss. Er spricht von »komischen Duschen« und fragt, ob er irgendwie nach Rosen dufte. Als Caesar an ihm schnuppert, sorgt dies für Gelächter. Als daraufhin jedoch Peeta an Caesar riecht, schwingt dem Gelächter ein Hauch von Erschrecken bei. Hier zeigt sich ein latenter Alltagsrassismus: *Dass der Hinterwäldler am Übermenschen schnuppert,* ist offenbar ein Tabu.

Die TV-Show hat eine sehr wichtige Funktion für die Spiele. Es ist die einzige Möglichkeit für die Tribute, über sich selbst in aller Ruhe vor den Menschen im Kapitol zu sprechen. Sie berichten aber nicht über den Hunger, die Krankheiten und das Leid in den Distrikten; sie sprechen auch nicht über ihre Todesangst oder die bestialische Brutalität der Spiele, oder zumindest nur sehr oberflächlich, sodass Caesar die Eindrücke leicht wegwischen kann.

Sie wollen, wie schon bei der Parade, Sponsoren gewinnen und so sagen sie alles, wodurch sie siegessicher, stolz und tapfer, symphytisch und freundlich wirken können. Einige der Tribute, allen voran die Karrieros aus Distrikt 1 und 2, empfinden es tatsächlich als Ehre, an den Spielen teilnehmen zu *dürfen*. Die anderen verdrängen und täuschen, sie verraten sich selbst, ihre Gefühle, ihr wahres Denken und Empfinden. Es sind die Tribute selbst, welche den Menschen im Kapitol das Gefühl geben, die Spiele seien etwas »Großartiges«, etwas »Wahrhaftiges« und ein unzertrennbares Bindeglied zwischen dem Kapitol und den Distrikten.

Sie tun das, um ihre eigenen Überlebenschancen zu verbessern, aber vielleicht auch, um ihre Familien zu Hause zu schützen, sollte man im Kapitol unzufrieden mit ihrem Auftritt sein. Tot sind sie sehr wahrscheinlich ohnehin bald, aber ihre Familien in Gefahr zu bringen, das wollen sie vermeiden. Und so tun sie alles, was ihnen gesagt wird – genauso, wie sie das tun, was ungesagt bleibt, nämlich in vorauseilendem Gehorsam.

Peeta legt in seinem Gespräch mit Caesar seine Gefühle für Katniss offen. Dies macht sie sehr sauer und sie fühlt sich übergangen, überrumpelt und benutzt: »Was ist das für ein Spielchen?«, drängt sie ihn an die Wand. Sie will nicht schwach wirken. Haymitch erklärt ihr jedoch, dass Peeta sie begehrenswert wirken lässt und er beide nun als »verliebtes Pärchen« den Sponsoren in einer Fernsehshow präsentieren und verkaufen könne.

3.5.2 Die Angst, nicht man selbst zu sein

»Ich möchte nicht, dass sie mich da drin in eine Art Monster verwandeln, das ich nicht bin.«

– Peeta[252]

Katniss und Peeta sprechen sich nachts im Penthouse vor einem Aussichtsfenster aus. Katniss nimmt Peetas Äußerungen als Kompliment auf, zieht aber offenbar immer noch nicht in Erwägung, dass dahinter mehr als nur strategisches Kalkül stecken könnte. Peeta legt seine Furcht vor den Spielen offen: »Ich habe Angst, sie verändern mich. Dass sie etwas aus mir machen, was ich nicht bin. Ich will mich nicht wie eine Schachfigur hin und herschieben lassen. Wie kann ich ihnen zeigen, dass sie mich nicht besitzen? Ich will immer noch *ich* sein, wenn ich bald sterbe. Ergibt das einen Sinn?«

Katniss bejaht seine Frage, gesteht aber auch ein, dass sie wegen ihrer Schwester es sich nicht leisten könne, so zu denken. Was Peeta umtreibt, ist die Sorge, durch die Spiele nicht mehr *Mensch* zu sein. Er fürchtet sich davor, zu einem Tötungstier oder gar einer Tötungsmaschine degradiert zu werden. Er ringt um die Möglichkeit, sich selbst treu bleiben zu können.

Auch das belegt seine eigene Charakterstärke. Der Charakterschwache verfällt entweder der Glorie des Tributseins, oder er kollabiert vollständig vor der Furcht des baldigen Todes, und ist in seiner Resignation unter Umständen sogar bereit, bedingungslos alles zu tun, immer nötig erscheint, um zu überleben.

Die zentralen Techniken der Hungerspiele entstammen einer »Anleitung zum Zerstören von Menschen«:[253]

- Angst muss der Herrscher über einen Menschen werden (Todesangst in der Arena);
- Die Angst ist ein Gefängnis, es gibt kein Entkommen (geschlossene Arena, Selbstmord vor den Spielen ist unmöglich);
- Das Opfer beginnt, seinem Verstand und seinen Sinnen zu misstrauen (unerklärliche Phänomene aus dem Nichts sind in der
  Arena zu beobachten);
- Das Opfer muss einen Ausweg zur Erlösung erkennen können
  (ein Tribut überlebt als Sieger);
- Das Weltbild des Opfers muss entschieden dualistisch geprägt
  sein in Gut und Böse (Freund oder Feind in der Arena).

Sind all diese Bedingungen gegeben und geschaffen worden, so
wird das Opfer alles tun, um sich zu retten, das schließt insbesondere das bedingungslose Töten anderer Menschen im *Namen des
Guten* mit ein (für dieses heroische Empfinden wird daher die Propaganda des Gedenkens der »Gefallenen« in die Arena selbst hin-
eingetragen). Peeta fürchtet also, menschlich zerstört zu werden –
unabhängig davon, ob er getötet wird oder die Spiele gewinnt.

Dazu passt auch eine spätere Aussage Haymitchs, der sagt, niemand könne die Spiele je wirklich gewinnen. Das macht auch verständlich, weshalb sich Tribute freiwillig für die Spiele melden können. Vielleicht aus ideologischem Stolz; vielleicht auch, um ihre Familie zu beschützen. In jedem Fall aber beginnen die Spiele schon
vor der Auslosung, nämlich mit der Zerstörung innerer menschlicher Existenz, mit der Identitätszerstörung. Das Resultat sind entseelte Mutationen, Tötungsmaschinen.

Über diesen Prozess schreibt Arendt:

»Die Tötung der Individualität, der Einmaligkeit der menschlichen Person,
die, zu gleichen Teilen von Natur, Willen und Schicksal gebildet, uns in ihrer
unendlichen Verschiedenheit so selbstverständliche Voraussetzung aller
menschlichen Beziehungen geworden ist, daß uns identische Zwillinge bereits ein gewisses Unbehagen verursachen, erzeugt ein Grauen, das über die
Empörung der rechtlich-politischen und die Verzweiflung der moralischen
Person weit hinausgeht. Hier setzen die nihilistischen Verallgemeinerungen
des Konzentrationslagererlebnisses an, die, plausibel genug, behaupten,
daß im Grunde alle Menschen die gleichen Bestien seien. In Wahrheit demonstrieren die Erfahrungen der Konzentrationslager, daß es in der Tat
möglich ist, Menschen in Exemplare der menschlichen Tierart zu verwandeln, und daß die ‹Natur› nur insofern ‹menschlich› ist, als sie es dem Menschen freistellt, etwas höchst Unnatürliches, nämlich ein Mensch zu werden.«[254]

3.5.3 Die Arena als Panoptikum

»Irgendwo in einem kühlen, makellosen Raum sitzt ein Spielemacher vor einer Kontrollkonsole und spielt an den Knöpfen, die mein Leben binnen einer Sekunde beenden könnten. Ein Volltreffer genügt.«

– Katniss[255]

Wasser steht dabei keineswegs im Gegensatz zum Feuer, vielmehr ist Wasser das gemeinsame Produkt von Feuer und Eis, von Flammen und Schnee. Es ist das Zusammenspiel beider Naturgewalten, die das Wasser erschaffen und die Grundlage allen Lebens bilden. Das Gute wie das Böse erweisen sich nicht als Gegensätze, sie ergänzen sich; das Böse ist eine Unterfunktion des Guten.

Unmittelbar vor Beginn der Spiele gibt Haymitch Katniss letzte Ratschläge: »Wasser ist dein bester Freund.« Katniss solle wegrennen in den Wald, nicht zum Füllhorn. Daran wird sie sich nicht halten, dickköpfig wie sie ist, wird sie sich den Bogen ergattern, der am Füllhorn zu finden ist. Lediglich den Countdown wartet sie auf dem Podest ab, da sie sonst sofort in tausend Stücke gesprengt werden würde. In Allen anderen Belangen jedoch, in denen allein der Kämpferwille ausschlaggebend ist, entscheidet sie sich zum Kampf und nicht zur Flucht.

Die Tribute bekommen einen Aufspürer-Chip unter die Haut injiziert, so dass sie in der Arena lokalisiert werden können. Die Chip-Injektion aber auch der Überwachung und Kontrolle der Körperfunktionen. Diese Methode der Kontrolle über den Körper, eine Technologie der Biomacht, ist keineswegs neu. Bereits im Jahr 2017 implantierte ein schwedisches Unternehmen seinen Mitarbeitern einen Chip, um die Uhrzeiten zu Beginn und Ende der Arbeit bestimmen zu können[256] oder um als Art »Türöffner« zu fungieren und so Schlüssel zu ersetzen.[257] Die Chips sollen es aber auch ermöglichen, Drucker bedienen zu können oder damit in der Kantine einen Bezahlvorgang abzuwickeln. Der Chip kann auch Kommunikationsgeräte ersetzen[258] oder als Art Eintrittskarte in ein Fitnessstudio dienen.[259] Man muss jedoch vor den Gefahren einer solch »totalen Kontrolle« durch die Technologie und ihre Algorithmen warnen.

Die Arena wird bis ins kleinste Detail aus dem Kontrollzentrum heraus gesteuert. Die kreisrunde Anordnung ist dabei keinesfalls Zufall, sondern dient der andauernden Überwachung der Tribute und ihrem Verhalten. *Die Überwachung ist total sowohl im Raum als auch in der Zeit.*

Mit menschlichem Verhalten ist es fast wie mit der Quantenphysik: Sobald man einen Zustand beobachtet, ändert er sich aufgrund der Tatsache, dass eine Beobachtung stattfindet, jedoch unter der Voraussetzung, dass die Beobachteten um die Beobachtung *wissen*.[*] Dieses Phänomen ist psychologischer Natur.[†] Wenn nun der Zweck des Kontrollzentrums die Kontrolle durch Wissen und der neue Erwerb von Wissen durch Beobachtung und Statistiken ist, so darf das Verhalten der Tribute sich dadurch nicht beeinflussen lassen. Entweder ist der Tribut also vermeintlich gänzlich frei – wie etwa auch das Verhalten von Truman in der gleichnamigen Show beobachtet und gesteuert wird – oder einer permanenten Beobachtung ausgesetzt, sodass das Verhalten konstant unverändert durch die Beobachtung an sich beobachtet werden kann.

Da die Tribute allerdings um ihre Beobachtung durch die TV-Show wissen, scheidet die erste Möglichkeit aus. Um eine Verhaltensbeeinflussung durch die Beobachtung an sich zu verhindern, muss die Beobachtung also konstant und total geschehen.

---

[*] In der Quantenphysik ist dies mit dem Einfluss der Photonen auf den Beobachtungsgegenstand wie etwa ein Atom zu erklären, das durch die Beobachtung also energetisch angeregt wird.

[†] Ein Beispiel. Bei einem Marathonlauf wird man ohne weiteres Zutun feststellen können, dass die Zahl der Zieleinläufer in etwa eine gleichmäßige Kurve in Abhängigkeit von der Laufzeit bilden wird. Stellt man nun auf dem letzten Kilometer eine große Uhr auf, so wird man feststellen, dass sich um bestimmte Zeitmarken herum *Peaks* bilden werden. Dies hängt damit zusammen, dass Läufer nicht mehr nur bei einer Zeit von 3h56min oder 4h11min einlaufen, sondern noch einmal alle Kräfte mobilisieren, um die Marke von genau 4h einhalten zu können. Die Beobachtung (hier durch eine Selbstbeobachtung) führt also zu einer Beeinflussung der Verhaltens der Beobachteten.

Die Idee für die Konstruktion des Kontrollzentrums geht dabei auf Bentham zurück, als auch auf Foucault, der dessen Architektur von Kontroll- und Machtmechanismen im Panoptikum intensiv beschrieb.

Das Panipticon (Panoptikum)[260]

»Das technologische Prinzip der Disziplinarmacht findet Foucault in dem Panoptikum, das Jeremy Bentham 1787 konzipiert hat. Dieses stellt ein Gefängnis dar, das in der Peripherie aus einem ringförmigen Gebäude besteht und in dessen Zentrum sich ein Turm befindet. Das Gebäude besteht aus Einzelzellen, die jeweils zwei Fenster besitzen, von denen eines nach innen zum Turm hin und eines nach außen geht, so dass von beiden Seiten Licht einfällt. Auf diese Weise sind die Gefangenen immer sichtbar, während umgekehrt für sie weder die Wächter noch ihre Mitgefangenen sichtbar sind. Die Leistung des Panoptikums besteht in einer Optik der Macht, die Sehen und Gesehenwerden voneinander scheidet: ‹... im Außenring wird man vollständig gesehen, ohne jemals zu sehen; im Zentralturm sieht man alles, ohne je gesehen zu werden›.

Die Bedeutung des Panoptikums liegt erstens in seiner universellen Einsetzbarkeit. Das panoptische Prinzip kann nicht nur in Gefängnissen, sondern auch in Krankenhäusern, Schulen, Fabriken etc. zur Heilung von Kranken, der Belehrung von Schülern und Schülerinnen, der Überwachung von Arbeitern und Arbeiterinnen genutzt werden. Das Panoptikum ist jedoch keine ‹reine Form›, die mit jeweils spezifischen Inhalten zu füllen ist, sondern ‹eine Gestalt politischer Technologie›, die man von ihrer konkreten

Verwendung ablösen kann. Zweitens repräsentiert das Panoptikum eine automatisierte und entindividualisierte Form der Machtausübung. Es schafft einen permanenten Sichtbarkeitszustand beim Gefangenen und führt von der Fremdüberwachung zur Selbstüberwachung.

Da die Wächter nicht gesehen werden können, müssen die Insassen sich in jedem Moment so verhalten, als seien sie dem kontrollierenden Blick ausgesetzt. Im Extremfall kann der Überwachungsturm unbesetzt bleiben: ‹... die Perfektion der Macht vermag ihre tatsächliche Ausübung überflüssig zu machen; der architektonische Apparat ist eine Maschine, die ein Machtverhältnis schaffen und aufrechterhalten kann, welches vom Machtausübenden unabhängig ist; die Häftlinge sind Gefangene einer Machtsituation, die sie selber stützen›. Die Anonymisierung der Machtausübung bewirkt eine eigentümliche Verschiebung, in der die Trennung von Sehen und Gesehenwerden das Ineinanderfallen der zwingenden Wirksamkeit der Macht und ihrer Zielscheibe produzieren: ‹Derjenige, welcher der Sichtbarkeit unterworfen ist und dies weiß, übernimmt die Zwangsmittel der Macht und spielt sie gegen sich selber aus; er internalisiert das Machtverhältnis, in welchem er gleichzeitig beide Rollen spielt; er wird zum Prinzip seiner eigenen Unterwerfung›.«[261]

Die Tribute befinden sich also in einer permanenten Beobachtung; sie beobachten sich gegenseitig selbst und werden durch die Spielemacher und die Zuschauer beobachtet, oder sie müssen zumindest annehmen, dass dies so ist, wodurch die Beobachtung zur Selbstbeobachtung und damit also »total« wird.

3.6 Die 74. alljährlichen Hungerspiele

3.6.1 Das Wesen der Spiele

Als der Countdown herunter läuft, steht ganz Panem still. Dann bricht das Gemetzel los. Innerhalb kürzester Zeit gibt es viele Tote. Innerhalb weniger Sekunden gelingt es den Spielemachern, das Zivilisierte zu zerstören. Unmittelbar zu Beginn der Spiele wird den Zuschauern die bestialische Brutalität des gelebten Sozialdarwinismus in seinem extremsten ideologischen Auswüchsen vor Augen geführt. Die Strategie zur Zerstörung der *Menschen* in den Menschen ist offenkundig: Die Angst dominiert den Menschen, sie ist absolut; es gibt nur ein Ziel der Zuflucht und des Auswegs, nämlich das Füllhorn – die Tribute sind bereit, alles zu tun, was auch immer notwendig ist, um sich am Füllhorn das zu holen, was sie zum Überleben brauchen. Die Sogkraft dieses Hoffnungsschimmers ist immens und auch Katniss kann sich dem nicht erwehren. Nur knapp entkommt sie dem Tod und kann sich mit ihrem Bogen in den Wäldern verstecken.

Dort zählt sie die Schüsse, die den Tod »gefallener« Tribute verkünden. Sie beginnt, Waffen und Fallen zu bauen und sich einen Nachtplatz auf einem Baum einzurichten. Dort entdeckt sie eine Kamera, die im Baum selbst eingebaut ist. Währenddessen schließt sich Peeta einer Gruppe um die Karrieros an, um Katniss finden zu können. Nur Peeta könne sie finden, weil nur er ihre Art zu denken versteht. Das bedeutet jedoch auch, dass das Finden zu einem Nicht-Finden geführt werden kann, immer unter dem Deckmantel des Finden-Wollens. Auf diese Weise schützt er sowohl sich als auch Katniss vor den Karrieros.

Schnell bringt Katniss eine Distanz von zwei Kilometern zwischen sich und den nächsten Tribut. Sie erreicht bald den Rand der Arena. In dem Moment, in dem Truman in seiner Show mit dem Schiff den Rand das Studios rammt, kollidieren die innere und äußere Welt. Fiktion und Wirklichkeit treffen an ihrer Grenze aufeinander. Befreit sich das Individuum von der Fiktion, so verliert das Totalitäre seine Macht über dieses. Ganz anders ergeht es Katniss in der Arena, aus der heraus ist kein Entkommen gibt. Sie ist fest gefangen in der Fiktion, die dadurch selbst Wirklichkeit wird. Das ist das Wesen der Spiele.

Sehr bedeutend ist die Kontrolle das Verhaltens von Katniss durch das Kontrollzentrum. Sie kann geradezu *fremdgesteuert* werden. Auf ihren Fluchtweg vor den Flammen des Waldbrandes kann man sie hin und her schubsen wie eine Kugel bei einem Flipperautomaten. »Es ist das Ziel des Sadismus, einen Menschen in ein Ding, etwas Lebendiges in etwas Unbelebtes zu verwandeln, da das Lebendige durch die völlige und absolute Beherrschung eine wesentliche Eigenschaft des Lebens – die Freiheit – verliert.«[262]

Durch die Beobachtung der Tribute wird Wissen angehäuft; durch dieses Wissen kann das Verhalten der Tribute gesteuert werden. Macht produziert Wissen, *Wissen ist Macht*. Es ist sehr eindrucksvoll, wie genau das Geschehen in der Arena sowohl dokumentiert und analysiert als auch kontrolliert und determiniert werden kann. Von überall her können Gefahren kommen, überall beobachten Kameras das Geschehen, jeder beliebige Baum kann auf Knopfdruck umfallen. Das ist besonders bemerkenswert, als das in einer runden Arena die größtmögliche Distanz der Durchmesser der Kuppel ist, und diese muss mehrere Kilometer betragen. Die Ressourcen und die notwendige Energie, dieses *Monster* zu ernähren, muss unvorstellbar groß sein.

Die Spiele sollten einst dazu dienen, den Menschen vor Augen zu halten, wie zerbrechlich Zivilisation ist und wie grausam die Selbstvernichtung der Menschen durch die Menschen an den Menschen ist. Es geht nicht nur um das Töten anderer Tribute, sondern durch die bedingungslose Bereitschaft zum Töten vernichtet sich der Tötende als Mensch auch selbst, ein Sieger ist auch ein Opfer, »niemand gewinnt je die Spiele«.

Die Spiele sollten dazu dienen, die Zivilisation selbst zu erhalten. Jedoch wurden die Spiele mehr und mehr zum Selbstzweck. Während in den Distrikten die Menschen hungern und auf Elektrizität verzichten müssen, wird fast alles an erzeugten Produkten und Energien in die Arena und in die Spiele *investiert*. Der Mensch schuf die Spiele, die Spiele wurden sich selbst Selbstzweck, die Spiele zerstören den Menschen. Der Mensch hat auf die Spiele kaum noch einen wirklichen Einfluss, sie rollen ab nach ihren eigenen Regeln, ohne jeden Eingriff durch den Menschen; es ist der Determinismus der Hungerspiele. Die Spielemacher treiben Katniss vor sich her, bis sie auf die Gruppe anderer Tribute um die Karrieros trifft. Katniss wird zur Beute in einer Hetzjagd.

Canetti: *Die Meute*

»Für die Meute ist charakteristisch, daß sie nicht wachsen kann. Weit und breit, in der Leere ringsum, sind keine Menschen, die zu ihr stoßen könnten. Die Meute besteht aus einer Gruppe erregter Menschen, die sich nichts heftiger wünschen, als mehr zu sein.[263] Die Jagdmeute bewegt sich mit allen Mitteln auf etwas Lebendes zu, das sie erlegen will, um es sich dann einzuverleiben. Zu ihrem näheren Ziele wird also immer die Erlegung. Ereilen und Umstellen sind ihre wichtigsten Mittel. Sie hat es auf ein einzelnes, großes Tier abgesehen oder auf viele, die in Massenflucht vor ihr begriffen sind. Die Beute ist immer in Bewegung, man jagt ihr nach. Auf die rasche Bewegung der Meute kommt es an, sie soll besser laufen als das Wild, um es zu ermüden. (.) Die Konzentration auf den einen Gegenstand, der immer in Bewegung ist, der den Blicken entschwindet, aber wieder auftaucht, den man oft verliert und wieder suchen muß, den man nie aus seiner tödlichen Absicht entläßt, den man unaufhörlich im Zustand tödlicher Angst erhält – diese Konzentration ist eine von allen zusammen. Jeder hat denselben Gegenstand im Auge, und jeder bewegt sich auf denselben Gegenstand zu.

Der Abstand zwischen der Meute und ihrem Gegenstand, der sich allmählich verringert, verringert sich für jeden. Die Jagd hat einen gemeinsamen tödlichen Herzschlag. Er hält lange an, über wechselnden Boden, er wird heftiger, je näher man dem Tiere kommt. Wenn man es erreicht hat, wenn es zum Treffen kommt, hat jeder zum Töten Gelegenheit, und jeder versucht es. Auf ein Geschöpf können sich die Speere oder Pfeile aller konzentrieren. Sie sind die Fortsetzung der begehrlichen Blicke während der Jagd.

Denn jeder Zustand dieser Art hat sein natürliches Ende. So klar und scharf das Ziel ist, auf das man es abgesehen hatte, so scharf und plötzlich ist auch die Veränderung der Meute, wenn es erreicht ist. Die Raserei läßt nach im Augenblick der Erlegung. (.) Der Prozeß, der nun beginnt, ist dem der Bildung der Meute genau entgegengesetzt. Jetzt will jeder etwas für sich, und er möchte gern soviel wie möglich. Wenn die Verteilung nicht genau geregelt wäre, und wenn es nicht etwas wie ein althergebrachtes Gesetz für sie gäbe und erfahrene Menschen, die über ihre Ausführung wachen, so müßte sie in Mord und Totschlag enden. Das Gesetz der Verteilung ist das älteste Gesetz.«[264]

Katniss rettet sich auf einen Baum, wird jedoch von ihren Verfolgern belagert. Unterdessen versucht Haymitch, etwas Hilfe für sie zu organisieren, indem er bei Sponsoren für Katniss wirbt. Das Geschenk, welches per Fallschirm *vom Himmel* herabgleitet, ist für Katniss überlebenswichtig. Es ist eine universell einsetzbare Wundsalbe. Die Biotechnologie als auch die Pharmazie wären grundsätzlich weit genug fortgeschritten, um alles Leid in Panem zumindest mildern zu können.

Der Breite der Gesellschaft aber bleibt dieser Fortschritt jedoch vorenthalten und findet lediglich Eingang in die Spiele, so wie es auf jeden wissenschaftlichen Fortschritt in Panem ganz grundsätzlich auch zutrifft. Die Spiele werden fortentwickelt, der Staat und seine Gesellschaft werden in einer Eiszeit gefangen gehalten. Schon der Junge Coriolanus Snow kannte Hovercrafts als Fortbewegungsmittel. Dass sich über ein halbes Jahrhundert hinweg die Mobilität in Panem kaum verändert hat, ist bemerkenswert. Dies kann damit erklärt werden, dass man vermeiden möchte, das technologischer Fortschritt zu gesellschaftlichen Umbrüchen führen kann, die die Stabilität des Systems und des Staates gefährden. *Die Stabilität ist sich ebenso Selbstzweck geworden wie die Spiele.*

Die Jägerwespen, auf die Kenntnis von Rue still aufmerksam gemacht wird, sind genetisch modifizierte Insekten, deren Stiche starke Schmerzen und Halluzinationen hervorrufen oder sogar zum Tod führen können. Dieser gentechnische Fortschritt ist erstaunlich, er dient jedoch nicht der Befreiung des Menschen von Not und Elend, sondern soll zu dessen Tod führen.

3.6.2 »Lang lebe der Tod«

Die Hungerspiele wurden in Panem zur Staatsreligion. Die Religion möchte so viel wie eine »Rückbesinnung« tradieren und in Panem besinnt man sich darauf zurück, was der Mensch im tiefen Wesenskern ist: Ein wildes Tier, das nicht nur tötet, sondern insbesondere Seinesgleichen zu töten sucht. Die Hungerspiele sind ein Mahnmal der Geschichte und eine Warnung daran, wie zerbrechlich das fragile Konstrukt der Zivilisation ist. Sie erinnern daran, was geschieht, wenn Menschen nicht nur etwas vernichten – sondern welches Unheil eintritt, wenn sie sich gegenseitig selbst vernichten. Die Liebe der Kapitolisten zu den Hungerspielen ist eine Liebe zum Toten, die Gesellschaft ist nekrophil. Fromm schreibt über die Systeme destruktiver Gesellschaften:

»Die [destruktiven Gesellschaften] haben eine sehr ausgeprägte Struktur. Diese ist gekennzeichnet durch interpersonale Gewalttätigkeit, Zerstörungslust, Aggression und Grausamkeit, sowohl innerhalb des Stammes als auch anderen gegenüber, durch Freude am Krieg, Heimtücke und Verrat. Die Gesamtatmosphäre ist erfüllt von Feindseligkeit, Spannungen und Angst. Gewöhnlich herrscht ein starkes Maß von Rivalität, das Privateigentum spielt eine wichtige Rolle (wenn nicht in Bezug auf materielle Dinge, dann in Bezug auf Symbole), es herrscht eine strenge Hierarchie, und Kriege sind häufig. (.) [die destruktive Gesellschaft ist ihrem] Wesen nach grausam oder destruktiv, das heißt sadistisch oder nekrophil.«[265]

Die destruktive Gesellschaft steht im Gegensatz zu lebensbejahenden oder nicht-destruktiv aggressiven Gesellschaften, die beide lebensbejahend sind: Über letztere schreibt Fromm, dass sie der lebensbejahenden Gesellschaft gemeinsam habe,

»nicht destruktiv zu sein, jedoch unterscheidet [sie] sich von [ihr] insofern, als Aggressivität und Krieg zwar keine zentrale Bedeutung haben, aber doch normale Vorkommnisse sind und dass Rivalität, Hierarchie und Individualismus regelmäßig anzutreffen sind. Diese Gesellschaften sind keineswegs von Destruktivität oder Grausamkeit oder von übertriebenem Argwohn durchdrungen, aber es herrscht in ihnen auch nicht die Freundlichkeit und das Zutrauen, welche für die [lebensbejahenden Gesellschaften] kennzeichnend sind. Man könnte [sie] vielleicht am besten so kennzeichnen, dass man sagt, es sei vom Geist männlicher Aggressivität, vom Individualismus und vom Wunsch durchdrungen, sich Dinge zu verschaffen und Aufgaben zu erfüllen.«[266]

Es ist aber vorstellbar, dass sich die destruktive Gesellschaft aus einer nicht-destruktiv aggressiven Gesellschaft entwickelt hat, deren innere Werte zunehmend verfallen sind, sodass der Wert des *echten* Individualismus verloren ging und vielmehr Dinge und das Verschaffen von Dingen in den Mittelpunkt der Gesellschaft rückten: *Das Haben beherrscht das Sein.*

Die Liebe, die Liebe zum Leben und die Liebe zu sich selbst sind einer solchen Gesellschaft verloren gegangen. Das bedeutet jedoch nicht, dass dies zwangsläufig auf alle Mitglieder der Gemeinschaft zutrifft. Jedoch ist die Zahl derer, welche noch echte Liebe und auch Selbstliebe empfinden können, zunehmend verschwindend. Die herrschende Norm gibt zum einen als *normal* aus, dass etwa die Selbstliebe nicht akzeptabel sei, zum anderen ist sie in gouvernementalen Gesellschaften *normativ*, was bedeutet, dass man sich an diese Norm als Einzelner anpassen soll.

Wer Liebe zu sich selbst oder dem Leben empfindet, weicht von der Norm ab, er gilt also als krank und ist ein geächteter Außenseiter. Wenn jemand etwa sagt, er liebe sich selbst und er könne sich vorstellen, mit sich selbst eine Beziehung einzugehen, ist es in unserer Gesellschaft typisch, darauf mit Abneigung zu reagieren. Man sagt, jemand sei stolz oder blind vor Eitelkeit, er sei vielleicht sogar ein Narzisst. Jemand, der die Liebe zu sich selbst offenbart, wird sich daraufhin in gewisser Weise für seine Äußerung entschuldigen, also sich rechtfertigen müssen, um diesen Tabubruch zu relativieren. Er wird in Zukunft vielleicht auch schon diese Entschuldigung vorwegschicken und sagen: »Auch wenn es jetzt etwas blöd oder eitel klingt, aber ich könnte mir vorstellen, mit mir in einer Beziehung zu leben.«[*]

Dabei ist diese Selbstliebe, die ja schon für Aristoteles eine wichtige Form der Freundschaft darstellte, nämlich die zu sich selbst, die Grundvoraussetzung für ein harmonisches und gelingendes Miteinander in einer Gemeinschaft. Dies wird deutlich, wenn man einmal die Frage umkehrt: »Wenn ich über mich selbst sagen würde:

---

[*] Diese Beobachtung habe ich im expliziten Fall einer Radiosendung im Frühjahr 2020 entnommen. Man kann vergleichbares Verhalten aber auch im alltäglichen Leben unserer Tage in unserer Gesellschaft vielfach beobachten.

Ich kann mir eine Beziehung mit mir nicht vorstellen, wie kann ich es dann von irgendwem sonst erwarten?«

In Gesellschaften, in denen das Neidverständnis ein destruktives[*] ist, wird man versuchen, ihm einzureden, dass er schlecht sei und dass ohnehin alles nutzlos und sinnlos sei und er dies radikal akzeptieren müsse (Konzept der »radikalen Akzeptanz«). Man wird sagen: »Du kannst doch eh nichts ändern. Das wird doch niemals anders. Das ist das Schicksal. Dass es jemals anders wird, glaubst auch nur du.« Die Gesellschaft wird durch ihre mehrzahligen Individuen seine Träume desillusionieren und damit auch den Menschen in ihm selbst zerstören und geht dabei weit über die ablehnend pessimistische Rationalität einer nicht-kritischen Gesellschaft hinaus. Er ist also in gewisser Weise lebendig und tot zu gleich. Dies sind die Praktiken der alltäglichen Hungerspiele solcher Gesellschaften: *Sie zerstören Menschen, noch ehe sie tot sind.* Es kann keinen lebendigeren Tod geben. Zur Vervollständigung der Gesellschaftsmodelle möchte auch noch den dritten Typ aufgreifen. Über die lebensbejahende Gesellschaft schreibt Fromm:

»In diesem System sind Ideale, Sitten und Institutionen vor allem darauf ausgerichtet, dass sie der Erhaltung und dem Wachstum des Lebens in allen seinen Formen dienen. Feindseligkeiten, Gewalttätigkeiten und Grausamkeiten sind in der Bevölkerung nur in minimalem Ausmaß zu finden, es gibt keine harten Strafen, kaum Verbrechen, und der Krieg als Institution fehlt ganz oder spielt nur eine äußerst geringe Rolle. Die Kinder werden freundlich behandelt, schwere körperliche Züchtigungen gibt es nicht. Die Frauen sind den Männern in der Regel gleichgestellt, oder sie werden wenigstens nicht ausgebeutet oder gedemütigt. Die Einstellung zur Sexualität ist ganz allgemein tolerant und bejahend. Man findet wenig Neid, Geiz, Habgier und Ausbeutung. Es gibt auch kaum Rivalität oder Individualismus, aber sehr

---

[*] Birkenbihl hat einmal in einem Vortrag den Unterschied zwischen dem amerikanischen und dem deutschen Neid beschrieben: Wenn in Amerika jemand etwas hat, was man selbst nicht hat, will man es auch haben. Man fragt: »Was muss ich tun, um es auch bekommen zu können?« In Deutschland hingegen ist die reflexartige Reaktion: »Was kann ich tun, um es ihm wegzunehmen?«
Der erste Neid ist ein kreativer, weil es darum geht, etwas eigenes zu erschaffen; letzter Neid ist in höchstem Maße destruktiv, da es darum geht, etwas zu zerstören, nämlich all das, was man selbst gerne hätte, aber es nicht hat, und man den Weg wählt, damit zu »leben«, auf dem man es zerstört, sodass es auch niemand sonst haben kann. Die Quintessenz ist: Wenn ich es nicht haben kann, soll es auch kein anderer haben können.

viel Kooperation. Persönliches Eigentum gibt es nur in Bezug auf Gebrauchsgegenstände. In der allgemeinen Haltung kommt Vertrauen und gläubige Zuversicht zum Ausdruck, und dies nicht nur den anderen gegenüber, sondern besonders auch gegenüber der Natur; ganz allgemein herrscht gute Laune, und depressive Stimmungen sind relativ selten. (.)

Es gehören Gesellschaften mit relativ reichlicher Nahrungsversorgung dazu, und andere, bei denen relative Knappheit vorherrscht. Dies soll jedoch keineswegs besagen, dass Charakterunterschiede nicht von Unterschieden in der sozioökonomischen Struktur der betreffenden Gesellschaften abhängig oder weitgehend davon beeinflusst sind. Es ist lediglich ein Hinweis darauf, dass einfache und augenfällige ökonomische Faktoren wie Armut oder Reichtum, Jagd oder Ackerbau usw. nicht ausreichen, um die Charakterentwicklung zu erklären. Um den Zusammenhang zwischen Ökonomie und Gesellschafts-Charakter zu verstehen, müsste man die sozioökonomische Gesamtstruktur jeder Gesellschaft untersuchen.«[267]

Die Gesellschaft im Kapitol gibt sich als freudig und gutgelaunt, doch dies ist nur die Maske, welche sie aufgesetzt hat. Die Gewalt und die kriegerischen Elemente sind in die Distrikte ausgelagert worden, unter der Maske herrschen Neid, Gier und Geiz. Die Gesellschaft gibt sich lebensbejahend, sie ist aber nekrophil. Die Begeisterung für die Hungerspiele, welche *Spiele des Todes* sind, lässt hinter die Maske blicken. Auch der Materialismus des eigenen Körpers und das Bedürfnis, schöne Formen und Kunstwerke in Form von Bauten zu erschaffen, kann als Reaktionsbildung verstanden werden.

Es wird etwas geschaffen, aber es wird das Tote geschaffen. Dass der Körper beliebig gestaltet werden kann, so wie man Paläste oder beeindruckende Hochhäuser bauen kann, senkt den lebenden Körper herab auf die Ebene eines leblosen Objektes. Im Kapitol werden Körper behandelt wie Bauwerke, das Tote wird als lebendig proklamiert. »Der Wahlspruch der Falangisten* ‹Lang lebe der Tod› droht zum geheimen Prinzip einer Gesellschaft zu werden, in der der Sieg der Maschine über die Natur den Inbegriff des Fortschritts auszumachen scheint und in der der lebendige Mensch zum Anhängsel der Maschine wird.«[268]

---

* Die Falange (»Walze«, »Rolle«, »Schlachtreihe«) war eine faschistische Bewegung in Spanien, die von 1933 bis 1937 bestand. Ihre Mitglieder wurden als Falangisten bezeichnet.

3.6.3 Johanna von Orleans

Als Katniss das Jägerwespennest absägt, um es auf die Belagerer fallenzulassen, gelingt ihr zwar die Flucht, jedoch wird sie auch selbst gestochen und von Halluzinationen heimgesucht. Interessant ist hier, dass sie im Grunde auf Rues stille Anweisung hin getötet hat. Zwei Tage lang schläft sie durch. In dieser Zeit kümmert sich Rue um sie und versorgt sie. Rue ist es also, die das Bündnis mit Katniss beschließt. Sie erinnert Katniss an ihre Schwester, und so lässt sie sich auf dieses Bündnis mit dem Mädchen aus Distrikt 11 ein.

Das Ziel der beiden ist es, die Vorräte der Karrieros nahe dem Füllhorn zu zerstören. Während Rue die Karrieros durch ein Feuer im Wald ablenkt, schleicht sich Katniss an die Vorratspyramide heran und schießt einen Pfeil ab, sodass Äpfel von oben herabfallen und auf im Boden versteckte Minen treffen. Diese lösen aus und lassen die Vorräte durch eine Explosion in die Luft fliegen. Als die Karrieros zurückkommen, zieht sich Katniss schnell zurück und sucht nach Rue. Diese ist in einer Falle gefangen und wird in einem Kampf von Marvel getötet, der zur Falle zurückkommt.

Liebevoll singt Katniss Rue in den Tod und lässt sie diesen letzten Weg nicht alleine gehen. Diese Szene ist unglaublich ausdruckstark. Für die Spielemacher im Kontrollzentrum oder die Wärter in den KZs war das Töten leicht, weil sie eine große Distanz zu ihren Opfern hatten. Sie müssen ihren Opfern nicht in die Augen sehen, während das Leben aus ihnen weicht, gleichwohl für manchen Serientäter eben genau darin der Reiz besteht. Es ist denkbar, dass Katniss überlegt hat, auch Rue schnell mit einem Pfeil zu töten, damit sie nicht leiden muss.

Der andere Tribut, zu dem sie blickt, war in einer Sekunde tot. Rue während ihres Hinübergleitens in das »Reich der Toten« treu die Hand zu halten und für sie zu singen, zeugt von großer menschlicher und charakterlicher Stärke, wie man sie vielleicht von sehr lange verheirateten Paaren kennt, während einer nachts sanft einschläft, der andere bei ihm bleibt und ihm die Hand hält. Katniss richtet ein Blumenbegräbnis für Rue her und solidarisiert sich mit Distrikt 11. Das macht Katniss in diesem Moment, um mit Sutherland zu sprechen, gefährlicher als Johanna von Orleans. Rues Name kündigt an, dass das Kapitol eines Tages bereuen wird, was es angerichtet hat: *to rue* – bereuen.

Ein junges Mädchen im Frankreich des 15. Jahrhundert namens Johanna fühlte sich »von Gott« durch Erscheinungen des Erzengels Michaels in ihrer Jugend dazu beauftragt, Frankreich im Hundertjährigen Krieg vor den Engländern zu retten. Erste Stimmen hörte sie zum ersten Mal mit 13 Jahren. Mit 17 Jahren folgte sie ihrer Mission und ritt in einer Männerrüstung zum französischen Thronfolger Karl VII, um die Rettung Frankreichs vorauszusagen. Sie war »jung und ungebildet, tiefreligiös und charismatisch« und kam »gewissermaßen aus dem Nichts«.[269]

Karl schickte sie umgehend nach Orleans, wo sie die belagerte Stadt befreien sollte, was auch gelang. Dies stellte eine Wende im Krieg dar und auch in anderen Städten konnten sich die Franzosen, nicht zuletzt mit dem Fanal von Orleans, von der englisch Belagerungen befreien. »Gleichwohl war Karl VII. nicht arglos, ließ Jeanne immer wieder hinsichtlich der Stimmen befragen; und ihre Jungfräulichkeit prüfen. Nicht zuletzt, gefiel Karl VII. auch durchaus, was Jeanne d´Arc ihm erzählte: ‹Gott schickt mich zu Dir, um Dich nach Reims zu geleiten, wo Du die Krone und die Salbung erhalten wirst.› Denn darin bestand tatsächlich das Hauptproblem des Dauphin, wie der französische Thronfolger genannt wurde. Er war weder als Herrscher gesalbt noch gekrönt, was einen einfachen Grund hatte: Reims in der Champagne, wo die Zeremonie durchgeführt werden musste, befand sich in feindlicher Hand. Die durch Jeanne d´Arc entfachte Mischung aus religiöser und nationaler Begeisterung führte letztlich nach zahlreichen Kämpfen doch dazu, dass Karl VII. sein großes Ziel erreichte. Am 17. Juli 1429 wurde er in der Kathedrale von Reims zum König gekrönt.«[270]

Im Mittelalter sah man jedoch nicht gerne eine Frau in der Rolle eines Ritters, sodass Johanna verraten und an die Engländer übergeben wurde, die einen hohen Preis für ihre größte Feindin zahlten.

Dort klagte man sie in einem Inquisitionsprozess an wegen Gotteslästerung und Hexerei. Sie wurde auf dem Scheiterhaufen lebendig
verbrannt.

Erst posthum wurde ihr Urteil aufgehoben, schließlich sprach man
sie sogar heilig. In Frankreich wird sie bis heute als Nationalheldin
verehrt. Snow wusste gewiss um die »Jungfrau von Orleans« und
ihren Einfluss; Katniss wurde zunehmend zu einer Bedrohung,
denn in Distrikt 11 kommt es nach dem Tod von Rue zu Randalen
am Kornlager. Friedenswächter werden attackiert, woraufhin diese
mit Wasserwerfern und Sonderkräften gewaltsam antworten. Die
Spannungen in Panem nehmen zu, während in der Arena Katniss
kurz vor einem Nervenzusammenbruch steht.

Da erhält sie ein Geschenk per Fallschirm von Distrikt 11, was
ungewöhnlich ist. Man kann sich vorstellen, wie viel die Menschen
dort zusammengelegt haben müssen, um dieses Geschenk zu finanzieren. Gut denkbar, dass auch frühere Sieger aus Distrikt 11 sich
daran maßgeblich als Sponsoren beteiligten.[271] Haymitch bearbeitet
Seneca Crane, die Regeln der Spiele den diesjährigen Gegebenheiten und sozialen Entwicklungen anzupassen. Die Wut in den Distrikten, allen voran in D11, könne abgemildert werden, wenn man
den Menschen etwas bietet, wofür sie sich begeistern können: »Eine
junge Liebe…« Haymitchs Strategie ist es, beide seiner Tribute retten zu können. Eine Liebesbeziehung würde auch viele Sponsoren
in ihrem Mitgefühl erweichen. Crane gefällt die Idee, denn jeder
möge Außenseiter.

Nicht so Coriolanus Snow. der damit in keiner Weise einverstanden ist.[*] Er ist innerlich genervt, dass Crane seine Mahnung, »den
Funken zu kontrollieren«, nicht verstanden hat. Er warnt ihn erneut, lässt den Dingen aber ihren Lauf und greift nicht selbst aktiv
in das Geschehen ein. Innenpolitisch lässt er den Dingen seinen
Lauf und nickt das ab, was ohnehin schon im Gange ist. Er bringt
die Leute in Position, laufen müssen sie von selbst –wie es die protestantisch erzogene Kanzlerin Merkel trefflich formulierte, deren
geistige Prägung sich auch in ihrer Sparsamkeit wiederfindet. Snow
versucht, Crane »in die richtige Richtung« zu führen; gehen muss
er diesen Schritt jedoch von selbst. Weder stützt ihn Snow dabei,
noch stellt er sich ihm in den Weg. Er fragt Crane:

---

[*] In einer geschnittenen Szene sieht er den Spitznamen »Mädchen, das in
Flammen steht« – eine Wortschöpfung Flickermans, die von Crane weiter
transportiert wurde – sehr kritisch.

»Waren sie schonmal da draußen? 10, 11, 12? Ich schon. Dort gibt es Kohle, Mineralien, Getreide – Dinge, die wir dringend brauchen. Dort gibt es viele Außenseiter. Die meisten dort sind Außenseiter. Und ich denke, wenn Sie sie sehen könnten, würde ihnen die Begeisterung auch vergehen. Ich schätze Sie ... Seien Sie vorsichtig.« (»I like you ... be careful.«)

Wie Merkel ist auch Snow leidenschaftlicher Gärtner. Während des ganzen Gespräches widmet sich Snow seinen Rosen zu und beachtet Crane nur mit sporadischer Aufmerksamkeit. Das An-Jemandem-Vorbeireden ist eine ältere Technik der Darstellung von Autorität. Da wir nicht sehr viel von Snow erleben, sind kleine Details von großer Bedeutung. Seine Hingabe zu weißen Rosen ist ein solches Detail. Er schneidet altes Material ab. Er tötet das Leben von Teilen der Pflanze, um die Pflanze selbst im Ganzen mit neuer Kraft pflegen zu können. Das demonstrative Händeabwischen ist eine Reaktionsbildung. Sie steht für das Reinwaschen, das Verdrängen der eigenen destruktiven Charakterfacetten.

Crane jedoch entscheidet sich für eine Regeländerung, sodass es erstmals in der Geschichte der Hungerspiele zwei Sieger geben kann, unter der Voraussetzung, dass beide aus einem Distrikt kommen, wie Flavius als Co-Moderator aus einem Studio heraus in die Arena verkündet.[272] Katniss muss sofort an Peeta denken. Dieser hat sich in der Zwischenzeit schwer verwundet versteckt, indem er von seinen Zeichenkünsten Gebrauch machte und mit der Umgebung um sich herum eins wurde.

3.6.4 Die Mutationen

Die Brutalität der Spiele ist mittlerweile für die meisten Tribute offenkundig geworden. Die Angst ist weiter allgegenwärtig und sie ist gesteigert. Das Locken in eine Falle am Füllhorn durch weitere Geschenke, soll die Brutalität, wie sie schon zu Beginn der Spiele zu beobachten war, weiter steigern. Katniss riskiert für Peeta ihr Leben, als sie zum Füllhorn geht. Tresh rettet Katniss vor einem Mädchen aus Distrikt 1. Er tötet sie als Vergeltung für den Mord an Rue, denn auch Tresh kommt aus Distrikt 11. Katniss verschont er: »Nur dieses eine Mal 12, für sie.«

Interessant ist an dieser Stelle nicht nur, dass Tresh Katniss nicht als Individuum mit einem eigenen Namen, sondern bloß als eine Nummer anspricht – sodass sie nur ein »Ding der anderen Seite« für ihn ist, aber auch dass das Karriero-Mädchen mit dem Mord von Rue prahlt, wir aber wissen, dass Marvel Rue getötet hat und darauf sofort von Katniss Pfeil getötet wurde. Offenbar weiß sie um Details, die auch Tresh nicht kannte. Ist es ihr narzisstisches Selbstbild und das Gefühl von Überlegenheit, sich mit der Tat eines anderen zu rühmen? Noch dazu mit einem Mord?

Als Katniss zurückkommt, muss sie feststellen, dass ihr ein anderes Mädchen still und heimlich gefolgt ist, sich jedoch von giftigen Beeren ernährte und so starb. Die gleichen Beeren hat auch Peeta gesammelt. Sie schlägt ihm die *Nachtriegelbeeren* aus der Hand, möchte diese jedoch für Cato behalten; sie plant bereits eine Falle für den letzten Karriero. In der folgenden Nacht werden Mutationen in der Arena losgelassen. Sie sind eine Mischung aus Wolf und Mensch, deren Blutdurst unersättlich ist.

»Sie sind nicht auf natürliche Weise entstanden. Sie ähneln riesigen Wölfen, doch welcher Wolf kann so auf den Hinterbeinen landen und dann mühelos sein Gleichgewicht halten? Welcher Wolf scheucht sein Rudel mit einer Bewegung der Vorderpfote vorwärts, als hätte er ein Handgelenk? (.) Sie richten sich mühelos auf den Hinterbeinen auf, was ihnen etwas unheimlich menschliches verleiht. Sie haben ein dickes Fell, bei manchen ist es glatt und seidig, bei anderen gelockt, in verschiedenen Farben von Pechschwarz bis (.) Blond. (.) Ihre Hinterläufer müssen ungeheuer kräftig sein (.) Die grünen Augen (.) sind eindeutig menschlich. (.) das Halsband mit der in Edelsteinen eingefassten Nummer 1 (.) Das blonde Haar, die grünen Augen, die Nummer... Das ist Glimmer. (.) Was ist mit ihnen geschehen? Haben sie ihnen auch die Erinnerungen der echten Tribute gegeben? Sind sie darauf programmiert worden, unsere Gesichter besonders zu hassen, weil wir überlebt haben (.)?«[273]

Peeta und Katniss retten sich auf das Füllhorn, wo sie auf Cato treffen. Katniss gelingt es, ihn mit einem Pfeil vom Füllhorn zu schießen und ihn den Mutationen zu überlassen. Die Mutationen sind also aus den verstorbenen Tributen hervorgezüchtet worden. Man kann aber literarisch deuten, dass es die *echten* Tribute sind, in denen lediglich im Sinne der Instinkt- und Triebtheorie die Urtriebe durchgebrochen sind, welche den Menschen mehr als ein Raubtier wirken lassen. Das Züchten von Mutationen durch Gentechnik ist auch in unserer Kultur zu finden, nämlich in dem Wunsch nach prähistorischen Dinosaurierparks.

Die Nazis versuchten die ausgestorbene Art der Auerochsen zu züchten. Interessant ist nun, dass die Vergangenheit die Zukunft überwiegt; *das Haben bestimmt das Sein.* In der Arena wird jedoch keine ausgestorbene Spezies nachgezüchtet, sondern neue Gattung *kreiert.* Die Sicherheit, die bei dem fehlenden Bezug und der nicht vorhandenen Fixierung auf die Vergangenheit fehlt, wird dadurch kompensiert, dass das neu Geschaffene bis ins Detail kontrolliert wird. Bei der genetischen Modifizierung wird nichts dem Zufall und noch viel weniger der Evolution selbst überlassen.

Auch eine mutige Traumdeutung ist möglich. Diese Mutationen sind in den Filmen als real beschrieben worden. Im Sinne der Literatur ist aber auch denkbar, dass Cato ebenfalls an den giftigen Beeren starb, die Katniss ihm zugespielt hat. Anders als bei früherem Töten diente dieser Mord nicht der *akuten* Selbstverteidigung. Es ist denkbar, dass Katniss Gehirn ihr eine Illusion erzeugt hat, durch die sie den heimtückischen Giftmord an Cato verdrängen kann. Eine Notwehr bestand insoweit, als dass Cato sterben musste, damit Katniss und Peeta selbst die Spiele gewinnen und überleben konnten. Man kann jedoch leicht die Mörder Catos unter den anderen Tributen suchen, welche wie Killerwölfe auf ihn losgingen – wenn man das möchte, ob bewusst oder unbewusst.

Zu dieser Traumdeutung würde passen, dass all dies – von der Flucht vor den Mutationen bis zu Catos Tod – nachts geschah, aber auch dass durch das Bild der Mutationen die Menschen zu »Dingen der anderen Seite« herabgesetzt werden. Insbesondere Glimmer starb grausam und qualvoll durch die Jägerwespen, welche Katniss einsetzte, um sich von der Belagerung zu befreien. Der Anblick der Leiche mit aufgequollenen Schwellungen und erstarrten Fingern, mit denen Glimmer bis zuletzt an dem Bogen festhielt, den Katniss danach an sich nahm, brannten sich tief in ihr Gedächtnis ein. Fromm schreibt passend hierzu:

»Es ist nicht unwahrscheinlich, dass Hemmungen gegen das Töten anderer Menschen existieren, vorausgesetzt, ein Gefühl der Identität und eine Art Mitgefühl sind vorhanden. Vor allem müssen wir in Betracht ziehen, dass der primitive Mensch dem ‹Fremden›, das heißt der Person gegenüber, die nicht zur gleichen Gruppe gehört, oft nicht das Gefühl hat, dass es sich um einen Mitmenschen, sondern um ‹etwas› handelt, womit man sich nicht-identifiziert. Allgemein ist der Widerstand, ein Mitglied der gleichen Gruppe zu töten, größer, und die schwerste Strafe für Verbrechen in primitiven Gesellschaften war oft die Verbannung eher als der Tod.[274] (.)

Es scheint fast die Regel zu sein, dass man, um es der eigenen Seite zu erleichtern, lebende Wesen der gegnerischen Seite zu vernichten, den eigenen Soldaten das Gefühl indoktriniert, diejenigen, die sie niedermetzeln sollen, seien keine Menschen. Eine andere Möglichkeit, einen Menschen zu ‹entpersönlichen›, ist die, alle affektiven Bindungen zu ihm abzubrechen. Dies kommt als permanente Geistesverfassung bei bestimmten pathologischen Fällen vor, aber es kann auch vorübergehend bei jemand eintreten, der nicht krank ist. Es macht dabei keinen Unterschied, ob das Objekt der

Aggression ein Fremder, ein enger Verwandter oder Freund ist; was geschieht, ist, dass der Aggressor die andere Person emotional abschneidet und sie ‹einfriert›. Der andere hört auf, als Mensch empfunden zu werden, und wird zu einem ‹Ding auf der anderen Seite›. Unter diesen Umständen bestehen keine Hemmungen mehr selbst gegenüber den schlimmsten Formen der Destruktivität. Klinische Erfahrungen sprechen stark für die Annahme, dass destruktive Aggression zumindest in einer großen Anzahl von Fällen mit einem momentanen oder chronischen Rückzug der Gefühle verbunden ist. Immer wenn ein anderes menschliches Wesen nicht als menschlich empfunden wird, bekommt der Akt der Destruktivität oder Grausamkeit einen anderen Charakter.[275] (.)

Ein einfaches Beispiel zeigt dies. Wenn ein Hindu oder ein Buddhist* zum Beispiel, vorausgesetzt, er hat ein echtes und tiefes Mitgefühl mit allen lebenden Wesen, beobachten würde, wie ein beliebiger Zeitgenosse eine Fliege tötet, ohne auch nur im geringsten zu zögern, so könnte er dies für einen Akt von beträchtlicher Gefühllosigkeit und Destruktivität halten; aber er hätte mit seinem Urteil unrecht. Der Grund ist, dass eine Fliege von den meisten nicht als fühlendes Wesen empfunden und daher wie irgendein lästiges ‹Ding› behandelt wird; solche Menschen sind nicht besonders grausam, wenn auch ihre Idee von ‹lebenden Wesen› beschränkt ist.«[276]

Das alles lässt sich auch in Bezug auf Peetas Angst vor der »lebendigen Zerstörung« verstehen. Die Tribute selbst werden nicht als Menschen begriffen, sondern als Dinge, die mit einer Nummer versehen werden, über die frei und nach Belieben verfügt werden kann. Diese Hybris der kybernetischen Gesellschaft, welche sich als unantastbar fühlt, wird zwangsläufig in eine große Katastrophe führen und kann zu deren eigener Vernichtung führen, sei es durch die Zerstörung des Planeten oder einen (atomaren) Holocaust durch hochtechnologische Waffen.

---

* Der Buddhismus betrachtet wie der Hinduismus Nutztiere, allen voran Kühe, als heilig, da sie dem Menschen in der Agrarwirtschaft dienlich sind. Mit der Industrialisierung im Europa des 17. bis 19. Jahrhunderts kamen den Maschinen in der Agrarwirtschaft wichtigere Funktionen zu; Mensch und Tier spielten eine nur noch untergeordnete Rolle. Anders war das in Indien und China, deren Landwirtschaft erst im Laufe des 20. Jahrhunderts zunehmend technisiert wurde. In der westlichen Welt betrachtet man heute in der Technologiegläubigkeit vielleicht auch deshalb Tiere als kriechende und untergeordnete Geschöpfe, über welche man in massenindustriellen Schlachthäusern frei verfügen kann. Schweine werden auf engstem Raum dicht gedrängt gehalten und männliche Küken, welche als Legehennen nicht taugen, werden lebendig geschreddert.

Die Natur schuf den Menschen, der Mensch vernichtete die Natur. Aber die Evolution hat Sollbruchstellen stets bedacht, und so ist der Mensch das einzige Wesen, welches alles zerstören kann, aber insbesondere bereit ist, sich freudig selbst zu vernichten, wenn kein Souverän über sie herrscht, oder wie Hobbes formulierte: »Der Mensch ist des Menschen Wolf.«

3.6.5 Die giftigen Beeren und eine kleine Revolte

Als die Nacht vorüber ist, sind Katniss und Peeta die letzten Überlebenden. Die Regeländerung soll zurückgenommen werden, sodass es nur einen einzigen Sieger geben kann. Peeta möchte von Katniss getötet werden, jedoch bockt diese und will das System sprengen. Sie überzeugt Peeta davon, dass sie sich beide gleichzeitig mit den Beeren vergiften. (Das würde der vorigen Traumdeutung möglicherweise widersprechen; möglicherweise aber auch nicht, sollte sie Cato nicht alle Beeren auf einmal zugesteckt haben.) Crane schreitet ein und ruft die beiden Sieger der 74 alljährlichen Hungerspiele aus. Das ist keinesfalls selbsterklärend. Auch vorstellbar gewesen wäre, die Spiele in einer *Romeo und Julia Tragödie* zu Ende gehen zu lassen. Hier zeigt sich das Zufällige im Lauf der Geschichte. Crane sorgte also dafür in einem spontanen Moment, dass es zwei Sieger geben kann, mehr als nur einen – anstatt eines toten Liebespaares.

Jedoch ist dies keineswegs so zufällig, wie es zunächst erscheinen mag. In Panem, genauer gesagt im Kapitol, hat man die Gewalt, das Töten und die Barbarei kulturell ausgeschlossen, sie steht im Außen des Zivilisationskomplexes und findet nur einen Weg ins Innere durch das Mahnmal der Spiele. Nicht jedoch das Töten allein, sondern insbesondere das Selbsttöten sind nicht nur tabuisiert, sondern kulturell geächtet. Wer ein Überlebender ist und die Pflicht zum Erhalt der Gemeinschaft hat, darf sich dieser Verantwortung nicht entziehen. Der Selbstmord ist ein nicht akzeptables Verhalten. Das Recht zu leben *wird* zu einer Pflicht zu leben, der Staat verfügt nicht mehr primär über den Tod seiner Untertanen, sondern besonders über das Leben derselben. Das individuelle Selbstbestimmungsrecht verschwindet völlig.

In wohlhabenden Gesellschaften, die keinen Hunger mehr kennen und in ihrer Existenz in grundlegenden Fragen nicht mehr bedroht sind, entwickelt sich das *Recht zu leben* zu einer *Pflicht zu leben* fort. Gibt es Hinweise darauf, jemand könne suizidgefährdet sein, so hat der Staat durch die exekutiven Organe die Aufgabe – so sieht es das Recht der Gesellschaft vor – den Betroffenen an seinem Selbstmord zu hindern. Dies kann insbesondere das Aufheben wichtiger Freiheitsrechte bedeuten und zu Zwangseinweisungen in psychiatrische Kliniken führen. Im Falle von orientierungslosen Jugendlichen oder verzweifelten Menschen kann dieser drastische Schritt Leben retten und den Geretteten die Chance geben, ein neues Leben sich aufbauen zu können, welches für sie lebenswert erscheint.

In Panem wird die Pflicht zu leben satirisch übersteigert abgezeichnet, aber man muss diese psychiatrischen und klinischen Maßnahmen von dem Verständnis einer Lebensmacht her analysieren, welche nicht nur das Recht zu leben, sondern insbesondere eine Pflicht zu leben kennt. Implausibel ist dies nicht. Wenn aus dem Recht des Staates über den Tod des Untertanen verfügen zu können im Zuge der Liberalisierung das Recht zu leben auf den Bürger übertragen wird, muss ausgeschlossen sein, dass ein kollektiver Massenselbstmord das Bestehen der Gruppe gefährdet. Daher ist eine Pflicht zu leben des Bürgers gegenüber dem Staat und der Gemeinschaft durchaus zu einem gewissen Grad plausibel.*

Das Recht und die Pflicht sind jedoch kein Widerspruch in sich. Das *Recht zum Leben* wird durch die verblassende Unterscheidung zwischen *Leben* und *Überleben* zur *Pflicht zum Leben*. Ursprünglich müsste man in eine *Pflicht zum Überleben*, die implizit allen menschlichen Gemeinwesen seitjeher innewohnte, und ein *Recht zum Leben* unterscheiden, also sein Überleben selbstbestimmt zu gestalten. Diese Beobachtung ist in Panem insoweit interessant, als dass die Distrikte unter der Herrschaft einer *Todesmacht* stehen – über den Tod der Bewohner kann der Staat frei verfügen – wohingegen die Bewohner im Kapitol unter der Herrschaft einer *Biomacht* stehen. Wie ich im Blick auf das Trainingscenter ausgeführt habe, stehen die Tribute unter der Herrschaft beider Mächte, die Spiele stellen

---

* So erscheint die Diskussion unserer Gesellschaften über die Legitimität von Sterbehilfe und den Selbstmord schwer oder todkranker Menschen wie auch sehr alter Menschen, die eine Demenz und ein Hinvegetieren zu ihrem Lebensabend erwartet, dem Umstand gegenüber, dass all diese Menschen ihr Leben bereits gelebt haben und zum Gemeinwesen aller Wahrscheinlichkeit und Selbsteinschätzung nach nichts wesentliches mehr beitragen werden, vollkommen überhöht und ad absurdum geführt.

ein kulturelles *Bindeglied* zwischen den Distrikten und dem Kapitol dar.

Katniss beschreibt im Laufe ihrer Erzählung weiter, dass ihr ein Selbstmord durch die andauernde Überwachung nicht möglich war, und auch das Dach des Trainingscenters ist von einem Kraftfeld umgeben, sodass sich niemand von den Dachgärten herunter in den Freitod stürzen kann. Dies erklärt auch die besonderen Annehmlichkeiten und Privilegien vor den Spielen für die Tribute. Man möchte ihnen entweder den Eindruck vermitteln, alles sei gar nicht so schlimm, oder sie sogar vom Heldentod überzeugen. Aber die Privilegien dienen dazu, den Selbstmord aus Todesangst und Verzweiflung der Tribute vor den Spielen zu verhindern. Das Credo darf nicht sein: »Wenn ich sowieso sterben muss, dann wenigstens selbstbestimmt«, sondern es soll lauten: »Wenn ich schon sterben muss, dann kann ich meine letzten Tage wenigstens noch genießen.«

Da der Selbstmord also geächtet ist, scheute sich Crane davor, dies unter seiner Leitung der Spiele zuzulassen, insbesondere, da es hier um den Doppelselbstmord eines jungen Pärchens handelte, was auch indirekt zum Tod ihrer Kinder und Kindeskinder geführt hätte, welche nicht nur ungeboren, sondern sogar noch ungezeugt waren.

Crane schockierte dies und führte ihn zu seiner überhasteten Reaktion, stattdessen beide zu den Siegern der Spiele auszurufen. Katniss fordert das Kapitol heraus mit der Drohung der Selbsttötung, sie begegnet der Pflicht zu Überleben mit Ungehorsam: *Sie ist lieber tot als hungrig.* Es geht um die Souveränität des Individuums und darum, dass die Distrikte nicht immer verlieren müssen.[277] Auch wenn dies bedeutet, sein Überleben opfern zu müssen – doch gerade diese Bereitschaft setzt das Kapitol unter unendlichen Druck. Haymitch versucht Katniss zu erklären, dass sie das Kapitol blamiert und vorgeführt hätte: »Die sind bei sowas nicht entspannt.« Crane wird nach den Spielen in eine Falle geführt; ihm bleibt nur der Ausweg durch den Freitod durch das Essen der giftigen Beeren. Auch das Leben des Lucius Annaeus Seneca endete mit der von Nero befohlenen Selbsttötung. Die Botschaft Snows an Crane ist klar: *Es waren die giftigen Beeren, mit denen er sich selbst vergiftete, noch bevor er sie aß.*

Snows *Modus Operandi* ist hinterlistig, distanziert und effektiv. Der Giftmord geschieht leise, schnell und ist unwiderruflich. Weshalb entschied sich Snow dazu, Crane zu töten? Weshalb setzte er ihn nicht einfach als Spielemacher ab? Hätte er Crane überhaupt als Spielemacher absetzen können?

Crane war offenbar beliebt. Nicht umsonst war er bereits das dritte Jahr Oberster Spielemacher. Er muss also sowohl über eine breite Beliebtheit innerhalb der Bevölkerung des Kapitols als auch Unterstützung in Panems Machtelite, insbesondere seitens der Medienmogule, verfügt haben. Snow hat versucht, Crane zu kontrollieren, indem er ihn manipulieren und beeinflussen wollte. Dies misslang ihm. Er besaß weder den Verstand noch das historische Wissen, um die Bedeutung der Spiele verstehen zu können. Er wurde zu einer Bedrohung für das System eben durch seine kindliche Naivität und seine Gedankenlosigkeit.

Hätte Snow ihn einfach abgesetzt, ist es unwahrscheinlich, dass Crane dies einfach akzeptiert hätte. Es wäre zu befürchten gewesen, dass sich Widerspruch oder gar Widerstand gegen den Präsidenten selbst richten könnte. Da Crane auch Zuspruch aus Panems Machtelite erhalten hätte – zumindest musste Snow damit rechnen – wäre dies zu einer ernsten Bedrohung für ihn selbst geworden. Im Kapitol war man begeistert von dem Liebespaar. Niemand hätte verstanden, weshalb Crane als Spielemacher untauglich sein sollte, nachdem er eine so fantastische und verzaubernde Geschichte geschaffen hat.

Dieses Risiko wollte und konnte Snow nicht eingehen. So beschloss er, dass Crane unwiderruflich das Spielfeld verlassen muss. Heimlich, still, leise, in Würde und für immer. Die Ermordung Cranes, welche genauer gesagt ein Selbstmord war, ist weder auf Vergeltung noch auf Hass zurückzuführen, sondern liegt in strategischen Überlegungen begründet. Wenn Crane bisher nicht in der Lage war, die Bedeutung der Spiele zu verstehen, so wäre er es auch in Zukunft nicht gewesen und besonders wäre er nicht in der Lage gewesen, die Tragweite seiner eigenen Fehlentscheidung zu verstehen und entsprechend auf seine eigene Position freiwillig zu verzichten.

Unterdessen muss die TV-Show weitergehen. Katniss soll erklären, dass sie sich ein Leben ohne Peeta nicht hätte vorstellen können und die einzige Ausflucht der Tod beider gewesen wäre. Die Show wirkt nur noch aufgesetzt und folgt einer eigenen Dynamik.

Snow krönt die Sieger und wünscht Katniss: »Herzlichen Glückwunsch.« Dabei bemerkt er ihre Brosche: »Sie kommt aus meinem Distrikt«, erklärt Katniss, woraufhin Snow erwidert: »Bestimmt ist man dort überaus stolz auf dich.«

Die Spannung dieser kurzen Interaktion ist immens. Es ist eine Mischung aus Verachtung auf beiden Seiten, eine Verurteilung der jeweils anderen Seite sowie gegenseitiger Respekt. Snow respektiert Katniss, weil sie eine Bedrohung für ihn wird. Katniss respektiert Snow aus Ehrfurcht. Le Bon schreibt über das Prestige:

»Das Prestige verträgt gewisse Gefühle, wie Bewunderung oder Furcht, es beruht sogar auf ihnen, kann aber sehr wohl ohne sie bestehen. Am meisten Prestige haben die Toten, also Wesen, die wir nicht fürchten, wie Alexander, Caesar, Mohammed, Buddha. (.) Das Prestige ist in Wahrheit eine Art Herrschaft, die ein Individuum, ein Werk oder eine Idee über uns übt. Sie lähmt all unsere Fähigkeit zur Kritik und erfüllt unsere Seele mit Staunen und Achtung. Wie jedes Gefühl ist auch das hier auftretende unbeschreibbar, es dürfte aber derselben Art sein wie die Faszination bei einem Hypnotisierten. Das Prestige ist die mächtigste Quelle aller Herrschaft, ohne diese hätten die Götter, die Könige, die Frauen niemals herrschen können. Die verschiedenen Arten des Prestiges lassen sich auf zwei Grundformen zurückführen: das erworbene und das persönliche Prestige. Das Erstere ist jenes, das Name, Reichtum, Ansehen verleihen; es kann vom persönlichen Prestige unabhängig sein. Das Letztere ist im Gegenteil etwas Individuelles, was mit Ansehen, Ruhm, Reichtum zusammen bestehen oder durch sie verstärkt werden, aber auch sehr wohl ohne sie bestehen kann. Das erworbene oder künstliche Prestige ist bei weitem am Verbreitetsten. Die bloße Tatsache, dass jemand eine gewisse Stellung einnimmt, ein gewisses Vermögen besitzt, gewisse Titel führt, verleiht ihm ein Prestige, so gering auch sein persönlicher Wert sein mag. Ein Soldat in Uniform, ein Beamter in der roten Robe hat immer ein Prestige.«[278]

Das Prestige ist also eine Macht, die einen vor Ehrfurcht erstarren lassen kann. Snow respektiert Katniss als Siegerin; Katniss respektiert Snow seines Prestiges als Präsident wegen. Sie ist im wahrsten

Sinne des Wortes unfähig, gegen ihn in diesem Moment zu rebellieren, auch wenn sie es noch so sehr wöllte.* Nach Weber gibt es in der charismatischen Herrschaft den *Charismaträger*, den Herrscher, und die *Charismagläubigen*, das Volk. Für Weber ist diese Form der Herrschaft *legitim* , solange die Gefolgschaft des Charismatikers an dessen Werte und Tugenden *glaubt* und dessen Handeln sich bewährt. Da diese Legitimation also ausschließlich im Glauben verwurzelt ist, ist der Einfluss auf diese Macht durch denjenigen, der sie hat, besonders fragil:

»Mit allwissender Ruhe kennt er sie perfekt. Sie weiß, dass er es tut, und sie weiß, dass er zu jedem notwendigen Ende gehen wird, um seine Macht zu erhalten, weil sie weiß, dass er glaubt, dass sie eine echte Bedrohung für seinen fragilen Einfluss auf seine Kontrolle über diese Macht ist. Sie ist gefährlicher als Johanna von Orléans.«

– Donald Sutherland

Peeta fragt, wie es zu Hause weitergehen soll. Katniss weiß nicht recht, sie möchte jedoch versuchen zu vergessen. Peeta jedoch »will nicht vergessen«. Das Erlebte ist ein Teil seiner Erfahrungen und man kann sagen, der Mensch *ist* die Summe seiner Erfahrungen, und eine Gesellschaft könnte man beschreiben als das, zudem sie ihr geschichtliches Wissen macht. Einen Teil davon durch Verges-

---

* Die Wirkung des Prestiges hat auch in der Populärkultur Eingang gefunden. Die Komikfiguren Asterix und Obelix verhauen jeden Römer, egal ob Legionär oder Centurio. Allein vor Caesar sind sie vor Ehrfurcht erstarrt. Ein Heer aus tausenden Römern bereitet ihnen Freunde am Training; es ist wie eine sportliche Übungseinheit, um in Form zu bleiben. Caesar jedoch verkörpert das ganze Römische Imperium mit all seiner Herrlichkeit und Mächtigkeit. Asterix und Obelix sind wie alle andern Gallier auch unfähig, ihm auch nur ein einziges Harr zu krümmen. Selbst die Komikzeichner und die Künstler der Zeichentrickfilme sind unfähig dazu; nie lassen sie Caesar etwas Unangenehmes widerfahren, aus jeder Rauferei kommt er unbeschadet seinen Lorbeerkranz tragend aufrechtgehend heraus.

sen auslöschen würde bedeuten, das Ganze auszulöschen. Peeta jedoch will nicht zerstört werden, auch nicht als Sieger, nachdem er die Spiele überlebt hat, oder wie Orwell sagte: »Der effektivste Weg, Menschen zu zerstören, besteht in der Auslöschung ihres eigenen Geschichtsverständnisses.« In Distrikt 12 werden sie freudig und jubelnd empfangen, auch von ihren Familie und Katniss wird insbesondere von Gale erwartet.

Während all dieser Bilder betrachtet Snow aus dem Kontrollzentrum heraus das Geschehen sehr kritisch. Er liest die Zeichen der Zeit. Die Vorzeichen, welche er erkennt, gefallen ihm gar nicht. Zum ersten Male in der Geschichte unterwarfen sich Tribute nicht den Mechanismen, mit denen das Kapitol seine totale Herrschaft beschreitet. Zum ersten Male in der Geschichte stellten sich die Tribute gegen die Regeln, die sie sonst in vorauseilendem Gehorsam befolgen. Zum ersten Male in der Geschichte versagten die Spiele. Es sind die Vorboten des Systemzerfalls durch die ersten brüchigen Risse im Monumentensockel der Machtarchitektur in ganz Panem.

Literatur

Aufgelistet habe ich direkt zitierte oder indirekt wiedergegebene Literatur sowie relevante und weiterführende Bücher, die gedanklichen Eingang in das Gesamtwerk meiner Panem-Forschung gefunden haben.

Abraham et al., Martin: Einführung in die Organisationssoziologie. VS, 3. Auflage, Wiesbaden 2004

Acemoglu, Daron; Robinson, James A.: Warum Nationen scheitern. Die Ursprünge von Macht, Wohlstand und Armut. Fischer 4. Auflage, Frankfurt a.M. 2017

Ackerl, Isabella: Die bedeutendsten Staatsmänner. Marix, Wiesbaden 2006

Adorno, Theodor W.: Erziehung zur Mündigkeit. Suhrkamp 26. Auflage, Frankfurt a.M. 2017

Adorno, Theodor W.: Studien zum autoritären Charakter. Suhrkamp 10. Auflage, Frankfurt a.M. 2017

Adorno, Theodor W.; Horkheimer, Max: Dialektik der Aufklärung. Philosophische Fragmente. Fischer 23. Auflage, Frankfurt a.M. 2017

Alt, Franz: Zukunft Erde. Wie wollen wir morgen Leben und Arbeiten? Aufbau, Berlin 2006

Anders, Günther: Die Antiquiertheit des Menschen 1. Über die Seele im Zeitalter der zweiten industriellen Revolution. C.H.Beck 4. Auflage, München 2018

Anders, Günther: Die Antiquiertheit des Menschen 2. Über die Zerstörung des Lebens im Zeitalter der dritten industriellen Revolution. C.H.Beck 4. Auflage, München 2018

Anter, Andreas: Theorien der Macht. Zur Einführung. Junius, Hamburg 2012

APuZ: Essays über Gentechnik, Klonen und Sterbehilfe. 23-24/2004

APuZ: Hitlers »Mein Kampf«. 43-45/2015

APuZ: Holocaust und historisches Lernen. 3-4/2016

APuZ: Hunger. 49/2015

APuZ: Kinderarbeit. 43/2012

APuZ: Klimawandel. 47/2007

APuZ: Medienpolitik. 40-41/2018

APuZ: Sklaverei. 50-51/2015

APuZ: Überwachen. 18-19/2014

APuZ: Wahrheit. 13/2017

APuZ: Wandel des Politischen? 44-45/2017

Arendt, Hannah: Denken ohne Geländer. Texte und Briefe. Piper 9. Auflage, München 2017

Arendt, Hannah: Die Freiheit, frei zu sein. Dtv 5. Auflage, München 2018

Arendt, Hannah: Eichmann in Jerusalem. Ein Bericht von der Banalität des Bösen. Piper, München 2021

Arendt, Hannah: Elemente und Ursprünge totaler Herrschaft. Antisemitismus, Imperialismus, totale Herrschaft. Piper 8. Auflage, München 2001

Arendt, Hannah: Macht und Gewalt. Piper 25. Auflage, München 2015

Arendt, Hannah: Über das Böse. Eine Vorlesung zu Fragen der Ethik, Piper 11. Auflage, München/Berlin 2006

Arendt, Hannah: Über die Revolution. Piper 6. Auflage, München/Berlin 2006

Arendt, Hannah: Wahrheit und Lüge in der Politik. Piper, München 2013

Arendt, Hannah: Was heißt persönliche Verantwortung in einer Diktatur? Piper, München 2020

Arendt, Hannah: Was ist Politik? Fragmente aus dem Nachlass. Piper 2. Auflage, München 2005

Arendt, Hannah; Fest, Joachim. Eichmann war von empörender Dummheit. Gespräche und Briefe. Hrsg. Ursula Ludz & Thomas Wild. Piper, München 2011

Aristoteles. Politik. Link: https://ia600208.us.archive.org/25/items/aristotelespoli01berngoog/aristotelespoli01berngoog.pdf, Antike

Aronson, Elliot et al.: Sozialpsychologie. Pearson, München 2004

Aust, Stefan; Geiges, Adrian: XI Jinping. Der mächtigste Mann der Welt. Piper 2. Auflage, München 2021

Bahrdt, Hans-Paul: Schlüsselbegriffe der Soziologie. Eine Einführung mit Lehrbeispielen. 10. Auflage, Beck, München 2014

Baker, Simon: Rom. Aufstieg und Untergang einer Weltmacht. Reclam, Stuttgart 2006

Bareither, Christoph: Gewalt im Computerspiel. Facetten eines Vergnügens. Transcript, Bielefeld 2016

Batscha, Zwi: Eine Philosophie der Demokratie. Thomas G. Masaryks Begründung einer neuzeitlichen Demokratie. Suhrkamp, Frankfurt a.M. 1994

Bauer, Thomas: Die Vereindeutigung der Welt. Über den Verlust an Mehrdeutigkeit und Vielfalt. Reclam, Ditzingen 2018

Bauer, Wolfgang: China und die Hoffnung auf Glück. Paradiese, Utopien, Idealvorstellungen in der Geistesgeschichte Chinas. München 1989

Bauer, Wolfgang: Geschichte der chinesischen Philosophie. C.H.Beck 2. Auflage, München 2009

Bauman, Zygmunt: Flüchtige Moderne. Suhrkamp, Frankfurt a.M. 2003

Beard, Mary: SPQR. Die tausendjährige Geschichte Roms. S.Fischer, Frankfurt a.M. 2016

Beck, Ulrich: Macht und Gegenmacht im globalen Zeitalter. Suhrkamp, Frankfurt a.M. 2009

Beck, Ulrich: Was ist Globalisierung? Suhrkamp, Frankfurt a.M. 2007

Beck, Valentin: Eine Theorie der globalen Verantwortung. Was wir Menschen in extremer Armut schulden. Suhrkamp, Berlin 2016

Becker, Michael et al.: Politische Philosophie. UTB 4. Auflage, Paderborn 2006

Beicken, Peter: Wie interpretiert man einen Film? Reclam, Stuttgart 2004

Bellers, Jürgen (Hrsg.): Klassische Staatenentwürfe. Außenpolitisches Denken von Aristoteles bis heute. Wissenschaftliche Buchgesellschaft, Darmstadt 1996

Berger, Wilhelm: Macht. UTB, Wien 2009

Bernays, Edward: Propaganda. Die Kunst der Public Realtions Orange Press, 2018

Bernholz, Peter; Breyer, Friedrich: Ökonomische Theorie der Politik. Bd.2. Grundlage der politischen Ökonomie. Mohr, Tübingen 1994

Birkenbihl, Vera F. et al.: Positives Denken von A bis Z. So nutzen Sie die Kraft des Wortes, um ihr Leben zu ändern. MVG 8. Auflage, München 2016

Birkenbihl, Vera F.: Humor. An ihrem Lachen soll man Sie erkennen. MVG 7. Auflage, München 2016

Blanke, Tobias: Das Böse in der politischen Theorie. Die Furcht vor der Freiheit bei Kant, Hegel und vielen anderen. Transcript, Bielefeld 2006

Bogner, Alexander: Die Epistemisierung des Politischen. Wie die Macht des Wissens die Demokratie gefährdet. Reclam, Ditzingen 2021

Bosetzky et al., Horst: Mensch und Organisation. Aspekte bürokratischer Sozialisation. Kohlhammer, 6. Auflage, Stuttgart 2002

Bosetzky, Horst: Das »Überleben« in Großorganisationen und der Prinz-von-Homburg-Effekt. Deutsche Verwaltungspraxis, Berlin 1973, 29

Boston Consulting Group, Strategieinstitut: Clausewitz. Strategie denken. Dtv 10. Auflage, München 2016

Bourdieu, Pierre: Die verborgenen Mechanismen der Macht. Schriften zu Politik & Kultur. VSA, Hamburg 2005

Bourdieu, Pierre: Über das Fernsehen. Suhrkamp 11. Auflage, Frankfurt a.M. 2015

Bourdieu, Pierre: Über den Staat. Vorlesungen am College de France 1989-1992. Suhrkamp, Berlin 2017

Bradbury, Ray: Fahrenheit 451. Wilhelm Heyne 14. Auflage, München 2000

Braun, Johann: Einführung in die Rechtsphilosophie. Der Gedanke des Rechts. Mohr Siebeck, Tübingen 2006

Brennan, Jason: Gegen Demokratie. Warum wir Politik nicht den Unvernünftigen überlassen dürfen. Ullstein, Berlin 2017

Brieler, Ulrich: Die Unerbittlichkeit der Historizität. Foucault als Historiker. Böhlau, Köln 1998

Brocker, Manfred (Hrsg.): Geschichte des politischen Denkens. Das 20. Jahrhundert. Suhrkamp, Berlin 2018

Brocker, Manfred (Hrsg.): Geschichte des politischen Denkens. Ein Handbuch. Suhrkamp 5. Auflage, Frankfurt a.M. 2018

Brocker, Manfred: Kant über Rechtsstaat und Demokratie. VS, Wiesbaden 2006

238

Bröckling, Ulrich et al. (Hrsg.): Gouvernementalität der Gegenwart. Studien zur Ökonomisierung des Sozialen. Suhrkamp, Frankfurt a.M. 2000

Bröckling, Ulrich: Gute Hirten führen sanft. Über Menschenregierungskünste. Suhrkamp, Berlin 2017

Brodocz, Andre; Schaal, Garten S.: Politische Theorien der Gegenwart I. Utb, Opladen/Toronto 2016

Brodocz, Andre; Schaal, Garten S.: Politische Theorien der Gegenwart II. Utb, Opladen/Toronto 2016

Brodocz, Andre; Schaal, Garten S.: Politische Theorien der Gegenwart III. Utb, Opladen/Toronto 2016

Bublitz, Hannelore: Das Archiv des Körpers. Konstruktionsapparte, Materialitäten und Phantasmen. Transcript, Bielefeld 2018

Buchstein, Hubertus; Göhler, Gerhard (Hrsg.): Politische Theorie und Politikwissenschaft. VS, Wiesbaden 2007

Byung-Chul Han: Was ist Macht? Reclam, Stuttgart 2012

Canetti, Elias: Masse und Macht. Fischer TB, 34. Aufl. Frankfurt a.M. 2015

Caparros, Martin: Der Hunger. Wie zum Teufel können wir weiterleben, obwohl wir wissen, dass diese Dinge geschehen? Suhrkamp, Berlin 2015

Cassirer, Ernst: Der Mythus des Staates. In: Barner et al.: Texte zur modernen Mythentheorie. Reclam, Stuttgart 2003

Cathcart, Thomas; Klein, Daniel: Platon und Schnabeltier gehen in eine Bar. Philosophie verstehen durch Witze. Goldmann 10. Auflage, München 2010

Celikates, Robin; Gosepath, Stefan: Grundkurs Philosophie, Bd.6. Reclam, Stuttgart 2013

Chomsky, Noam: Die Verantwortlichkeit der Intellektuellen. Suhrkamp, Frankfurt a.M. 1971

Chomsky, Noam: Eine Anatomie der Macht. Der Chomsky-Reader. Europa, Hamburg 2004

Chomsky, Noam: Hybris. Die endgültige Sicherung der globalen Vormachtstellung der USA. Piper, München 2006

Chomsky, Noam: Media Control. Wie Medien uns manipulieren. Piper 4. Auflage, München 2010

Chomsky, Noam: War Against People. Menschenrechte und Schurkenstaaten. Piper 9. Auflage, München 2017

Chomsky, Noam: Wer beherrscht die Welt? Die globalen Verwerfungen der amerikanischen Politik. Ullstein, Berlin 2016

CIA: Die Welt im Jahr 2035 gesehen von der CIA. Das Paradox des Fortschritts. C.H.Beck, München 2017

Cialdini, Robert B. et al.: Yes! Andere überzeugen – 50 wissenschaftlich gesicherte Geheimrezepte. Huber 1. Nachdruck, Bern 2017

Cicero. De re publica. Link z.B.: http://gutenberg.spiegel.de/buch/vomstaat-1902/1

Claessens, Dieter; Tyradellis, Daniel: Konkrete Soziologie. Verständliche Einführung in soziologisches Denken. Westdt. Verlag, Opladen 1997

Clark, Christopher: Von Zeit und Macht. Herrschaft und Geschichtsbild vom Großen Kurfürsten bis zu den Nationalsozialisten. DVA, München 2018

Clausewitz, Carl von: Vom Kriege. Nikol, Hamburg 2008

Cohen, Martin: 99 moralische Zwickmühlen. Eine unterhaltsame Einführung in die Philosophie des richtigen Handelns. Piper 4. Auflage, München/Berlin 2016

Collins, Suzanne: Das Lied von Vogel und Schlange/Die Tribute von Panem. Oetinger, Hamburg 2020

Collins, Suzanne: Flammender Zorn/Die Tribute von Panem Bd. 3 Oetinger, Hamburg 2016

Collins, Suzanne: Gefährliche Liebe/Die Tribute von Panem Bd. 2 Oetinger, Hamburg 2016

Collins, Suzanne: Tödliche Spiele/Die Tribute von Panem Bd. 1 Oetinger, Hamburg 2016

Corsten, Michael: Grundfragen der Soziologie. UVK Verlagsgesellschaft, Konstanz 2011

Czelinski, Michael; Stenzel, Jürgen: Krieg. Philosophische Texte von der Antike bis zur Gegenwart. Reclam, Stuttgart 2004

Diamond, Jared: Kollaps. Warum Gesellschaften überleben oder untergehen. Fischer 3. Auflage, Frankfurt a.M. 2014

Dick, Philip K.: The Man In The High Castle. Das Orakel vom Berge. Fischer TB, Frankfurt a.M. 2017 (Originalausgabe: 1962)

Dimbath, Oliver: Einführung in die Soziologie. UTB, Paderborn 2011

Dippel, Horst: Die Amerikanische Revolution. Suhrkamp, Frankfurt a.M. 1985

Drewermann, Eugen: Moby Dick oder Vom Ungeheuer, ein Mensch zu sein. Melvilles Roman tiefenpsychologisch gedeutet. Patmos, Düsseldorf/Zürich 2004

Dtv-Atlas zur Philosophie. Dtv, München 1991

Dtv-Atlas: Politische Theorie – Politische Systeme – Internationale Beziehungen. Dtv, München 2009

Duman, Yilmaz: Zur Frage der Macht im Werk Michel Foucaults. Unter besonderer Berücksichtigung der Ethnologie der euopäischen Kultur. WUV, Wien 2013

Dunn, George; Michaud, Nicolas: Die Philosophie bei DIE TRIBUTE VON PANEM. Hunger Games – Liebe, Macht und Überleben. Wiley, Weinheim 2013

Elias, Norbert: Was ist Soziologie?. Juventa, Weinheim 11. Aufl. 2009

Elsaesser, Thomas; Hagener, Malte: Filmtheorie. Zur Einführung. Junius, Hamburg 2007

Endruweit, Günter: Organisationssoziologie. Gruyter, Berlin 1981

Eßbach, Wolfgang: Studium Soziologie. Fink, Paderborn 1996

Esser, Hartmut: Soziologie. Allgemeine Grundlagen, Frankfurt am Main und New York, 3. Aufl. 1999

Euchner, Walter: John Locke. Zur Einführung. Junius, Hamburg 1996

Faulstich, Werner: Grundkurs Filmanalyse. UTB 3. Auflage, Paderborn 2002

Fink-Eitel, Hinrich: Michel Foucault. Zur Einführung. Junius, Hamburg 1990

Fisch, Michael: Werke und Freuden. Michel Foucault – eine Biographie. Transcript, Bielefeld 2011

Follath, Erich: Die neuen Großmächte. Wie Brasilien, China und Indien die Welt erobern. Spiegel/Goldmann, München 2015

Forst, Rainer: Normativität und Macht. Zur Analyse sozialer Rechtfertigungsordnungen. Suhrkamp, Berlin 2015

Foucault, Michel: Analytik der Macht. Suhrkamp, Frankfurt a.M. 2005

Foucault, Michel: Der Stil der Geschichte, Dits et Ecrits IV. Suhrkamp, Frankfurt a.M. 2005

Foucault, Michel: Die Geburt der Biopolitik. Geschichte der Gouvernementalität II. Suhrkamp, Frankfurt a.M. 2006

Foucault, Michel: Die Hauptwerke. Suhrkamp 4. Auflage, Frankfurt a.M. 2016

Foucault, Michel: Die Ordnung des Diskurses. Fischer 13. Auflage, Frankfurt a.M. 1991

Foucault, Michel: In Verteidigung der Gesellschaft. Suhrkamp, Frankfurt a.M. 2001

Foucault, Michel: Schriften zur Medientheorie. Suhrkamp, Berlin 2013

Foucault, Michel: Sicherheit, Territorium, Bevölkerung. Geschichte der Gouvernementalität I. Suhrkamp, Frankfurt a.M. 2004

Foucault, Michel: Wahnsinn und Gesellschaft. Eine Geschichte des Wahns im Zeitalter der Vernunft. Suhrkamp 22. Auflage, Frankfurt a.M. 2016

Frech, Selina: Widerstandsutopien in der Jugendliteratur am Beispiel von Suzanne Collins »Tribute von Panem«. Widerstand und Zivilcourage gegen repressive Regierungssysteme. Studienarbeit. Grin, Norderstedt 2015

Frech, Siegfried (Hrsg.): Neue Kriege. Akteure, Gewaltmärkte, Ökonomie.

Freud, Siegmund: Massenpsychologie und Ich-Analyse. Nikol 6. Auflage, Hamburg 2017

Friedman, George: Die nächsten 100 Jahre. Die Weltordnung der Zukunft. Campus, Frankfurt a.M. 2009

Friedrichs, Werner; Lange, Dirk (Hrsg.): Demokratiepolitik. Vermessungen, Anwendungen, Probleme, Perspektiven. Springer VS, Wiesbaden 2016

Fromm, Erich et al.: Zen-Buddhismus und Psychoanalyse. Suhrkamp 28. Auflage, Berlin 2020

Fromm, Erich: Anatomie der menschlichen Destruktivität. Rowohlt 25. Auflage, Reinbek bei Hamburg 2015

Fromm, Erich: Das Christusdogma und andere Essays. Psychosozial, Gießen 2020

Fromm, Erich: Den Menschen verstehen. Psychoanalyse und Ethik. Dtv, München 2017

Fromm, Erich: Die Furcht vor der Freiheit. Dtv 20. Auflage, München 2016

Fromm, Erich: Die Kunst des Lebens. Zwischen Haben und Sein. Herder 4. Auflage, Freiburg im Breisgau 2012

Fromm, Erich: Die Kunst des Liebens. Ullstein 71. Auflage, München 2014

Fromm, Erich: Die Pathologie der Normalität. Zur Wissenschaft vom Menschen. Ullstein 6. Auflage, München 2016

Fromm, Erich: Die Revolution der Hoffnung. Für eine Humanisierung der Technik. Dtv/Klett-Cotta, München 1987

Fromm, Erich: Die Seele des Menschen. Ihre Fähigkeit zum Guten und zum Bösen. Dtv 2. Auflage, München 2017

Fromm, Erich: Es geht um den Menschen: Tatsachen und Illusionen in der Außenpolitik. DVA, Stuttgart 1981

Fromm, Erich: Haben oder Sein. Die seelischen Grundlagen einer neuen Gesellschaft. Dtv 44. Auflage, München 2017

Fromm, Erich: Humanismus als reale Utopie. Der Glaube an den Menschen. Ullstein 3. Auflage, Berlin 2015

Fromm, Erich: Jenseits der Illusionen. Eine intellektuelle Autobiographie. Dtv, München 2020

Fromm, Erich: Liebe, Sexualität und Matriarchat. Beiträge zur Geschlechterfrage. Kindle Edition, 2015

Fromm, Erich: Märchen, Mythen, Träume. Eine Einführung in das Verständnis einer vergessenen Sprache. Rowohlt 21. Auflage, Reinbek bei Hamburg 2017

Fromm, Erich: Psychoanalyse und Religion. Dtv, München 2018

Fromm, Erich: Über den Ungehorsam. Und andere Essays. Psychosozial, Gießen 2019

Fromm, Erich: Über die Liebe zum Leben. Dtv 2. Auflage, München 2014

Fromm, Erich: Vom Haben zum Sein. Wege und Irrwege der Selbsterfahrung. Ullstein 6. Auflage, Ulm 2011

Fromm, Erich: Wege aus einer kranken Gesellschaft. Eine sozialpsychologische Untersuchung. Dtv 9. Auflage, München 2016

Fuchs-Heinritz, Werner et al. (Hrsg.): Lexikon zur Soziologie. 4. Aufl., VS Verlag für Sozialwissenschaften, Wiesbaden 2007

Fukuyama, Francis: Das Ende der Geschichte. Wo stehen wir? Kindler, München 1992

Funk, Rainer et al. (Hrsg.): Erich Fromm heute. Zur Aktualität seines Denkens. Dtv, München 2000

Gädeke, Dorothea: Politik der Beherrschung. Eine kritische Theorie externer Demokratieförderung. Suhrkamp, Berlin 2017

Geldsetzer, Lutz; Hong, Han-ding: Chinesische Philosophie. Eine Einführung. Reclam, Stuttgart 2008

Gesang, Bernward: Eine Verteidigung des Utilitarismus. Reclam, Stuttgart 2003

Gorgoglione, Ruggiero: Paradoxien der Biopolitik. Politische Philosophie und Gesellschaftstheorie in Italien. Transcript, Bielefeld 2016

Graeber, David: Schulden. Die ersten 5000 Jahre. Klett Cotta, Stuttgart 2012

Granet, Marcel: Das chinesische Denken. Inhalt, Form, Charakter. Suhrkamp, München 1985

Greene, Robert: 33 Gesetze der Strategie. dtv, München 2017

Greene, Robert: Die 24 Gesetze der Verführung. dtv, München 2017

Greene, Robert: Power. Die 48 Gesetze der Macht. dtv, München 2016

Hacke, Jens: Existenzkrise der Demokratie. Zur politischen Theorie des Liberalismus in der Zwischenkriegszeit. Suhrkamp, Berlin 2018

Hahlbrock, Klaus: Kann unsere Erde die Menschen noch ernähren? Bevölkerungsexplosion – Umwelt – Gentechnik. Forum für Verantwortung. Fischer, Frankfurt a.M. 2007

Haider, Grabner-Haider: Die wichtigsten Philosophen. Marix 6. Auflage, Wiesbaden 2016

Haig, Matt: Ich und die Menschen. Dtv, München 2015

Hasenbach, Sabine: Aldous Huxley. BRAVE NEW WORLD. Textanalyse und Interpretation. Königs Erläuterungen. Bange, Hollfeld 2015

Hastedt, Heiner: Was ist Bildung? Eine Textanthologie. Reclam, Stuttgart 2012

Hawking, Stephen: Kurze Antworten auf große Fragen. Klett-Cotta, Stuttgart 2018

Heidenreich, Felix; Schaal, Gary S.: Einführung in die Politischen Theorien der Moderne. UTB 3. Auflage, Opladen/Toronto 2016

Heins, Volker: Max Weber. Zur Einführung. Junius, Berlin 1990

Heitmeyer, Wilhelm: Autoritäre Versuchungen. Suhrkamp, Berlin 2018

Helle, Horst Jürgen: Verstehende Soziologie. Lehrbuch, Oldenbourg, München/Wien 1999

Herberer, Thomas: Traditionelle Kultur und Modernisierung. Versuch einer Analyse am Beispiel Chinas. In Springer: Politische Vierteljahresschrift. Juni 1990, Vol. 31 No. 2, pp.214-237

Herberg-Rothe, Andreas: Der Krieg. Geschichte und Gegenwart. Campus, Frankfurt a.M. 2003

Herforth, Maria-Felicitas: George Orwell. 1984. Textanalyse und Interpretation. Königs Erläuterungen. Bange, Hollfeld 2014

Heubel, Fabian: Chinesische Gegenwartsphilosophie. Zur Einführung. Junius, Hamburg 2016

Hickethier, Knut: Film- und Fernsehanalyse. Metzler 5. Auflage, Stuttgart 2012

Hillmann, Karl-Heinz: Wörterbuch der Soziologie. 5., vollst. überarb. u. erw. Aufl., Kröner, Stuttgart 2007

Hirn, Wolfgang: Der nächste Kalte Krieg: China gegen den Westen. S.Fischer, Frankfurt a.M. 2013

Hobbes, Thomas: Leviathan oder Stoff, Form und Gestalt eines kirchlichen und bürgerlichen Staates. Frankfurt a.M. 1989

Hochgeschwender, Michael: Die Amerikanische Revolution. Geburt einer Nation. C.H.Beck, München 2016

Hoeges, Dirk: Niccolò Machiavelli. Die Macht und der Schein. C.H.Beck, München 2000

Höffe, Gerechtigkeit. Eine philosophische Einführung. C.H.Beck 5. Auflage, München 2001

Hoffman, Bruce: Terrorismus. Der unerklärte Krieg. Neue Gefahren politischer Gewalt. Fischer, Frankfurt a.M. 2008

Howard, Dick: Die Grundlegung der amerikanischen Demokratie. Suhrkamp, Frankfurt a.M. 2001

Howe, Neil; William Strauss: The Fourth Turning. An American Prophecy. Three River Press, New York 1997

Hubauer, Anton: Arbeit zur Vorlesung »Interkulturelle Philosophie«: Einführung: http://mailbox.univie.ac.at/Franz.Martin.Wimmer/vo0304.htmlAo. Univ.-Prof. Dr. Franz Martin WimmerWS 2003/04Politische Utopien im alten China und im antiken Griechenland. 2003/2004 Online: https://homepage.univie.ac.at/franz.martin.wimmer/stud-arbeiten/vo0304arbhubauer.pdf

Huntington, Samuel P.: Kampf der Kulturen. Die Neugestaltung der Weltpolitik im 21. Jahrhundert. Goldmann 10. Auflage, München 2002

Hürlimann, Gabriel: Analytik der Revolte. Über agonistische Konstellationen von Macht, Freiheit und Subjekt im Anschluss an Michel Foucault. Turia+Kant, Wien 2015

Hurrelmann et al., Klaus (Hrsg.): Handbuch Sozialisationsforschung. Weinheim: Beltz 2015.

Huxley, Aldous: Eiland. Piper 20. Auflage, München 2016

Huxley, Aldous: Essays. Band III. Seele und Gesellschaft. Piper, München 2018

Huxley, Aldous: Schöne neue Welt. Fischer, Frankfurt a.M. 1991

Huxley, Aldous: Wiedersehen mit der schönen neuen Welt. Piper, München 1987

Ihlau, Olaf: Weltmacht Indien. Die neuen Herausforderungen des Westens. Pantheon, München 2006

Jäger, Jill: Was verträgt unsere Erde noch? Wege in die Nachhaltigkeit. Forum für Verantwortung. Fischer, Frankfurt a.M. 2007

Jäger, Marc-Christian. Michel Foucaults Machtbegriff. Link: http://www.die-grenze.com/downloads/foucaula.pdf, 2000

Jäger, Thomas; Beckmann, Rasmus (Hrsg.): Handbuch Kriegstheorien. VS, Wiesbaden 2011

Jannidis, Fotis et al.: Texte zur Theorie der Autorschaft. Reclam, Stuttgart 2000

Jaster, Romy; Lanius, David: Die Wahrheit schafft sich ab. Wie Fake News Politik machen. Reclam, Ditzingen 2019

244

Joas, Hans (Hrsg.): Lehrbuch der Soziologie. 3., überarb. und erw. Aufl. Campus, Frankfurt am Main/New York 2003

Jung, C. G.; Kerényi, Karl: Das göttliche Kind. Führung in das Wesen der Mythologie. Edition CG Jung 3. Auflage, Ostfildern 2013

Kaesler, Dirk (Hrsg.): Aktuelle Theorien der Soziologie. Beck, München 2005

Kaesler, Dirk; Vogt, Ludgera (Hrsg.): Hauptwerke der Soziologie. Kröner, Stuttgart 2007

Kaku, Michio: Die Physik der Zukunft. Unser Leben in 100 Jahren. Rowohlt 8. Auflage, Reinbek bei Hamburg 2017

Kaldor, Mary: Neue und alte Kriege. Organisierte Gewalt im Zeitalter der Globalisierung. Suhrkamp, Frankfurt a.M. 2000

Kant, Immanuel: Vom ewigen Frieden. Ein philosophischer Entwurf. Holzinger 4. Auflage, Berlin 2016

Karlfriedrich Herb, Bernd Ludwig. Kants kritisches Staatsrecht. Link: http://epub.uni-regensburg.de/25584/1/ubr12785_ocr.pdf, kein Datum

Kelsen, Hans: Was ist Gerechtigkeit? Reclam, Ditzingen 2016

Kemper, Peter et al.: Wirklichkeit 2.0. Medienkultur im digitalen Zeitalter. Reclam, Stuttgart 2012

Kemper, Peter; Sonnenschein, Ulrich (Hrsg.): Globalisierung im Alltag. Suhrkamp, Frankfurt a.M. 2002

Kersting, Wolfgang: Thomas Hobbes. Zur Einführung. Junius, Hamburg 2002

Kiesewetter, Hubert: Kritik der modernen Demokratie. Georg Olms, Hildesheim 2011

Kilcher, Andreas B.: Franz Kafka. Leben, Werk, Wirkung. Suhrkamp, Frankfurt a.M. 2008

Kinnert, Diana: Die neue Einsamkeit. Und wie wir sie als Gesellschaft überwinden können. Hoffmann und Campe 3. Auflage, Hamburg 2021

Kissinger, Henry et al.: Wird China das 21. Jahrhundert beherrschen? Eine Debatte. Pantheon, München 2012

Kissinger, Henry: China. Zwischen Tradition und Herausforderung. Pantheon, München 2011

Kissinger, Henry: Weltordnung. Pantheon, München 2014

König, Siegfried: Die Welt des Kinos. Amazon, Leipzig 2015

König, Siegfried: Klassiker der politischen Philosophie. Hobbes, Locke, Rousseau. Amazon, Leipzig 2017

König, Siegfried: Michel Foucault. Einführung und Werküberblick. Amazon, Leipzig 2017

Kornblicher, Thomas: Die Sucht, ganz oben zu sein. Psychohistorische Dimensionen von Macht und Herrschaft. Kreuz, Stuttgart 2007

Korte, Hermann: Einführung in die Geschichte der Soziologie. 8. Aufl., VS, Wiesbaden 2006

Kostolany, André: Die Kunst, über Geld nachzudenken. Ullstein, Berlin 2015

Krasmann, Susanne: Die Kriminalität der Gesellschaft. Zur Gouvernementalität der Gegenwart. UVK, Konstanz 2003

Krasmann, Susanne; Volkmer, Michael (Hrsg.): Michel Foucaults »Geschichte der Gouvernementalität« in den Sozialwissenschaften. Internationale Beiträge. Transcript, Bielefeld 2007

Krause, Ralf; Rölli, Marc (Hrsg.): Macht. Begriff und Wirkung in der politischen Philosophie der Gegenwart. Transcript, Bielefeld 2008

Kröll, Friedhelm: Soziologie. Im Labyrinth der Modelle. Eine Orientierung, new academic press, Wien 2014

Krönig, Franz K.: Die Ökonomisierung der Gesellschaft. Systemtheoretische Perspektiven. Transcript, Bielefeld 2007

Kruchem, Thomas: Am Tropf von Big Food. Wie die Lebensmittelkonzerne den Süden erobern und arme Menschen krank machen. Transcript, Bielefeld 2017

Kühl, Stefan: Organisationen. Eine sehr kurze Einführung. VS, Wiesbaden 2011

Kuhn, Axel: Die Französische Revolution. Reclam, Stuttgart 2012

Lamla, Jörn et al. (Hrsg.): Handbuch der Soziologie, UVK, Konstanz 2014

Latif, Mojib: Bringen wir das Klima aus dem Takt? Hintergründe und Prognosen. Forum für Verantwortung. Fischer, Frankfurt a.M. 2007

Lauth, Hans-Joachim et al.: Vergleich politischer Systeme. Utb, Paderborn 2014

Leitner, Ulrich: Imperium. Geschichte und Theorie eines politischen Systems. Campus, Frankfurt/New York 2011

Lemke, Thomas: Biopolitik. Zur Einführung. Junius, Hamburg 2007

Lemke, Thomas: Eine Kritik der politischen Vernunft. Foucaults Analyse der modernen Gouvernementalität. Argument, Hamburg 1997

Lemke, Thomas: Gouvernementalität und Biopolitik. VS, Wiesbaden 2007

Lerg, Charlotte: Die Amerikanische Revolution. UTB, Tübingen 2010

Lettner, Heike: Warum Menschen töten. Steckt in jedem von uns ein Mörder? Goldegg, Wien 2012

Levine, Robert: Die Grosse Verführung. Psychologie der Manipulation. Piper, München/Berlin 2003

Lippmann, Walter: Die öffentliche Meinung. Wie sie entsteht und manipuliert wird. Westend, Frankfurt a.M. 2018

Llanque, Marcus: Geschichte der politischen Ideen. Von der Antike bis zur Gegenwart. C.H.Beck 2. Auflage, München 2016

Locke, John. Zwei Abhandlungen über die Regierung. Link: http://www.welcker-online.de/Texte/Locke/Locke_einf.pdf; http://www.welcker-online.de/Texte/Locke/Locke_1.pdf; http://www.welcker-online.de/Texte/Locke/Locke_2.pdf, 1689

Lorenz, Konrad: Das sogenannte Böse. Zur Naturgeschichte der Aggression. Dtv 22. Auflage, München 2000

Luhmann, Niklas: Die Realität der Massenmedien. Springer 5. Auflage, Wiesbaden 2017

Luhmann, Niklas: Organisation und Entscheidung. VS, 3. Auflage, Wiesbaden 2011

Lusted, Maria Amidon: Suzanne Collins. Words on fire. Lifeline biographies. USA Today, Minneapolis 2013

Maahs, Ina-Maria: Utopie und Politik. Potentiale kreativer Politikgestaltung. Transcript, Bielefeld 2018

Machiavelli, Niccolo: Der Fürst. Kröner 6. Auflage, 1978

Machiavelli, Niccolo: Discorsi. Staat und Politik. Hrsg.: Horst Günther. Insel, Frankfurt a.M. 2000

Machiavelli, Niccolo: Vom Staate. Der Fürst. Kleine Schriften. Nikol 3. Auflage, Hamburg 2017

Mai, Gunther. Die Weimarer Republik. 2014

Marshall, Tim: Die Macht der Geographie. Wie sich Weltpolitik anhand von 10 Karten erklären lässt. dtv, München 2017

Marshall, Tim: Im Namen der Flagge. Die Macht politischer Symbole. dtv, München 2017

Martens, Ekkehard; Steenblock, Volker (Hrsg.): Politik und Utopie. Staatsphilosophie. BSV, München 2004

Mau, Steffen: Das metrische Wir. Über die Quantifizierung des Sozialen. Suhrkamp, Berlin 2017

Mauser, Wolfram: Wie lange reicht die Ressource Wasser? Vom Umgang mit dem blauen Gold. Forum für Verantwortung. Fischer, Frankfurt a.M. 2007

Mayer, Thomas: Die Ordnung der Freiheit und ihre Feinde. Vom Aufstand der Verlassenen gegen die Herrschaft der Eliten. FBV, München 2018

Melville, Herman: Moby Dick. Insel, Frankfurt am Main 2003

Meulemann, Heiner: Soziologie von Anfang an. Eine Einführung in Themen, Ergebnisse und Literatur. 2., überarb. Auflage. VS, Wiesbaden 2006

Meyer, Bernd: Wie muss die Wirtschaft umgebaut werden? Perspektiven einer nachhaltigeren Entwicklung. Forum für Verantwortung. Fischer, Frankfurt a.M. 2007

Meyer, Thomas: Was ist Demokratie? Eine diskursive Einführung. VS, Wiesbaden 2009

Miegel, Meinhard: Hybris. Die überforderte Gesellschaft. List, Berlin 2015

Milgram, Stanley: Das Milgram-Experiment. Zur Gehorsamsbereitschaft gegenüber Autorität. Rowohlt 20. Auflage, Reinbek bei Hamburg 2017

Mill, Stuart: Über die Freiheit. Reclam, Ditzingen 2017

Moestl, Bernhard: Die 13 Siegel der Macht. Von der Kunst der guten Führung. Knaur, München 2013

Monaco, James: Film verstehen. Rowohlt überarbeitet, Reinbek bei Hamburg 2009

Montaigne, Michel de: Von der Macht der Phantasie. Dtv/C.H.Beck 3. Auflage, München 2017

Montesquieu. Vom Geist der Gesetze. 1748

Morris, Ian: Wer regiert die Welt? Warum Zivilisationen herrschen oder beherrscht werden. Campus, Frankfurt a.M. 2012

Morus, Thomas: Utopia. Nikol, Hamburg 2011

Müller, Harald: Weltmacht Indien. Wie uns der rasante Aufstieg herausfordert. Fischer, Frankfurt a.M. 2006

Müller, Harald: Wie kann eine neue Weltordnung aussehen? Wege in eine nachhaltige Politik. Forum für Verantwortung. Fischer, Frankfurt a.M. 2007

Müller, Michael: Vorbemerkung. In: Interpretationen Franz Kafka. Romane und Erzählungen. Michael Müller (Hrsg.) Reclam 2. überarbeitete Auflage, Stuttgart 2003

Müller-Jentsch, Walther: Organisationsoziologie. Eine Einführung. Campus, Frankfurt a.M. 2003

Münch, Richard: Soziologische Theorie. Band 1: Grundlegung durch die Klassiker/Band 2: Handlungstheorie/Band 3: Gesellschaftstheorie. Campus, Frankfurt am Main/New York 2004

Münkler, Herfried: Die neuen Kriege. Rowohlt 6. Auflage, Reinbek bei Hamburg 2015

Münkler, Herfried: Imperien. Die Logik der Weltherrschaft – vom Alten Rom bis zu den Vereinigten Staaten. Rowohlt 3. Auflage, Reinbek bei Hamburg 2014

Münkler, Herfried: Kriegssplitter. Die Evolution der Gewalt im 20. und 21. Jahrhundert. Rowohlt, Berlin 2017

Münkler, Herfried; Straßenberger, Grit: Politische Theorie und Ideengeschichte. Eine Einführung. C.H.Beck, München 2016

Münz, Rainer; Reiteter, Albert F.: Wie schnell wächst die Zahl der Menschen? Weltbevölkerung und weltweite Migration. Forum für Verantwortung. Fischer, Frankfurt a.M. 2007

Narducci, Emanuele: Cicero. Reclam, Stuttgart 2012

Nassehi, Armin: Soziologie. Zehn einführende Vorlesungen. VS, Wiesbaden 2008

Nast, Michael: Generation Beziehungsunfähig. Edel, 3. Auflage, Hamburg 2016

Naumann, Frank: Die Kunst der Diplomatie. Zwanzig Gesetze für sanfte Sieger. Rororo 7. Auflage, Reinbek 2015

Nautz, Jürgen: Die großen Revolutionen der Welt. Marix, Wiesbaden 2008

Neckel, Sighard et al. (Hrsg.): Sternstunden der Soziologie. Wegweisende Theoriemodelle des soziologischen Denkens, Campus Verlag, Frankfurt am Main 2010

Neiman, Susan: Widerstand der Vernunft. Ein Manifest in postfaktischen Zeiten. Ecowin, Wals bei Salzburg 2017

Neuhäuser, Christian: Reichtum als moralisches Problem. Suhrkamp, Berlin 2018

Nida-Rümelin, Julian; Weidenfeld, Nathalie: Die Realität des Risikos. Über den vernünftigen Umgang mit Gefahren. Piper 2. Auflage, München 2021

Noller, Jörg: Theorien des Bösen. Zur Einführung. Junius, Hamburg 2017

Nöllke, Matthias: Psychologie für Führungskräfte. C.H.Beck, 2. Auflage, München 2016

Nordhausen, Frank; Schmid, Thomas (Hrsg.): Die arabische Revolution. Demokratischer Aufbruch von Tunesien bis zum Golf. Berlin 2011

Oberndörfer, Dieter; Rosenzweig, Beate (Hrsg.): Klassische Staatsphilosophie. Texte und Einführungen. Von Platon bis Rousseau. C.H.Beck 3. Auflage, München 2014

Oesterdiekhoff, Georg W. (Hrsg.): Lexikon der soziologischen Werke. Westdeutscher Verlag, Wiesbaden 2001

Oetinger Verlag: The Hunger Games. Die Tribute von Panem. Das offizielle Handbuch zu den Tributen. Hamburg 2012

Oppelt, Martin: Gefährliche Freiheit. Rousseau, Lefort und die Ursprünge der radikalen Demokratie. Nomos, Baden-Baden 2016

Orwell, George: 1984. Ullstein 39. Auflage, Berlin 2016

Osterhammel, Jürgen; Jansen, Jan C.: Dekolonisation. Das Ende der Imperien. C.H.Beck, München 2013

Osterhammel, Jürgen; Jansen, Jan C.: Kolonialismus. Geschichte, Formen, Folgen. C.H.Beck, München 2017

Peglau, Andreas: Rechts Ruck. Wilhelm Reichs Massenpsychologie des Faschismus als Erklärungsansatz. Nora 2. Auflage, Berlin 2017

Perthes, Volker: Der Aufstand. Die arabische Revolution und ihre Folgen. Pantheon, München 2011

Pieper, Annemarie: Gut und Böse. C.H.Beck 3. Auflage, München 2008

Pilling, Iris: Denken und Handeln als Jüdin. Hannah Arendts politische Theorie vor 1950. Peter Lang, Frankfurt a.M. 1996

Platon. Politeia. Link: http://www.alexandria.de/Autoren_und_Werke/Platon/Platon-Der_Staat-Politeia.pdf, Antike

Plutarch: Die Kunst zu leben. Insel 4. Auflage, Frankfurt a.M./Leipzig 2017

Poczka, Irene: Die Regierung der Gesundheit. Fragmente einer Genealogie liberaler Gouvernementalität. Transcript, Bielefeld 2017

Popitz, Heinrich: Prozesse der Machtbildung. Recht und Staat in der Gesellschaft der Gegenwart. Eine Sammlung von Vorträgen und Schriften aus dem Gebiet der gesamten Staatswissenschaft. Mohr Siebeck, Tübingen 1968

Postman, Neil: Das Technopol. Die Macht der Technologien und die Entmündigung der Gesellschaft. S.Fischer, Frankfurt a.M. 1992

Postman, Neil: Das Verschwinden der Kindheit. Fischer, Frankfurt a.M. 1987

Postman, Neil: Wir amüsieren uns zu Tode. Urteilsbildung im Zeitalter der Unterhaltungsindustrie. S.Fischer, Frankfurt a.M. 1985

Precht, Richard David: Von der Pflicht. Eine Betrachtung. Goldmann, München 2021

Preisendörfer, Peter: Organisationssoziologie. Grundlagen, Theorien und Problemstellungen. Springer, 4. Auflage, Wiesbaden 2016

Prisching, Manfred: Soziologie. Themen – Theorien – Perspektiven. 3., erg. und überarb. Auflage. Böhlau, Wien/Köln/Weimar 1995

Prokop, Dieter: Der kulturindustrielle Machtkomplex. Neue kritische Kommunikationsforschung über Medien, Werbung und Politik. Halem, Düsseldorf 2005

Rahmstorf, Stefan; Richardson, Katherine: Wie bedroht sind die Ozeane? Biologische und physikalische Aspekte. Forum für Verantwortung. Fischer, Frankfurt a.M. 2007

Ramge, Thomas: Mensch und Maschine. Wie künstliche Intelligenz und Roboter unser Leben verändern. Reclam, Ditzingen 2018

Rapp, Christoff: Aristoteles. Zur Einführung. Junius, Hamburg 2001

Reckwitz, Andreas: Die Gesellschaft der Singularitäten. Zum Strukturwandel der Moderne. Suhrkamp, Berlin 2017

Reckwitz, Andreas: Die Gesellschaft der Singularitäten. Zum Strukturwandel der Moderne. Suhrkamp, Berlin 2017

Reemtsma, Jan Philipp: Die Gewalt spricht nicht. Drei Reden. Reclam, Stuttgart 2002

Reemtsma, Jan Philipp: Gewalt als Lebensform. Zwei Reden. Reclam, Stuttgart 2016

Reese-Schäfer, Walter: Niklas Luhmann. Zur Einführung. Junius, Berlin 1990

Reich, Wilhelm: Die Massenpsychologie des Faschismus. Kiepenheuer & Witsch 8. Auflage, Köln 2020

Reichardt, Rolf (Hrsg.): Die Französische Revolution. Anaconda, Köln 2012

Reichholf, Josef H.: Die Zukunft der Arten. Neue ökologische Überraschungen. Dtv, München 2009

Reichholf, Josef H.: Ende der Artenvielfalt? Gefährdung und Vernichtung von Biodiversität. Forum für Verantwortung. Fischer, Frankfurt a.M. 2008

Reinhard, Wolfgang: Geschichte der Staatsgewalt. Eine vergleichende Verfassungsgeschichte Europas von den Anfängen bis zur Gegenwart. C.H.Beck 3. Auflage, München 2002

Reinhard, Wolfgang: Geschichte des modernen Staates. Von den Anfängen bis zur Gegenwart. C.H.Beck, München 2007

Reinhold, Gerd (Hrsg.): Soziologie-Lexikon, 3. überarb. und erw. Auflage, Oldenbourg, München/Wien 1997

Rölli, Marc; Nigro, Roberto (Hrsg.): Vierzig Jahre »Überwachen und Strafen«. Zur Aktualität der Foucault´schen Machtanalyse. Transcript, Bielefeld 2017

Rosa, Hartmut: Unverfügbarkeit. Suhrkamp 3. Auflage, Berlin 2021

Rothermund, Dietmar: Indien. Aufstieg einer asiatischen Weltmacht. C.H.Beck, München 2008

Rouoff, Michael: Foucault-Lexikon. UTB 3. Auflage, Paderborn 2013

Rousseau, Jean-Jacques. Der Gesellschaftsvertrag oder die Grundsätze des Staatsrechts. Link: http://www.welcker-online.de/Texte/Rousseau/Contract.pdf, 1880

Sarasin, Philipp: Michel Foucault. Zur Einführung. Junius, Hamburg 2005

Sartre, Jean-Paul: Der Idiot der Familie. Gustave Flaubert. 1821 bis 1857. Rowohlt, Reinbek 1977

Schäfer, Armin; Zürn, Michael: Die demokratische Regression. Suhrkamp, Berlin 2021

Schäfers, Bernhard; Kopp, Johannes (Hrsg.): Grundbegriffe der Soziologie. 9. Aufl., VS, Wiesbaden 2006

Scheidler, Fabian: Das Ende der Megamaschine. Geschichte einer scheiternden Zivilisation. Promedia, Wien 2016

Schieder, Siegfried; Spindler, Manuela (Hrsg.): Theorien der internationalen Beziehungen UTB 3. überarbeitete und aktualisierte Auflage, Opladen und Farmington Hills 2010

Schlüter, Christiane: Die wichtigsten Psychologen im Portät. Marix 5. Auflage, Wiesbaden 2015

Schmid, Bernhard: Die arabische Revolution? Soziale Elemente und Jugendprotest in den nordafrikanischen Revolten. Edition assemblage, Münster 2011

Schmidt, Jochen: Die Geschichte des Genie-Gedankens in der deutschen Literatur, Philosophie und Politik 1750-1945. Band 1. Wissenschaftliche Buchgemeinschaft Darmstadt, Darmstadt 1985

Schmidt, Jochen: Die Geschichte des Genie-Gedankens in der deutschen Literatur, Philosophie und Politik 1750-1945. Band 2. Wissenschaftliche Buchgemeinschaft Darmstadt, Darmstadt 1985

Schmidt, Jochen: Goethes Faust. Erster und Zweiter Teil. Grundlagen – Werk – Wirkung. C.H.Beck 3. Auflage, München 2011

Schmidt, Manfred G.: Demokratietheorien. Eine Einführung. VS 5. Auflage, Wiesbaden 2010

Schmidt-Bleek, Friedrich: Nutzen wir die Erde richtig? Die Leistungen der Natur und die Arbeit des Menschen. Forum für Verantwortung. Fischer, Frankfurt a.M. 2007

Schmitz-Emans, Monika: Aus Politik und Zeitgeschichte 2013, Heft 52. Monika Schmitz-Emans: Monster: Eine Einführung. S.11-17

Schneckener, Ulrich: Transnationaler Terrorismus. Charakter und Hintergründe des »neuen« Terrorismus. Suhrkamp, Frankfurt a.M. 2006

Schopenhauer, Arthur: Die Kunst, Recht zu behalten. Nikol 12. Auflage, Hamburg 2016

Schroth, Jörg (Hrsg.): Texte zum Utilitarismus. Reclam, Stuttgart 2016

Schulin, Ernst: Die Französische Revolution. C.H.Beck, München 1989

Schwaabe, Christian: Politische Theorie 1. Von Platon bis Locke. UTB 2. Auflage, Paderborn 2010

Schwaabe, Christian: Politische Theorie 2. Von Rousseau bis Rawls. UTB 3. Auflage, Paderborn 2007

Schwab, Klaus: Die Vierte Industrielle Revolution. Pantheon, München 2006 Amerikanische Außenpolitik

Schwandt, Michael: Kritische Theorie. Eine Einführung. Schmetterling 2. Auflage, Stuttgart 2010

Schwanitz, Dietrich: Bildung. Alles, was man wissen muß. Goldmann, München 2002

Schweidler, Walter: Der gute Staat. Politische Ethik von Platon bis zur Gegenwart. Reclam, Stuttgart 2004

Sebaldt, Martin; Straßner, Alexander (Hrsg.): Aufstand und Demokratie. Counterinsurgency als normative und praktische Herausforderung. VS, Wiesbaden 2011

Segal, Robert A.: Mythos. Eine kleine Einführung. Reclam, Stuttgart 2007

Shakespeare, William: Coriolanus. Onl. verfüg.: http://www.william-shakespeare.de/coriola1/coriolan.htm

Sheffer, Edith: Aspergers Kinder. Die Geburt des Autismus im Dritten Reich. Campus, Frankfurt a.M. 2018

Shvets, Viktor: The Great Rupture: Three Empires, Four Turning Points, and the Future of Humanity. Boyle&Dalton, 2020

Sieber, Samuel: Macht und Medien. Zur Diskursanalyse des Politischen. Transcript, Bielefeld 2014

Sloterdijk, Peter: Die Verachtung der Massen. Versuch über Kulturkämpfe in der modernen Gesellschaft. Suhrkamp 9. Auflage, Frankfurt a.M. 2016

Smith, Laurence C.: Die Welt im Jahr 2050. Die Zukunft unserer Zivilisation. Pantheon, München 2011

Snyder, Timothy: Über Tyrannei. Zwanzig Lektionen für den Widerstand. C.H.Beck, München 2017

Sofsky, Wolfgang: Zeiten des Schreckens. Amok, Terror, Krieg. Fischer, Frankfurt a.M. 2002

Souchon, Lennart: Carl von Clausewitz. Strategie im 21. Jahrhundert. Mittler, Hamburg 2012

Spilker, Niels: Lebenslanges Lernen als Dispositiv – Bildung, Macht und Staat in der neoliberalen Gesellschaft. München, 2013

Stammen, Theo et al. (Hrsg.): Hauptwerke der politischen Theorie. Kröner, Stuttgart 1997

Straßenberger, Grit: Hannah Arendt. Zur Einführung. Junius, Hamburg 2015

Stroh, Cicero: Redner, Staatsmann, Philosoph. C.H.Beck 3. Auflage, München 2016

Stykow, Petra: Vergleich politischer Systeme. Utb, Paderborn 2007

Sueton: Leben und Taten der römischen Kaiser. Anaconda, Köln 2013

252

Suhrkampverlag: Michel Foucault. Die Hauptwerke. Suhrkamp 4. Auflage, Frankfurt a.M. 2016

Takami, Koushun: Battle Royale. Wilhelm Heyne, München 2006

Thiele, Ulrich: Die politischen Ideen. Von der Antike bis zur Gegenwart. Marix 2. Auflage, Wiesbaden 2014

Tolstoi, Leo: Krieg und Frieden. Anaconda, Köln 2009

Townshend, Charles: Terrorismus. Eine kurze Einführung. Reclam, Stuttgart 2005

Tranquillus, Gaius Suetons: Die zwölf Caesaren. Holzinger, Berlin 2013

Treibel, Annette: Einführung in soziologische Theorien der Gegenwart. 7., aktualisierte Auflage. VS, Wiesbaden 2006

Trump, Donald J.: Make America Great Again. Wie ich Amerika retten werde. Plassen, Kulmbach 2016

Turek, Jürgen: Globalisierung im Zwiespalt. Die postglobale Misere und Wege, sie zu bewältigen. Transcript, Bielefeld 2017

Varwick, Johannes (Hrsg.): Krieg und Frieden. Eine Einführung. ZpB, Schwalbach 2014

Viehöver, Willy; Wehling, Peter (Hrsg.): Entgrenzung der Medizin, Von der Heilkunst zur Verbesserung des Menschen? Transcript, Bielefeld 2011

Voigt, Rüdiger (Hrsg.): Staatsdenken. Zum Stand der Staatstheorie heute. Nomos, Baden-Baden 2016

Vorländer, Hans: Demokratie. Geschichte, Formen, Theorien. C.H.Beck 2. Auflage, München 2010

Wagner, Hermann-Josef: Was sind die Energien des 21. Jahrhunderts? Der Wettlauf um die Lagerstätten. Forum für Verantwortung. Fischer, Frankfurt a.M. 2007

Weber, Max: Politik als Beruf. Anaconda, Köln 2014

Weber, Max: Soziologische Grundbegriffe. UTB 6. Auflage, Tübingen 1984

Weber, Max: Wirtschaft und Gesellschaft. Grundriß der verstehenden Soziologie. Mohr Siebeck 5. Auflage, Tübingen 1972

Wehler, Hans-Ulrich: Die Herausforderung der Kulturgeschichte. C.H. Beck, München 1998

Wehr, Helmut: Erich Fromm. Zur Einführung. Junius, Hamburg 1990

Weiler, Bernd: Die Ordnung des Fortschritts. Zum Aufstieg und Fall der Fortschrittsidee in der »jungen« Anthropologie. Transcript, Bielefeld 2006

Weizenbaum, Joseph: Computermacht und Gesellschaft. Suhrkamp, Frankfurt a.M. 2001

Welzer, Harald: Die smarte Diktatur. Der Angriff auf unsere Freiheit. Fischer, Frankfurt a.M. 2017

Welzer, Harald: Klimakriege. Wofür im 21. Jahrhundert getötet wird. Fischer, Frankfurt a.M. 2010

Welzer, Harald: Selbst Denken. Eine Anleitung zum Widerstand. Fischer TB 7. Auflage, Frankfurt a.M. 2016

Welzer, Harald: Täter. Wie aus ganz normalen Menschen Massenmörder werden. Fischer 7. Auflage, Frankfurt a.M. 2016

Wiegandt, Klaus (Hrsg.): Mut zur Nachhaltigkeit. 12 Wege in die Zukunft. Forum für Verantwortung. Fischer, Frankfurt a.M. 2007

Wiemers, Eva: Dystopien in aktueller Kinder- und Jugendliteratur. Suzanne Collins »Die Tribute von Panem« im Deutschunterricht. Masterarbeit, Grin, Norderstedt 2012

Wildt, Michael: Volk, Volksgemeinschaft, AfD. Hamburger Edition, Hamburg 2017

Wilhelm, Richard: Chinesische Philosophie. Eine Einführung. Marix, Wiesbaden 2007

Winkler, Heinrich August: Zerbricht der Westen? Über die gegenwärtige Krise in Europa und Amerika. C.H.Beck, München 2017

Wolffsohn, Michael: Zum Weltfrieden. Ein politischer Entwurf. Dtv, München 2015

Woolf, Greg: ROM. Die Biographie eines Weltreiches. Klett-Cotta, Stuttgart 2015

Young-Bruehl, Elisabeth: Hannah Arendt. Leben, Werk und Zeit. Fischer Frankfurt a.M. 2004

Zehnpfennig, Barbara: Platon. Zur Einführung. Junius, Hamburg 1997

Zimbardo, Philip: Der Luzifer-Effekt. Die Macht der Umstände und die Psychologie des Bösen. Springer, Heidelberg 2017

Anmerkungen

[1] Foucault, Die Ordnung des Diskurses: 16

[2] Michael Müller: 7

[3] Ebd.: 193

[4] Kilcher: 138

[5] Foucault, Die Ordnung des Diskurses: 12

[6] Foucault, Die Ordnung des Diskurses: 21

[7] Vgl. Hierzu die Gedanken Fromms, Haben oder Sein: 46f., 51f.

[8] Jannidis et al.: 7

[9] Fromm, Die Furcht vor der Freiheit: 54

[10] Foucault: Was ist ein Autor? In: Jannidis et al.: 198

[11] Sartre: Warum schreiben? In: Jannidis et al.: 106

[12] Huxley, Essays: 106

[13] http://www.hohlegasse.ch/fileadmin/user_upload/schulen/PDF_Schuldienst/1_sage_legende.pdf. Zul. abg. 04.04.2021; 19:46 MEZ

[14] Barner et al.: 8

[15] Ebd.: 10

[16] Jung&Kerényi: 17

[17] Ebd.: 17f.

[18] Ebd.: 19

[19] Canetti: 46-53

[20] Jung&Kerényi: 191

[21] Segal: 170

[22] Cassirer: 52-55

[23] Montaigne: Von der Macht der Phantasie

[24] Vgl. Wikipedia: Spartacus. Zul.abg.: 17.10.2021; 01:15 MEZ

[25] Canetti: 272

[26] Vgl. Machiavelli, Discorsi: 38f.

[27] Vgl. Canetti: Das Essen

[28] Zit.n. Wildt: 22f.

[29] Wildt: 23

[30] Vgl. Wiemers: 10

[31] Vgl. ebd.: 15

[32] https://dietributevonpanem.fandom.com/wiki/Panem Zul.abg.: 21.04.2021; 22:50 MEZ

[33] Fromm, Humanismus als reale Utopie: 49

[34] Vgl. Diamond: 25-29

[35] Fromm, Humanismus als reale Utopie: 50f.

[36] Diamond: 29

[37] Fromm, Humanismus als reale Utopie: 51f., 53

[38] Ebd.: 58

[39] Fromm, Es geht um den Menschen: 160-162

[40] Ebd.: 162

[41] https://panemforever.fandom.com/wiki/Presidents_of_Panem Zul.abg.: 17.10.2021; 01:15 MEZ

[42] http://breadandcircuses.wikia.com/wiki/Panem Zul.abg.: 21.01.2017 (Quelle nicht mehr verfügbar, Stand 18.10.2021)

[43] Vgl. https://buzzard.org/perspektive/aus-zwei-gruenden-ist-ein-buergerkrieg-in-den-usa-extrem-unwahrscheinlich/ Zul.abg.: 21.04.2021; 23:26 MEZ

[44] Cohen: 181f.

[45] Wikipedia: Baum der Erkenntnis. Zul.abg.: 17.10.2021; 01:15 MEZ

[46] Dunn&Michaud: 203ff.

[47]

https://64.media.tumblr.com/6e86161b1f388fe8840673dd844843a6/tumbl r_inline_p7gasd1xGM1rfkxlw_500.jpg Zul.abg.: 17.10.2021; 01:15 MEZ

[48]

https://i.pinimg.com/originals/ff/db/cb/ffdbcb9641309072fdffd210fbc83 1b4.jpg Zul.abg.: 17.10.2021; 01:15 MEZ

[49]

https://pyxis.nymag.com/v1/imgs/54d/efc/20b28005c926fb5829fd6746b 459c475bd-20-snow.jpg Zul.abg.: 17.10.2021; 01:15 MEZ

[50]

https://ncowie.files.wordpress.com/2013/04/the_hunger_games_propag anda_poster_3_by_marazzo-d535h09.jpg Zul.abg.: 17.10.2021; 01:15 MEZ

[51] Fromm, Jenseits der Illusionen: 94

[52]Grafiken sind den folgenden Seiten entnommen:

https://dietributevonpanem.fandom.com/wiki/Kapitol

https://dietributevonpanem.fandom.com/wiki/Distrikte_von_1-6

https://dietributevonpanem.fandom.com/wiki/Distrikte_von_7-13 Zul.abg.: 22.04.2021; 12:23 MEZ

[53] Grafik 1: https://www.redbubble.com/de/i/galeriedruck/Karte-von-Panem-von-arialiuia/53137327.JUXJO

Grafik 2: https://www.gutefrage.net/frage/welche-karte-ist-richtig-panem

Grafik 3: https://www.camaeleon.org/2013/11/29/die-tribute-von-panem/

Grafik 4: https://hungergames.forumieren.de/t11-die-distrikte

Grafik 5: https://azmidiske87.tumblr.com/post/62997685986/kaart-van-panem-bron-zelf-gemaakt-de

Grafik 6: https://www.pinterest.de/pin/672936369304606064/

Grafik 7:

https://moviepedia.fandom.com/de/wiki/Die_Tribute_von_Panem

Grafik 8: https://kawuli.livejournal.com/64046.html

Höhengeographische Karte:

https://www.posterlounge.de/p/650798.html

Nordamerika mit erhöhtem Meeresspiegel: https://ik-ptz.ru/de/diktanty-po-russkomu-yazyku--3-klass/kogda-rastayut-ledniki-karta-mira-chto-budet-esli-rastayut.html

Kanada

https://www.google.com/url?sa=i&url=http%3A%2F%2Fwww.gnd11.com%2Fkarte%2Fkanada%2Ffort-mcmurray-karte.asp&psig=AOvVaw1SEgrP-umpXEiMS9A87wS6&ust=1633389626784000&source=images&cd=vfe&ved=0CAYQjRxqFwoTCOj4-tWwr_MCFQAAAAAdAAAAABAO Zul.abg.: 22.04.2021; 11:10 MEZ

[54] Paulus: 12,1-14,40

[55] Forst: 102-110

[56] https://www.youtube.com/watch?v=zvvfHmeKOJc Zul.abg.: 17.10.2021; 01:15 MEZ

[57]Komponiert von James Newton Howard, https://dietributevonpanem.fandom.com/wiki/Horn_of_Plenty. Zul.abg.: 17.10.2021; 01:15 MEZ

[58] https://diercke.westermann.de/content/handel-und-wirtschaft-im-r%C3%B6mischen-reich-978-3-14-100770-1-87-2-0 Zul.abg.: 22.04.2021; 13:41 MEZ

[59] https://www.handelszeitung.ch/konjunktur/die-drei-lehren-aus-den-hunger-games-699768 Zul.abg.: 22.04.2021; 13:48 MEZ

[60] Rieck nennt als Beispiel den Transrapid in China im Vergleich zum europäischen Streckennetz. (https://www.youtube.com/watch?v=gJYOXPIsGxs&list=PLrElmTCbW2Yyfmrx8QE_L65BQDzsr3cwu&index=3 Zul.abg.: 22.04.2021; 13:51 MEZ)

[61] Zit. nach Baker: 5

[62] Wikipedia: Plebejer. Zul.abg.: 17.10.2021; 01:15 MEZ

[63] Ebd.

[64] Ebd.

[65] Ebd.

[66] Designated Survivor, Staffel 1 Folge 17

[67] Fromm, Anatomie der menschlichen Destruktivität: 234-237

[68] Snyder: 33f.

[69] Graupe/Ötsch in Lippmann: 51

[70] Oetinger Verlag: 8f.

[71] Snyder: 121

[72] Ebd.: 123

[73] Machiavelli, Discorsi: 173

[74] Fromm, Anatomie der menschlichen Destruktivität: 241f.

[75] Schulin: 14-21

[76] Ebd.: 21

[77] Fromm, Es geht um den Menschen: 115

[78] Ebd.

[79] Anders, Die Antiquiertheit des Menschen 2: 9

[80] Ebd.: 9

[81] Hürlimann: 34

[82] https://www.hanisauland.de/node/1645 Zul.abg.: 11.05.2021; 00:39 MEZ

[83] Arendt, Über die Revolution: 184

[84] Wikipedia: Französische Revolution. Zul.abg.: 17.10.2021; 01:15 MEZ

[85] Wikipedia: Schulden: Die ersten 5000 Jahre. Zul.abg.: 17.10.2021; 01:15 MEZ

[86] Frech: 6

[87] Canetti: 454f.

[88] Fromm, Haben oder Sein: 141

[89] Cohen: 301f.

[90] Collins, Tödliche Spiele: 68

[91] Kornblicher: 63f.

[92] Vgl. Collins, Flammender Zorn: 38

[93] Graupe/Ötsch in Lippmann: 51

[94] Vgl.: Schwandt: 103

[95] https://www.deutschlandfunkkultur.de/von-odins-raben-bis-zur-christlichen-taube.1777.de.html?dram:article_id=245847 Zul.abg.: 14.10.2021; 21:27 MEZ

[96] Wikipedia: Hermesstab. Zul.abg.: 29.11.2021; 22:25 MEZ

[97] Wikipedia: Wappen Mexikos. Zul.abg.: 17.10.2021; 01:15 MEZ

[98] Collins, Das Lied von Vogel und Schlange: 12-16

[99] Ebd.: 27

[100] Ebd.: 14

[101] Vgl. Ebd.: 317

[102] Ebd.: 27

[103] Ebd.: 45

[104] Ebd.: 17

[105] Ebd.: 20

[106] Ebd.: 11

[107] Ebd.: 25

[108] Vgl. Ebd.: 23

[109] Ebd.: 17

[110] Ebd.: 15

[111] Vgl. Ebd.: 12

[112] Ebd.: 215

[113] Ebd.: 22

[114] Ebd.: 55

[115] Vgl. Ebd.: 79

[116] Vgl. Ebd.: 130

[117] Ebd.: 103

[118] Vgl. Ebd.: 24

[119] Vgl. Ebd.: 57

[120] Vgl. Ebd.: 63

[121] Vgl. Ebd.: 98f.
[122] Vgl. Ebd.: 37
[123] Vgl. Ebd.: 168ff.
[124] Ebd.: 287
[125] Vgl. Ebd.: 123
[126] Vgl. Ebd.: 62
[127] Vgl. Ebd.: 73
[128] Vgl. Ebd.: 98f.
[129] Ebd.: 196
[130] Vgl. Ebd.: 206
[131] Ebd.: 207
[132] Ebd.: 243
[133] Vgl. Ebd.: 279
[134] Ebd.: 528
[135] Vgl. Ebd.: 78f.
[136] Ebd.: 288f.
[137] Ebd.: 195
[138] Ebd.: 289
[139] Ebd.: 344f.
[140] Ebd.: 469
[141] Ebd.: 593
[142] Schwanitz: 221
[143] Wikipedia: Gladiator. Zul.abg.: 17.10.2021; 19:48 MEZ
[144] Im Vorwort (1942) zu Reich: 13 (1933)
[145] Collins, Das Lied von Vogel und Schlange: 117
[146] Vgl. Ebd.: 24
[147] Ebd.: 129
[148] Ebd.: 104f.
[149] Ebd.: 129
[150] Vgl. Ebd.: 117
[151] Ebd.: 601
[152] Vgl. Ebd.: 115-117
[153] Ebd.: 128f.
[154] Ebd.: 597f.
[155] Vgl. Ebd.: 98f.
[156] Fromm, Anatomie der menschlichen Destruktivität: 259
[157] Ebd.: 260
[158] Ebd.: 263
[159] Ebd.: 264f.
[160] Ebd.: 265
[161] Ebd.: 267
[162] Huxley, Wiedersehen mit der Schönen neuen Welt: 56
[163] Fromm, Anatomie der menschlichen Destruktivität: 597
[164] Ebd.: 598
[165] Collins, Das Lied von Vogel und Schlange: 195

[166] Ebd.: 194f.
[167] Ebd.: 195
[168] Ebd.: 217
[169] Ebd.: 603
[170] Ebd.: 36
[171] Vgl. Ebd.: 175
[172] Fromm, Haben oder sein: 54-56
[173] Collins, Das Lied von Vogel und Schlange: 603
[174] Fromm, Die Furcht vor der Freiheit: 165
[175] Collins, Das Lied von Vogel und Schlange: 604
[176] Huxley, Wiedersehen mit der Schönen neuen Welt: 107
[177] Christopher in The Imitation Game
[178] Collins, Tödliche Spiele: 9
[179] Ebd.: 49f.
[180] Geschnittene Szene
[181] Collins, Tödliche Spiele: 8
[182] Ebd.: 34
[183] Ebd.: 10
[184] Ebd.: 13
[185] https://thehungergames.fandom.com/wiki/Haymitch_Abernathy Zul.abg.: 05.10.2021; 19:49 MEZ
[186] Canetti: 444f.
[187] Anders, Die Antiquiertheit des Menschen 1: 45
[188] Ebd.: 50
[189] Ebd.: 45f.
[190] Collins, Tödliche Spiele: 18
[191] Ebd.
[192] Ebd.: 19
[193] Collins, Tödliche Spiele: 51
[194] https://dietributevonpanem.fandom.com/wiki/Spottt%C3%B6lpel Zul.abg.: 17.10.2021; 01:15 MEZ
[195] Collins, Tödliche Spiele: 7
[196] Ebd.: 9
[197] Ebd.: 33
[198] Oetinger: 16f.
[199] https://static.wikia.nocookie.net/unanything/images/c/c0/President_Snow1.jpg/revision/latest/scale-to-width-down/400?cb=20160220183534 Zul.abg.: 17.10.2021; 01:15 MEZ
[200] Vgl. Collins, Gefährliche Liebe: 99
[201] Fromm, Die Kunst des Liebens: 52, 62
[202] Collins, Tödliche Spiele: 25
[203] Ebd.: 30
[204] Vgl. Wildt: 26
[205] Wikipedia: Pfadfindergruß. Zul.abg.: 17.10.2021; 01:15 MEZ

[206] Siehe hierzu auch den Zeit-Artikel: http://pdf.zeit.de/2012/42/Toeten-Mord-Psychologie-Kriminalistik.pdf Zul.abg.: 25.04.2021; 22:10 MEZ
[207] Columbo, Staffel 1 Folge 5
[208] Noller: 82ff.
[209] Milgram: 9
[210] Ebd.: 17
[211] Ebd.: 28
[212] Vgl. Ebd.: 53f.
[213] Vgl. Ebd.: 55
[214] Ebd.: 217f.
[215] Columbo: Staffel 7, Folge 1
[216] Canetti: 15
[217] Ebd.: 20
[218] Fromm, Jenseits der Illusionen: 110
[219] Collins, Tödliche Spiele: 49
[220] Ebd.: 71
[221] Schwanitz: 143f.
[222] Wiemers: 11f.
[223] Vgl. Arendt, Elemente und Ursprünge totaler Herrschaft: 933
[224] Ebd.: 930ff.
[225] Collins, Tödliche Spiele: 140
[226] Lemke, Biopolitik: 49-55
[227] Ebd.: 57f.
[228] Wikipedia: Die Tribute von Panem. Zul.abg.: 17.10.2021; 01:15 MEZ
[229] Fromm, Die Kunst des Liebens: 26
[230] Vgl. https://www.spiegel.de/panorama/justiz/berlin-maedchen-darf-nicht-im-knabenchor-singen-a-c1cc78f5-71cd-48bb-baaf-7c96025caa14; https://www.faz.net/aktuell/gesellschaft/menschen/urteil-maedchen-darf-nicht-in-berliner-knabenchor-17354039.html; https://www.rbb24.de/kultur/beitrag/2021/05/berufung-maedchen-knabenchor-singen-gescheitert-berlin.html Zul.abg.: 24.05.2021; 21:13 MEZ
[231] Jürgen Hardeck: Humanismus und Religion. Pluralismus der Wege, nicht der Werte. In: Funk et al., Erich Fromm heute: 173f.
[232] Canetti: 19f.
[233] Ebd.: 87-89
[234] Ebd.: 98
[235] Ebd.: 202
[236] Ebd.: 211f.
[237] Vegetius, *Epitoma rei militaris* 1, 11–12
[238] Wikipedia: Humankapitaltheorie. Zul.abg.: 17.10.2021; 01:15 MEZ
[239] Collins, Tödliche Spiele: 309
[240] Lemke, Eine Kritik der politischen Vernunft: 73ff.
[241] Foucault, Analytik der Macht: 56
[242] Wikipedia: Menschenversuche in nationalsozialistischen Konzentrationslagern. Zul.abg.: 17.10.2021; 01:15 MEZ

[243] Arendt, Elemente und Ursprünge totaler Herrschaft: 908

[244] Ebd.: 940f.

[245] Ebd.: 912, 930

[246] Sendung *Markus Lanz*, ZDF am 08.12.2021; 24:00 MEZ

[247] Fromm, Anatomie der menschlichen Destruktivität: 70ff.

[248] https://www.br.de/themen/ratgeber/inhalt/garten/apfel-aepfel-kulturgeschichte-des-apfels-100.html Zul.abg.: 13.10.2021; 00:22 MEZ

[249] Canetti: 461f.

[250] Fromm, Die Revolution der Hoffnung: 23

[251] Canetti: 56

[252] Collins, Tödliche Spiele: 160

[253] https://wwwut.wordpress.com/2005/01/19/anleitung-zur-zerstorung-von-menschen/ Zul.abg.: 27.04.2021; 20:19 MEZ

[254] Arendt, Elemente und Ursprünge totaler Herrschaft: 935f.

[255] Collins, Tödliche Spiele: 197

[256] https://www.spiegel.de/karriere/schweden-cyborg-firma-implantiert-mitarbeitern-mikrochips-a-1141826.html Zul.abg.: 27.04.2021; 20:28 MEZ

[257] https://www.chip.de/news/Erste-Firma-wagt-das-Unfassbare-Mitarbeitern-werden-NFC-Chips-implantiert_112597060.html Zul.abg.: 27.04.2021; 20:30 MEZ

[258] https://www.welt.de/kmpkt/article163411345/Schwedisches-Start-up-pflanzt-Mitarbeitern-Mikro-Chips-ein.html Zul.abg.: 27.04.2021; 20:32 MEZ

[259] https://www.businessinsider.de/tech/schweden-lassen-sich-mikrochips-implantieren-2018-5/ https://de.euronews.com/2018/06/01/3000-schweden-haben-mikrochips-unter-der-haut Zul.abg.: 27.04.2021; 20:28 MEZ

[260] Wikipedia: Panopticon. Zul.abg.: 23.10.2021; 11:06 MEZ

[261] Lemke, Eine Kritik der politischen Vernunft: 74f.

[262] Fromm, Die Seele des Menschen: 31

[263] Canetti: 109

[264] Ebd.: 114f.

[265] Fromm, Anatomie der menschlichen Destruktivität: 193

[266] Ebd.: 192

[267] Ebd.: 191f.

[268] Ebd.: 27

[269] https://www.t-online.de/nachrichten/wissen/geschichte/id_89626152/jeanne-d-arc-die-analphabetin-die-englands-koenig-das-fuerchten-lehrte.html Zul.abg.: 30.04.2021; 16:37 MEZ

[270] Ebd.

[271] Geschnittene Szene

[272] Geschnittene Szene

[273] Collins, Tödliche Spiele: 369-373

[274] Fromm, Anatomie der menschlichen Destruktivität: 142

[275] Ebd.: 143f.

[276] Fromm, Anatomie der menschlichen Destruktivität: 149f. Onlinetext: http://www.irwish.de/PDF/Psychologie/Fromm/Fromm-Anatomie_der_menschlichen_Destruktivitaet.pdf Zul.abg.: 17.10.2021; 01:15 MEZ
Dieser fortsetzende Absatz ist in der genutzten Printversion nicht abgedruckt.
[277] Vgl. Frech: 9
[278] Le Bon, Psychologie der Massen: 121f.